国外高校优秀教材系列·交通类

智能交通系统网络仿真技术
高移动无线节点

[法] 贝努瓦·希尔特（Benoit Hilt）
马里恩·贝尔比诺（Marion Berbineau）
阿列克谢·维内尔（Alexey Vinel）
阿兰·皮罗瓦诺（Alain Pirovano） 编著

田大新　段续庭　周建山　译

机械工业出版社

本书研究了智能交通系统（ITS）领域中飞机、轨道和车辆通信无线通信网络的仿真技术。在此主题上，特别关注了有效的移动性建模、多技术仿真和全球 ITS 仿真框架。本书主要解决了将 IEEE802.11p 和 LTE 联合应用于专用仿真环境中以及 ITS 和物联网链接的问题，还讲述了航空机动性和 VHD 数据传输（VDL）仿真，用于轨道通信和控制命令的虚拟协同仿真，VANET 的真实信道仿真，移动性建模和自主仿真，以及 VANET 的度量指标。

本书可供学习智能交通系统网络通信仿真技术的本科生和研究生使用，也可供车联网通信研发人员使用。

Copyright © 2017 ISTE Ltd and John Wiley & Sons, Inc.
All rights reserved. This translation published under license. Authorized translation from the English language edition, entitled Networking Simulation for Intelligent Transportation Systems: High Mobile Wireless Nodes, ISBN 9781848218536, by Benoit Hilt, Marion Berbineau, Alexey Vinel, Alain Pirovano. Published by John Wiley & Sons, Inc. No part of this book may be reproduced in any form without the written permission of the original copyrights holder. Copies of this book sold without a Wiley sticker on the cover are unauthorized and illegal.

本书中文简体字版由 Wiley 授权机械工业出版社出版，未经出版者书面允许，本书的任何部分不得以任何方式复制或抄袭。版权所有，翻印必究。

北京市版权局著作权合同登记　图字：01-2018-2420号。

图书在版编目（CIP）数据

智能交通系统网络仿真技术/（法）贝努瓦·希尔特等编著；田大新，段续庭，周建山译.—北京：机械工业出版社，2021.6

书名原文：Networking Simulation for Intelligent Transportation Systems: High Mobile Wireless Nodes

国外高校优秀教材系列. 交通类
ISBN 978-7-111-68695-8

Ⅰ.①智… Ⅱ.①贝… ②田… ③段… ④周… Ⅲ.①交通网-智能系统-高等学校-教材 Ⅳ.①U491.1

中国版本图书馆 CIP 数据核字（2021）第 138331 号

机械工业出版社（北京市百万庄大街22号　邮政编码100037）
策划编辑：李　军　责任编辑：李　军
责任校对：张　力　封面设计：马精明
责任印制：常天培
北京机工印刷厂印刷
2021年10月第1版第1次印刷
184mm×260mm·10.5 印张·256 千字
0 001—1 500 册
标准书号：ISBN 978-7-111-68695-8
定价：99.90元

电话服务　　　　　　　　　网络服务
客服电话：010-88361066　　机　工　官　网：www.cmpbook.com
　　　　　010-88379833　　机　工　官　博：weibo.com/cmp1952
　　　　　010-68326294　　金　书　网：www.golden-book.com
封底无防伪标均为盗版　　　机工教育服务网：www.cmpedu.com

译者序

随着信息社会的发展,通信技术发展迅猛,并影响人们生活的方方面面。值得注意的是,交通行业与通信技术相得益彰,使得交通运输领域越来越智能化。信息数据在车辆等交通体形成的交通网络中实时传播,加强了参与者之间的交流,从而形成一种保障安全、提高效率、改善环境、节约能源的综合交通运输系统。然而考虑到交通环境的日益复杂以及新技术的不断发展,逼真可靠的仿真方法和工具变得极为重要。

贝努瓦·希尔特(Benoit Hilt)、马里恩·贝尔比诺(Marion Berbineau)、阿列克谢·维内尔(Alexey Vinel)、阿兰·皮罗瓦诺(Alain Pirovano)四位教授于2017年首次出版了《智能交通系统网络仿真技术》,我们抱着严谨的学术态度翻译此书,尽可能准确地表达作者的原意。本书的翻译工作由田大新、段续庭和周建山负责,田大新负责前言、第1、2、7、8章的统稿翻译,段续庭负责第3、4、9、10章的统稿翻译,周建山负责第5、6章的统稿翻译。闫雅晴完成了初稿校对,尹伊、刘凯、王奇、徐世魁、邬彤晖、于佳、傅彦瑾、贾小濛、周宇康、孙晨完成了初稿整理。

本书可作为本科生和研究生学习智能交通系统网络通信仿真的教材,也可供从事车联网通信的研发人员使用。

本书的出版得到了(国家自然科学基金:61672082、61822101和北京市自然基金L191001)的支持,在此表示衷心感谢。

由于译者水平有限,本书难免有疏漏和错误之处,敬请读者批评指正。

译者

前言 Preface

如今，网络仿真比现实世界中的实验更为经济实惠，因此成为评估智能交通系统网络方案的经济性手段。同时要求仿真软件的准确性，必须适应仿真领域。对于智能交通系统（ITS）来说，体现在尽可能精确的现实移动性、无线通信环境和协议机制的集成。

然而，每个仿真用户都应该意识到，仿真只能有限地代表现实世界的功能。

在本书中，我们用适当的例子展示了如何在 ITS 的几个领域中使用仿真系统，该系统涵盖了车辆、轨道和航空通信网络。

在第 1 章中，Robert Proztmann 等人在 IEEE802.11p 的基础上，结合长期演进（LTE）技术解决车载通信技术的可扩展性问题。他们提出了一个称为 VSimRTI 的多方面仿真环境。VSimRTI 是一个综合框架，将各种仿真工具连接在一起，涵盖了用于正确评估 ITS 中新的协作移动解决方案的所需方面。

在第 2 章中，Christian Pinedo 等人分析与物联网（IoT）和 ITS 领域的交互作用相关的挑战。他们对这些智能、低成本和近场无线对象进行建模，将其行为集成到传统网络离散事件模型（DES）工具中，并在这一过程中提供了指导性意见。

在第 3 章中，Fabien Garcia 等人分析不同空域的现行交通法规。他们阐述了飞机运动的约束条件、不同类型的机动性模型及其各自的优点。最后提出了交通轨迹的提取、增强和方法，作为一种新的趋势促进了协同轨迹研究的新发展。

在第 4 章中，Christophe Guerber 等人处理机载和地面系统之间的数据交换。他们通过 VHF 数据链路（VDL）和航空移动卫星服务（AMSS）等通信技术的实例说明了仿真是如何成为评估航空通信体系结构和协议性能的解决方案。

在第 5 章中，Patrick Sondi 等人在欧洲轨道交通管理系统（ERTMS）的背景下，提出了一个基于协同仿真的虚拟实验室。它依赖于两个现有工具：实现功能子系统（ETCS）的 ERTMS 仿真器和能够对整个电信子系统，即 GSM – R（全球移动通信系统 – 轨道）进行建模的 OPNET 仿真器。它们还解决了从协同仿真到多模型的演化，以便直接连接模型，并避免了与仿真器异构性相关的问题。

在第 6 章中，Herve Boeglen 等人显示 WiFi 帧在空中传输时遇到的影响。他们提供了一种信道仿真解决方案，在计算时间和真实性之间进行权衡。此解决方案的 ns – 3 源代码在附录中提供。

在第 7 章中，Justinian Rosca 等人提出了一种可灵活集成交通仿真器和通信仿真器的平台，为交通系统的协同仿真应用提供了一个理想的平台。通信模型可以根据城市、住宅和公路交通等场景中的实际测量值进行调整。

在第 8 章中，Marco Gramaglia 等人重点研究了基于 V2V 通信技术的公路车辆网络仿真中道路交通的表示方法，提出了一种新颖的、可以微调的、基于测量的移动性模型。

在第 9 章中，Sebastien Bindel 等人探讨 VANET 环境下的链路质量估计器（LQE）。他们提出了一种自适应链路质量并在链路质量评估的动态性和准确性之间进行权衡的度量标准（F-ETX）。

在第 10 章中，Nader Mbarek 等人展示了如何使自主计算模式适应 ITS，特别是车辆自组织网络（VANET），以便在不断变化的环境中提高通信性能，并介绍了一种基于 QoS 的广播协议的应用实例。

本书有助于读者在智能交通系统网络仿真领域的工作方面向前迈进一步。

编著者

译者序
前言

第1章 基于VSimRTI的智能交通系统聚合型网络仿真 …… 1
1.1 引言 …… 1
1.2 协作式智能交通系统基础 …… 2
   1.2.1 消息类型 …… 2
   1.2.2 应用类别 …… 2
   1.2.3 配套设施 …… 3
1.3 整体仿真框架 …… 3
1.4 蜂窝网络仿真 …… 4
   1.4.1 区域和蜂窝 …… 7
   1.4.2 延迟模型 …… 7
   1.4.3 PR模型和PL模型 …… 8
   1.4.4 容量模型 …… 9
   1.4.5 拓扑和地理信息 …… 9
1.5 仿真研究 …… 10
   1.5.1 评估指标 …… 11
   1.5.2 仿真设定 …… 12
   1.5.3 仿真结果 …… 14
1.6 结论 …… 17
1.7 参考文献 …… 17

第2章 近场无线通信及其在下一代传输基础架构中的作用：建模技术概述 …… 20

2.1 近场无线技术 …… 20
   2.1.1 近场与远场 …… 21
   2.1.2 运输领域基于近场的技术 …… 22
2.2 近场通信的特征 …… 25
   2.2.1 电路模型 …… 25
   2.2.2 平方电感耦合互感分析 …… 25
   2.2.3 计算机辅助的电磁计算 …… 27
2.3 离散事件仿真器 …… 28
   2.3.1 Riverbed Modeler …… 29
   2.3.2 OMNeT++ …… 29
   2.3.3 ns-2 …… 30
   2.3.4 ns-3 …… 30
   2.3.5 离散事件仿真器的近场通信比较 …… 30
2.4 结论 …… 31
2.5 参考文献 …… 31

第3章 民用航空通信网络仿真中的移动轨迹提取 …… 34
3.1 交通规则 …… 34
   3.1.1 一般空域 …… 35
   3.1.2 北大西洋空域 …… 35
3.2 网络仿真的移动性 …… 36
   3.2.1 AANET的移动模型类型 …… 36
   3.2.2 移动模型类型比较 …… 37
3.3 迁移率跟踪提取示例 …… 37

3.3.1　信息提取 ……………………… 38
　3.3.2　轨迹过滤 ……………………… 38
　3.3.3　优化轨迹 ……………………… 39
3.4　协同轨迹规划 ………………………… 39
3.5　参考文献 ……………………………… 40

第4章　空中运输中的地空数据链路通信 …………………………… 41

4.1　引言 …………………………………… 41
　4.1.1　背景 ……………………………… 41
　4.1.2　OMNeT++ ……………………… 42
4.2　大陆空-地数据链路通信和 VDL 模式 2 …………………………… 42
　4.2.1　通信系统 ………………………… 42
　4.2.2　尺寸参数和瓶颈 ………………… 43
　4.2.3　仿真模型 ………………………… 44
　4.2.4　仿真结果分析 …………………… 45
4.3　海洋-空-地数据链路通信和 AMS（R）S ……………………… 47
　4.3.1　航空移动卫星（路由）服务和经典航空 ……………………… 47
　4.3.2　尺寸参数和瓶颈 ………………… 48
　4.3.3　仿真模型 ………………………… 49
　4.3.4　仿真结果分析 …………………… 50
4.4　结论 …………………………………… 50
4.5　参考文献 ……………………………… 51

第5章　一种作为轨道系统无线技术评估工具的虚拟实验室 … 52

5.1　引言 …………………………………… 52
5.2　ERTMS 子系统及相关试验台 ……… 53
　5.2.1　ERTMS 的功能子系统 ………… 53
　5.2.2　ERTMS 的通信子系统 ………… 55
5.3　基于协同仿真的 ERTMS 评估虚拟实验室 …………………………… 56
　5.3.1　为什么采用协同仿真方法 ……… 57
　5.3.2　在每个仿真器中必须对哪些数据和流程建模 …………………… 57
　5.3.3　ERTMS-OPNET 虚拟实验室的总体架构 …………………… 58

　5.3.4　同步模式 ………………………… 59
　5.3.5　ERTMS 仿真器中虚拟实验室的实现 … 60
　5.3.6　OPNET 中虚拟实验室的实现 …… 60
　5.3.7　协同仿真管理器虚拟实验室的实现 … 63
5.4　ERTMS-OPNET 虚拟实验室的有效使用 …………………………… 64
　5.4.1　与 ERTMS-OPNET 虚拟实验室的协同仿真场景 ……………… 64
　5.4.2　协同仿真方法在轨道系统评估中的有效性 …………………… 67
5.5　结论 …………………………………… 69
5.6　参考文献 ……………………………… 69

第6章　在 ns-3 中模拟真实的 VANET 信道 ……………… 71

6.1　引言 …………………………………… 71
6.2　信道传播模型对 VANET 仿真的影响 ………………………… 71
　6.2.1　一个真实的 IEEE802.11 物理层 … 71
　6.2.2　精确的 VANET 信道传播模型 …… 72
6.3　用 ns-2 进行真实信道建模的方法 …………………………………… 74
6.4　用 ns-3 建立逼真的信道模型 ……… 76
　6.4.1　YansWiFi 模型 …………………… 76
　6.4.2　基于 OFDM 传输的 physimWiFi 模型 … 76
　6.4.3　ns-3 物理数据传输水平 ………… 77
　6.4.4　WiFi 信道模型的内部构造 ……… 78
6.5　案例研究——用 ns-3 仿真真实的 VANET 信道模型 ………………… 78
　6.5.1　城市环境的简化 VANET 信道模型 … 78
　6.5.2　城市环境的规范化 VANET 信道模型 … 80
6.6　结论 …………………………………… 82
6.7　附录 a：TheAbbasetal..ModelImplementation ……………… 83
6.8　参考文献 ……………………………… 87

第7章　车网联评估系统——面向交通与通信的真实协同仿真 …………………………… 89

| 7.1 引言 ……………………………… 89
| 7.2 相关研究 …………………………… 90
| 7.3 CONVAS 协同仿真平台 …………… 92
| 7.4 实际 DSRC 信道模型 ……………… 93
| 7.4.1 CONVAS 传播模型 …………… 94
| 7.4.2 基于真实数据的模型参数调整 …… 95
| 7.5 信道模型调整 ……………………… 95
| 7.5.1 密歇根 SPMD 数据集 ………… 95
| 7.5.2 PDR 估计 ……………………… 96
| 7.5.3 模型调整 ……………………… 98
| 7.6 车网联应用 ………………………… 100
| 7.6.1 智能两难区规避 ……………… 100
| 7.6.2 在 CONVAS 中实现智能两难区规避 … 100
| 7.6.3 智能两难区规避的评价指标 …… 101
| 7.7 实验结果 …………………………… 101
| 7.7.1 CONVAS 设置 ………………… 101
| 7.7.2 协同仿真结果 ………………… 102
| 7.8 结论 ………………………………… 106
| 7.9 致谢 ………………………………… 107
| 7.10 参考文献 ………………………… 108

第 8 章 ITS 仿真中的高速道路交通建模 …………… 111

| 8.1 引言 ………………………………… 111
| 8.2 道路交通模型 ……………………… 112
| 8.2.1 交通输入 ……………………… 112
| 8.2.2 移动模型 ……………………… 113
| 8.3 基于测量微调的模型 ……………… 114
| 8.4 道路交通模型的比较分析 ………… 117
| 8.4.1 案例研究 ……………………… 117
| 8.4.2 连通性指标 …………………… 117
| 8.4.3 研究结果 ……………………… 118
| 8.5 高速公路车辆网络的基本特性 …… 120
| 8.6 结论 ………………………………… 122
| 8.7 参考文献 …………………………… 122

第 9 章 F-ETX：一种针对车联网的评价标准 ………… 125

| 9.1 引言 ………………………………… 125

| 9.2 链路质量估计器 …………………… 126
| 9.2.1 基于硬件的 LQE ……………… 127
| 9.2.2 基于软件的估计器 …………… 127
| 9.2.3 讨论 …………………………… 128
| 9.3 传统评估技术的分析 ……………… 128
| 9.3.1 窗口类型 ……………………… 129
| 9.3.2 窗口分析 ……………………… 130
| 9.4 F-ETX 度量标准 …………………… 131
| 9.4.1 窗口管理算法 ………………… 132
| 9.4.2 多重评估方法 ………………… 133
| 9.4.3 路由集成框架 ………………… 134
| 9.5 仿真设置 …………………………… 136
| 9.5.1 第一种情况 …………………… 136
| 9.5.2 第二种情况 …………………… 136
| 9.6 仿真结果 …………………………… 137
| 9.6.1 多重估计器性能 ……………… 137
| 9.6.2 路由协议性能 ………………… 139
| 9.7 结论 ………………………………… 141
| 9.8 参考文献 …………………………… 141

第 10 章 自动计算和车联网：基于服务质量的通信模型仿真 …………… 143

| 10.1 引言 ……………………………… 143
| 10.2 在车联网中的自主计算 ………… 143
| 10.2.1 自主计算 …………………… 143
| 10.2.2 自主车辆通信 ……………… 144
| 10.3 车联网下的广播协议 …………… 144
| 10.3.1 确定性方法 ………………… 145
| 10.3.2 随机性方法 ………………… 146
| 10.4 在车联网中的自主广播 ………… 147
| 10.4.1 在车联网中广播协议的优化 … 147
| 10.4.2 自我管理体系结构 ………… 148
| 10.4.3 基于服务质量的广播 ……… 149
| 10.5 基于服务质量的通信模型的仿真 … 150
| 10.5.1 ADM（自主传播方法） …… 150
| 10.5.2 仿真环境 …………………… 153
| 10.5.3 性能评估 …………………… 154
| 10.6 结论 ……………………………… 156
| 10.7 参考文献 ………………………… 156

第1章 基于 VSimRTI 的智能交通系统聚合型网络仿真

1.1 引言

为了实现智能交通系统（Intelligent Transportation System，ITS），基于 IEEE802.11p 的 ad hoc 网络的研究由来已久。这项技术设想在移动车辆之间进行分散的信息交换，并与固定的路边站进行信息交换，以便能够与公共数据网络（即互联网）中的中央站进行通信。这种方法有几个优点，例如直接利用无线电频道的广播特性，这对在车辆附近进行短消息广播很有用。然而，由于通信范围有限，并且缺乏确定性的服务质量（Quality of Service，QoS），可伸缩性在这种方法中是一个很大的挑战。随着新一代蜂窝网络（移动电话网络）的出现，车载自组织网络的这些缺点可以被克服。蜂窝网络例如 5G，不仅是移动互联网服务的有效解决方案，也是针对 ITS 特有的交通安全和效率问题的有效解决方案。蜂窝网络的主要优点是几乎无限的通信范围，这是因为蜂窝网络的结构在移动设备和基站之间只有短暂的无线部分，而有线部分则通过主干网。然而，这种体系结构产生了延迟成本，使得其无法满足许多安全应用程序的强大需求。一个有效的解决方案是将车载自组织网络和智能蜂窝网络进行聚合，以结合这两种方法的优点。

多方面仿真环境 VSimRTI[SCH 11] 是一个综合性的框架，它将各种仿真工具连接在一起，以覆盖仿真所需的所有方面。

本章对 ITS 的新型协同移动解决方案进行合理的评估，对车辆运动和复杂的通信技术进行详细的建模。VSimRTI 耦合不同的仿真器，以允许仿真未来 ITS 的各个方面。在接下来的部分中，我们将描述如何扩展 VSimRTI 体系结构以支持蜂窝网络的仿真。因此，我们开发了新的蜂窝通信仿真器 VSimRTICell，它引入了蜂窝网络的抽象等级。开发的仿真工具是轻量级和快速的，且足以应用于大规模的场景。然而，特别是从车辆应用的角度来看，仿真器仿真了其他相关框架没有考虑到的重要特性[PRO 14a, PRO 14b]。此外，新的扩展 VSimRTI 结构不仅允许基于蜂窝通信的车辆网络分析，而且还提供了以一种智能的方式结合自组织和蜂窝通信的新型混合解决方案。

本章结构如下：在 1.2 节中，继续讨论了合作协同车辆系统的基本原理，如消息类型、应用范畴和设施的具体概念。1.3 节介绍了整体仿真框架。1.4 节详细介绍了新的蜂窝仿真器 VSimRTICell。在 1.5 节中，进行了一个关于通用安全和效率应用的简短仿真研究，以展示自组织网络和蜂窝通信的各自优势,以及在 ITS 环境下聚合型网络的联合仿真方法。1.6 节总结了本章。

1.2 协作式智能交通系统基础

1.2.1 消息类型

车辆之间、车辆与基础设施单元之间的自组织网络信息交换是标准化的,以保证互操作性。两种最重要的消息类型是协同感知消息(Cooperative Awareness Message,CAM)[ETS 14a]和分散式环境通知消息(Distributed Environment Notification Message,DENM)[ETS 14b]。

协同感知消息分布在自组织网络中,并向位于单跳距离内的邻近车辆提供车辆存在、位置和基本状态的信息。车辆只要参与自组织网络,便会生成、发送和接收 CAM。通过接收 CAM,车辆知道其他车辆在自己附近,并接收到它们的位置、移动、基本属性和基本传感器信息。CAM 由车辆周期性地产生和发送。

分散式环境通知消息是用来提醒道路使用者注意已检测到的危险情况,例如危险地点、施工路段或与另一车辆相撞的危险。一般而言,发送 DENM 的处理过程如下:

在发现一个危险事件后,车辆立即将 DENM 广播给该事件所能影响到的位于同一地理区域内的其他车辆。DENM 广播是以一定的频率重复的,并且只要事件存在就会持续广播。根据检测到的事件类型,由其他车辆转发 DENM。重复的 DENM 广播要么在事件消失后自动终止,要么在一个预定的过期时间后终止,要么通过一个车辆生成一个特殊的 DENM 来通知事件已经消失。接收到 DENM 的车辆将对信息进行处理,如果发现 DENM 中的信息与驾驶人相关,它会在车辆的人机界面上显示一个适当的警告或提醒信息。

1.2.2 应用类别

提高车辆安全性和改善交通效率是车辆网络的两个重要目标。此外,交通工具的通信能力也允许将流行的数字服务提供给用户。ETSI[ETS 09,ETS 10]和 Car2Car 通信联盟宣言[CAR 07]为这些目标定义了几个场景和用例。以下部分简要概述了如何使用车辆网络来共享信息,以提高车辆安全性和交通效率或启用舒适应用。

1.2.2.1 交通安全应用

一般来说,车辆安全应用的特征是通过车辆通信来减少危险情况和事故的发生。安装在车辆上的应用程序监视车辆的状态和驾驶人的活动。在对附近车辆进行相关性检查后,相关信息被传送。例如,关于车辆位置和速度的信息通过 CAM 传输,关于道路上危险情况的位置是通过 DENM 传输的。车辆的安全应用程序利用接收到的信息通知车辆驾驶人或自动优化安全系统,以便对危险情况作出最佳反应[SCH 11]。

为了改善车辆安全,指定了合作警觉(CA)应用程序和道路危险警告(RHW)应用程序。如果一辆紧急车辆、一辆摩托车或一辆慢速行驶的车辆正在接近,或者一辆车在十字路口有碰撞的危险,CA 应用程序会警告车辆驾驶人,该应用程序利用周期广播的 CAM 信息进行探测。RHW 应用程序会告知驾驶人附近的危险地点,例如车辆行驶方向错误、交通意外、道路施工或违反交通信号。在这里,DENM 被用来传播有关危险情况的信息。

1.2.2.2 交通效率应用

通过在车辆和交通基础设施单元之间交换与交通有关的信息，车辆交通效率应用程序通过分析和使用接收到的信息提高了运输网络的效率。例如，告知驾驶人预期的延误，并根据交通条件优化车辆的速度和路线[SCH 11]。

为了提高通信效率，ETSI[ETS 10]定义的基本应用程序集提出了协同速度管理（CSM）应用程序和协同导航（CoNa）应用程序。CSM应用程序的作用是优化车辆速度，以获得更好的交通流。因此，该应用程序要么提供规定的限速信息，要么传输车辆在特定路段或交叉路口最佳速度所必需的信息，例如基于此信息车辆可以优化速度使其在绿灯期间到达交叉口。CoNa应用程序提供服务和信息，例如关于当前交通状况的信息，使车辆能够优化其行驶路线。这个应用程序提供了基于交通信息、增强的路线导航，以及有限访问警告和绕道通知的推荐路线。

1.2.2.3 舒适应用

舒适或信息娱乐应用与车辆的移动性没有直接关系，却是今天数字生活方式的一部分，包括诸如电子邮件、浏览器或流媒体之类的应用程序。重要的是，这些应用程序不一定依赖于M2M信息交换合作。它们大多是在个人应用基础上实现的，应该单独进行评估。因此，后面几节中的评估将不考虑舒适应用程序。

1.2.3 配套设施

设施层对于在车辆中实现车辆应用程序是必不可少的。它是应用层的子层，为应用程序提供通用的支持设施。所有设施分为三大类：应用程序支持、信息支持和通信支持[ETS 09,ETS 10]。应用程序支持设施为应用程序提供通用支持功能，例如站的生命周期管理、自动服务发现、新服务的下载和初始化以及HMI通用功能。此外，CAM和DENM管理属于这一范畴。通信支持设施包括用于通信和会话管理的服务，例如寻址模式和会话支持。信息支持设施提供通用的数据和数据库管理功能。

信息支持设施的一个例子是本地动态地图（Local Dynamic Map，LDM）。

LDM是一个概念性的数据存储，它包含周围地理区域内的地形、位置和状态信息[ETS 14c]，关系到应用程序的安全和成功运行。数据可以从一系列不同的来源接收，例如车载传感器、邻近的车辆、基础设施单元和交通中心。因此，LDM能够向所有需要它的应用程序提供有关周围通信量和RSU基础设施的信息。

1.3 整体仿真框架

评估智能交通系统的解决方案是一项具有挑战性的任务。V2X仿真运行基础设施VSimRTI能够评估协作移动应用程序，并评估传统车辆和电动车辆新的自主和协作功能。VSimRTI将各种仿真工具连接在一起，以涵盖评估新的协作移动应用程序和高级驾驶辅助系统所需的所有方面。

VSimRTI有助于为算法验证和系统测试提供真实的大规模合成探测数据[PRO 11,WED 09,QUE 08]。此外，VSimRTI还支持弹性分析移动场景，在这种场景中，驾驶人、交通基础设施和云服务被连接到一个协作网络中。

VSimRTI 项目的目的是使用户尽可能简易地准备和执行仿真。所有管理任务，例如同步、交互和生命周期管理，都完全由 VSimRTI 处理（见图 1.1）。一些优化技术例如优化同步，可实现高性能仿真[NAU 09]。VSimRTI 支持特殊的 ITS 功能，例如交通基础设施单元、充电站以及 1.2 节中介绍的 CAM 和 DENM 消息类型。此外，各种配置选项和全面的用户文档确保了高可用性。

与现有的固定仿真器耦合器相比，VSimRTI 仿真基础设施可使仿真器的集成和交换变得容易[SCH 11]。因此，VSimRTI 的高度灵活性使得最合适的仿真器之间的耦合能够真实地展示车辆交通、电动机动性、无线通信和移动应用的运行状态。根据仿真场景的具体要求，可以使用最相关的仿真器。

VSimRTI 使用代理概念，灵感来自于高级体系结构（HLA）[IEE 10]的一些基本概念。因此，可以实现将任意仿真系统与远程控制接口耦合。

附加一个额外的仿真器只需要实现代理接口。为了立即使用，一组仿真器已经与 VSimRTI 耦合。例如，交通仿真器 SUMO[KRA12] 和 PHABMACS，通信仿真器 OMNeT++[VAR 08] 和 ns-3[HEN 08]，蜂窝式仿真器 VSimRTICell，应用程序仿真器 VSimRTIApp，以及几个可视化和分析工具都是为 VSimRTI 准备的。图 1.1 显示了使用 VSimRTI 实现的典型仿真设置。

VSimRTI 已被各种汽车公司和研究机构用于评估协作移动应用程序。

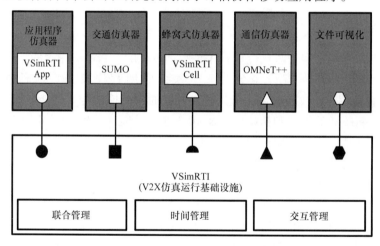

图 1.1　一个典型的 VSimRTI 仿真装置的结构

1.4　蜂窝网络仿真

蜂窝网络是一个综合性系统，具有大量的实体。此外，这些网络提供了非常广泛的配置机会，以满足相关运营商的要求。这导致了特定系统的不同特征差异性高。因此，从应用的角度对蜂窝网络进行仿真是一项具有挑战性的任务。

蜂窝网络的仿真一般分为两个不同的视角，具有不同的抽象阶段。一方面，链路层仿真包括下层（MAC、PHY）和无线信道。通过这种方式，它建模了例如节点 B 和 UE 之间的无线电链路。另一方面，系统级仿真主要集中在较高层次，并用于这个级别考虑，例如一组节点 B 和相关的 UE。

目前，最长的开源 LTE 系统级仿真器是基于 MATLAB[IKU 10]的。在其原始版本中，它仅限于下行链路，并没有考虑广播的几个重要特性。基于 C++ 的框架 LTE – Sim 已经是功能丰富的[PIR 11]。它支持上行、下行、多个调度、切换等功能。完善的通信仿真器 OMNeT++ 构建了端到端系统 SimuLTE[VIR 14]。后一个概念很吸引人，因为 OMNeT++ 已经与现有的仿真基础结构 VSimRTI 相耦合。尽管其中一些方法有详细的模型库，但是对于大规模场景来说，它们还有一些缺点。仿真器或多或少与一种接入技术即 LTE 有关。更重要的是，直接建模方法对于简单的自组织通信已经足够，但对于大规模的蜂窝系统仿真场景，给定的仿真器配置过于复杂，详细的仿真计算成本过于昂贵。相比之下，基于跟踪的蜂窝仿真是一种很有前途的方法，比系统级仿真要快得多[GOE 14]。与实验无线电传播建模类似，基于跟踪的技术也是从现实世界的测量数据中推导出模型。因此，它不需要对网络设置和配置进行特定的假设。

新的仿真器 VSimRTICell 引入了与基于跟踪的仿真相似的蜂窝网络抽象等级。核心模型甚至基于一个专门的测量活动。开发的仿真工具是轻量级的并且足以快速应对大规模的场景。然而，特别是从车辆应用的角度来看，仿真器还仿真了其他框架没有考虑的重要特性[PRO 14a, PRO 14b]。VSimRTICell 仿真器的概念设计有以下几个关键方面：

技术：VSimRTICell 独立于当前发布的标准化蜂窝接入技术，如 UMTS – HSPA、LTE 甚至 5G。

部署和覆盖：VSimRTICell 引入了一个非常灵活的网络部署概念，从配置单个单元到覆盖范围相等的区域。

网络负载：VSimRTICell 考虑的事实是，V2X 通信必须与其他用户生成的数据通信共存（例如智能手机或 USB 加密器）。仿真仅计算 V2X 通信。

特点：VSimRTICell 为 V2X 通信的特殊需求提供了重要功能。例如，GEO 实体提供以下功能：地理地址和信息交换。此外，实现的 MBMS 功能允许同时广播消息到所有在一个地区或单元的车辆。

考虑到已命名的方面，以下重要的网络资质度量指标被确定为在初始度量活动中收集的指标。根据这些指标，可建立合适的仿真模型：

– 传送延迟（见 1.4.2 小节）。

– 针对数据包丢失的可靠性（见 1.4.3 小节）。

– 可用数据率（见 1.4.4 小节）。

数据收集的测量活动集中在通过 UMTS 从智能手机到服务器的端到端连接上。这种方法将网络视为一个黑匣子，没有进一步假设 NodeBs、RNC、网关等组件之间的具体部署。图 1.2 显示了用于 V2X 通信的蜂窝系统的黑盒假设。它是基于通过中央基础设施进行 V2X 通信的既定假设。因此，目前还没有考虑直接通信，即设备到设备的情况。除了公用数据网的移动 UEs 和固定服务器外，该系统还包括一个 GEO 实体，这是针对 V2X 通信环境中的地理信息传递的特定需求而引入的。地球同步轨道也位于公共电话网。在 1.4.5 小节中，对此有更详细的解释。蜂窝系统的假设将无线接入网（RAN – 部分）和核心网络及一般公共数据网络的一部分（NET – 部分）分开。分离的目的是使整个系统配置更加灵活。

由于通信量度的现实测量是一项综合性的任务[GOE 14]，所提出的概念不仅要利用自身测量活动的数据，而且要整合从其他人那里收集到的数据。通过这种方式，VSimRTICell 还应该配

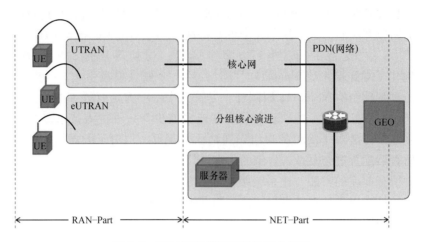

图 1.2 V2X 通信蜂窝系统的黑盒假设

置来自网络运营商的数据、来自其他研究人员的测量值[SER 09,PRO 09,TEN 10]或社区驱动的数据库。一些项目,例如 OpenSignal(www.OpenSignal.com)、RootMetrics(www.RootMetrics.com)和 Sensorly(www.Sensorly.com),会收集关于移动网络性能和覆盖的众包信息。

图 1.3 显示了 VSimRTICell 仿真器的体系结构。该概念包括具有特定地理扩展的多个区域,以创建根据覆盖属性的无线接入网络。每个区域由一个上行链路和一个下行链路模块组成,用于仿真 RAN-部分的分组传输。在这种情况下,上行链路和下行链路总是分别指向来自 GEO 实体的方向。例如,从基于互联网的服务器向车辆的传输包括服务器与地球静止轨道之间的上行链路,以及地球静止轨道与车辆之间的下行链路。虽然上行方向只允许点对点通信,但下行方向支持点对点(单播)和点对多点(多播)通信。上行链路模块由时延、分组重传和容量三个嵌套模块组成。下行链路包括两个单独的单播和多播路径,它们具有相同的容量。单播的下行链路也由延迟和分组重传组成,与上行链路相同。

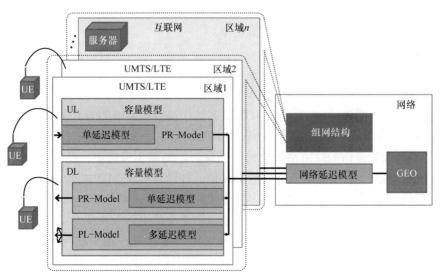

图 1.3 VSimRTICell 仿真器的体系结构

组播传输需要考虑不同的特点。与可靠的基于 ARQ 的单播相比，多播只使用 FEC，并且存在丢包的可能性。此外，多播通常会根据 MBMS 调度周期显示不同的延迟。因此，下行多播路提供了一个单独的时延模型和丢包模型。总之，每个链路（上行单播、下行单播和下行多播）的模型可以单独配置，以根据 RAN 属性进行仿真。

VSimRTI 单元的第二个部分主要用来仿真 NET - 部分。网络允许配置额外的网络延迟。它还包括 GEO 及其组播区域的配置。GEO 功能在 VSimRTI 单元中实现。移动节点例如车辆和固定服务器是实际尝试发送和接收消息的节点。它们的应用程序逻辑在 VSimRTIApp 应用程序仿真器中得以实现。

以下各节将进一步详细介绍 Region 和 Cell 的概念、传输模型和地理信息的功能。

1.4.1 区域和蜂窝

根据 VSimRTICell 的设计特点，针对蜂窝网络部署的灵活配置，提出了一种区域概念。在第一种情况下，区域独立于实际的蜂窝，并且不一定符合它们。图 1.4 显示了这个概念所允许的可能定义。底层仿真模型允许将任意多边形定义为区域。为了简单起见，我们决定用矩形区域来表示配置，尽管这会引入一些抽象的现实世界特征：

自由定义（区域！＝Cell）：此定义通常适用于测量（基于跟踪的）或众包数据。例如，指定的度量活动主要根据延迟、数据包丢失和数据速率的指标来收集与其位置相关的点。具有相等或相似值的测量点被汇总到不同的区域。不执行到某个基站的进一步映射。

精确定义（1 区域 = =1Cell）：这个定义适用于网络操作员关于个别基站位置及其覆盖区域的数据可用的情况。

单元格内定义（n 区域 = =1Cell）。为了更详细地研究单个小区内的不同覆盖区域，区域定义还可以配置中心区域参数，该参数具有比小区边缘区域更大的参数集。

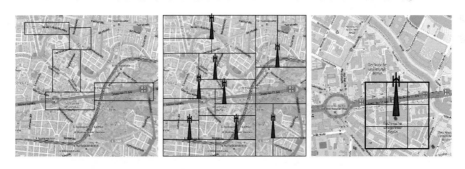

图 1.4　VSimRTICell 中蜂窝区域不同定义的可能性（彩图见 www.iste.co.uk/hilt/transportation.zip）

其实，区域配置需要考虑两种具体情况。首先，整个场景区域可能不会被特定的区域定义覆盖，但是节点可以移动到一个未覆盖的位置。在这种情况下，全局区域始终定义为默认配置。其次，可以配置多个区域定义为某些位置重叠。在这种情况下，总是选择最小区域的配置进行传输计算。

1.4.2 延迟模型

延迟模型无论是 UniDelayModel、MultiDelayModel，还是 NetDelayModel，都是仿真分组

传输的核心组件。我们开发了四种不同的基本延迟类型来统计仿真每个数据包的传输时间：

constant 是 VSimRTICell 最基本的延迟类型。它为每个发送的数据包产生相同的配置延迟。这个综合模型主要用于调试或初步分类。此外，它可以为 NetDelayModel 建立一个常数偏移量。

simpleRandom 扩展了常量延迟类型。它定义了延迟的最小和最大界限（minDelay，maxDelay）和可能的离散步数（n）。利用这种配置，simpleRandom 类型在［minDelay，maxDelay］区间内随机生成 n 个不同的均匀分布延迟。

gammaRandom 处理 RAN-部分的特殊特性。测量活动确定后，在现实环境中传输延迟的分布符合伽玛分布。这种延迟类型允许我们配置最小延迟和延迟期望值（minDelay，expDelay）。

gammaSpeed 是最复杂的延迟类型。它是基于 gammaRandom 类型，也包括与我们的测量活动拟合的损害较大的车辆速度。图 1.5 显示了不同速度下 gammaSpeed 延迟类型的概率分布，其中一组代表性的 HSPA 传输的测量值分别为 minDelay = 40ms 和 expDelay = 80ms。根据图 1.5，大多数数据包的延迟都在 50～200ms 之间。然而，这只是一个可能的参量化，而且这种类型的数据包也适用于其他几代移动网络的建模，例如 HSPA + 或 LTE，甚至 5G。

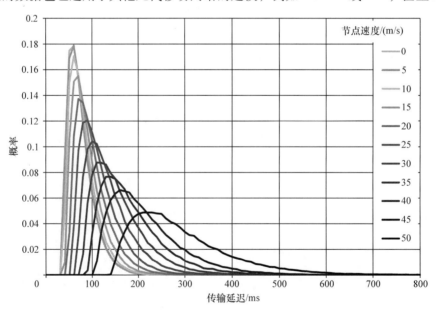

图 1.5　gammaSpeed 在不同速度下的延迟概率分布（彩图见 www.iste.co.uk/hilt/transportation.zip）

1.4.3　PR 模型和 PL 模型

我们开发了 PR 模型和 PL 模型来解决不适当的信号覆盖而导致的节点和基站之间单个数据包传输损害的问题。但是，如果假设与 ARQ 进行可靠连接时，不会丢失任何数据包，而是重新发送，这又带来额外的延迟。

因此，分组重传模型特别适用于上下行中可靠的单播传输。对于仅可应用 FEC 的下行链路中的广播通信，"丢包模型"将仿真完整的丢包情况。

覆盖质量参数在 0 和 1 之间的配置决定了每次传输尝试的重传（PR-Model）或数据包

丢失（PL - Model）的概率。在有或没有重传的分组丢失的情况下，即使传输不成功，分组也将始终占用信道资源。参数值 0 意味着每个模型的传播没有受损。小于 1 的值以百分比表示丢失或重传的概率。一个正好为 1 的值会导致每个模型中的数据包全部丢失。这种行为可以用来解释隧道或城市峡谷中未连接的区域。但是，PR 模型有选择地向节点发送丢包通知，以考虑使用可靠的传输协议（如 TCP）。

1.4.4 容量模型

我们的容量模型考虑区域的信道负载，并计算单个数据包的最终延迟。利用所有仿真节点最大可用容量的配置参数，允许独立于固定和移动接入技术生成的搜索。此外，它还考虑其他移动用户使用智能手机、USB 加密器和宽带卡所造成的静态数据流量。这是一个重要特性，因为 V2X 通信需要与其他应用程序共享资源。因此，区域定义对于该模型尤为重要。例如，假设在不同的单元中具有相同容量的网络部署。当使用不同大小的区域配置此部署时，需要根据区域大小调整容量。

该模型的第二个参数是最大用户比特率，根据用户数据计划类似于峰值速率。在某一区域，仍然有可能服务于更多的仿真节点，而不是用可用容量除以最大用户比特率的比率。当每个用户都要求其最大比特率时，结果是网络本地变得拥挤，并非每个发送方都能直接发送。当发送方在传输时为数据包保留资源时，将建模此效应。

容量模型维护一个资源映射，其中所有预留都在其允许的时间范围内累积。当新发送的数据包超过 maxNodeBitrate（达到数据计划限制）或可用容量（该区域的网络拥堵）时，数据包需要排队，从而进一步延迟，直到信道重新空闲。

1.4.5 拓扑和地理信息

VSimRTI 单元 NET - 部分的 GEO 实体为不同的寻址方案提供了功能。在一个真正的核心网络部署中，这些功能将分布在几个实体上，例如在 LTE 中节点移动性管理的 MME。GEO 通过 NetDelayModel 连接到所有区域，以仿真通过 NET - 部分（核心网络和 PDN）的额外延迟。在仿真运行期间，GEO 遵循节点的移动性。它维护一个包含节点位置和相应区域映射的表。上行链路中每一条发送的信息都经过 GEO，GEO 将下行链路中的信息分发给单点接收或多点接收。

对于传统的数据业务，节点之间的寻址是通过 IP 实现的，并且涉及核心网络中的多个实体。该仿真可以从几个方面抽象出一个真正的核心网络。至少需要考虑 UMTS 中的 SGSN 或 LTE 中的 MME 和 SGW 所覆盖的用户移动性和路由器功能。因此，GEO 利用当前节点位置，将消息转发给目的地节点所在区域的下行传输链。许多 V2X 通信案例设想通过蜂窝网络传递地理信息，类似于临时地理路由。因此，根据地理目的地区域的定义扩展了 IP 地址，GEO 转换地址以将数据包定向传输到相应的节点。

此外，许多 V2X 通信案例要求向该区域的多个节点分发相同的信息。它们是利用 MBMS 和 eMBMS（MBSFN）特性来实现高效和节省资源的广播传输的最好例子。根据 MulticastNet 的配置，GEO 提供类似于 MBMS 和 MBSFN 的传输模式。MulticastNet 配置定义了哪些区域组合在一起形成一个复合体以广播或多播一个数据包，由 GEO 复制将要发送到目的地所覆盖的每个区域的数据包。

1.5 仿真研究

接下来介绍一个仿真研究,其中 VSimRTICell 投入运行。在研究中,将自组织网络和蜂窝通信结合在一个场景中,以支持在融合网络上的 V2X 应用的信息交换。此研究通信性能一般说明,此仿真将不仅仅针对单个应用程序。此外,评估将集中于广泛应用程序中具有重要意义的特定应用程序度量。

正如 1.2 节所介绍的,许多设想的应用程序依赖于定期交换消息的特征通信范例[ETS 09,ETS 10]。因此,协同感知消息(Cooperative Awareness Message,CAM)的定义是 V2X 通信标准[ETS 14a]规范的重点。此外,分散的环境通知消息(DENM)代表了第二种重要的消息类型[ETS 14b]。对于节点移动性和报告节点数量的属性,CAM 和 DENM 有所不同。在 CAM 通知单个移动车辆,而 DENM 则通知暂时处于静止状态的车辆,这时可能会有多个节点冗余报告。鉴于通信可靠性的重要性,这意味着 CAM 具有更多的需求,而丢失的 DENM 可以用冗余的需求来补偿。因此,本节主要针对基于关键的 CAM 的仿真应用研究进行了安全相关性评价。

图 1.6 显示了基于 CAM 的安全和效率应用程序的约束。它使用 TTC(碰撞时间)度量显示不同信息区相对于可能事件发生时间的位置。应谨慎接受 TTC 的所有值,因为确切的值确实很难定义。即使根据 ETSI,也没有确定给定的值,主要是作为例子[ETS 13]展示。图 1.6 包含了事件距离的附加值,以便更好地感知相关的空间维度。这些数值只是在两辆车以 50km/h 的恒定速度相互靠近的情况下,为各个区域的 TTC 计算的(13.89m/s)。不同的情况(例如不同的移动或车速)会导致数值变化。

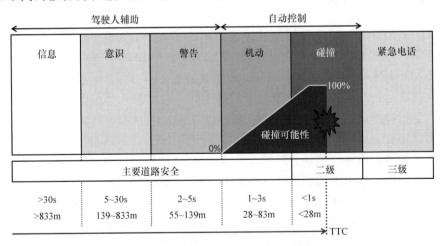

图 1.6 ETSI 道路安全应用模型的距离区域[ETS 13]

模型最左边的区域包含所有驾驶人信息的应用程序。这样的应用在这个模型中有最宽松的时间要求,没有重要的安全相关性,但是最偏离真实情况。其实,这些应用程序最有可能符合 1.2 节分类中的交通效率应用程序。从安全到高效的应用程序有一个平稳的过渡,因为在个人安全应用程序之间也有软性和硬性的时间限制。接下来的"警告"区域用于告知驾驶人道路危险的信息,以及警告可能的碰撞风险,仍然包含驾驶人辅助应用程序。机动区域的特征在于开始增加的碰撞概率和低于大多数驾驶人反应时间的 TTC。这个区域是最后一个包含安全应用程序以避免碰撞的区域。此时只有当车辆的自动控制系统主动接合时,才有可能避免碰撞并实现稳定。此外,在碰撞概率达到 100% 且碰撞不可避免的区域,该模型还包含二级安全应用程序。最后,第三级电子通话申请的目的是在事故发生后采取与安全有关的行动。

1.5.1 评估指标

仿真场景中的应用程序和通信性能应该使用两个不同的度量进行评估。

1.5.1.1 安全度量

对于安全用例,使周期性传输的信息(在 CAM 中)及时到达指定的接收器是最为重要的。传统的方法只分析数据包交付率(PDR),这意味着该评估对于所有发送消息中成功接收到的消息和其传输过程中的延迟,从尝试发送到接收信息过程中的延迟只有有限影响。对于该评估只有有限的影响。两个指标的组合评估了从发送方成功接收的两个消息之间的时间段。这个度量也被称为连续 CAM 周期(CCP)[PRO 14d]、接收间隔时间[ELB 06]、包间间隙或更新延迟[KLO 12]。

可以用式(1.1)来表示 CCP,其中 $n-1$ 和 n 是两个随后接收到的信息,t_r 是接收时间:

$$\text{CCP}(n) = t_r(n) - t_r(n-1) \tag{1.1}$$

根据这一定义,CCP 最初取决于发送速率 f_s 和通信质量,而通信质量才是实际上应该测量的属性。

在用单跳广播向通信范围内的邻居发送信息的特别通信中,由于衰落或阴影造成的数据包丢失将导致比发送速率更高的 CCP。因此,CCP 有资格测量突发错误。在蜂窝网络通信的情况下,通过在不同层上进行消息重传的(混合)ARQ 方法可以减少数据包丢失。但是,这种方法可能导致比发送速率更高的传输延迟。在接收端,这意味单个数据包的无序传递。这导致 CCP 增加,因为只有最近的更新才可用于安全应用,CCP 也应考虑这种情况。

根据给定的定义,单独的 CCP 有一些缺点。首先,CCP 在 $[1/f_s, \infty)$ 范围内。因此当 CCP 的值很高时,潜在的接收者从未收到发送者的更新。导致这种情况可能有以下两个原因,第一是发生严重的突然错误,第二是两个节点之间的距离太远,以致于超出通信范围使它们之间没有相互关联性。其次,CCP 实际上测量了确定用例所支持的实时能力,然而其他案例对此响应时间可能有非常不同的要求。

因此,对 CCP 的评估应首先考虑所有 CCP 时间跨度,其中节点 i 位于发送者的相关区域 t_R,且 t_{ccp} 小于或等于实时要求 τ 加上短时间差 δ_t。这种短时间差异解释了消息传输中可容忍的偏差。安全时间比率(STR)是将该值与节点在相关区域中的时间跨度进行规范化时的结果。这在式(1.2)中有所描述:

$$\text{STR}_i(\tau) = \frac{\sum \{t_{ccp}(i) \mid t_{ccp}(i) \in t_R \land t_{ccp}(i) \leq \tau + \delta_t\}}{\sum t_R} \tag{1.2}$$

安全时间比率(STR)这个名称是在相关工作[SEG 14]中定义的。STR 的定义与 CCP 分布的累积分布函数(CDF)的计算相似,因为它认为所有度量均小于或等于特定值。实际上，文献中多使用互补 CDF 来测量不可靠的周期[KLO 12]。

1.5.1.2 效率指标

由于距离交通情况更远，因此效率用例具有更多的延迟容忍特性。信息接收的质量可以根据式（1.3）用接收到的信息的方均误差度量来计算。该度量标准考虑了与实际参考状况 D 的数据相比在各个车辆节点 i 上感知到的信息数据 $\hat{D}(i)$ 的偏差。为了获得更好的可扩展性，MSE 用参考数据 D 的规范进行了归一化。

为了获得更好的可扩展性，MSE 被标准化为参考数据：

$$\mathrm{MSE}_i = \mathbb{E}\left[\frac{1}{\|D\|^2}\|\hat{D}(i) - D\|^2\right] \tag{1.3}$$

对于仿真应用，我们使用传输 CAM 的当前速度和浮动车数据（FCD）报文作为信息的代表参数。对于仿真，参考数据 D 直接依赖于交通仿真器生成的移动模式。

1.5.2 仿真设定

仿真实验的一个特殊目的是介绍蜂窝仿真器 VSimRTICell 的特点。因此，这个仿真器是仿真装置的一部分。一般而言，仿真器包括下列不同范畴的仿真器：

交通：微观交通仿真器。SUMO[KRA 12]仿真了场景中车辆的真实流动模式。

应用：VSimRTI 内部仿真器。VSimRTIApp 作为通信信息的数据生成器，承载用于本地动态地图（LDM）的消息接收和维护的应用逻辑。

自组织通信：著名的 ns 通信协议。OMNeT++[VAR 08]仿真了基于 IEEE802.11p 的通信协议栈及具有衰落和阴影特性的真实无线电传播。

蜂窝通信：VSimRTI 蜂窝仿真器。在 1.4 节中介绍，将仿真通过蜂窝网络的信息传输。

1.5.2.1 交通仿真

仿真的场景如图 1.7 所示。它位于德国柏林市中心。这一设想方案包括 30 部参考车辆，全部配备应用程序和通信技术。结果评估只考虑这些参考载体。尽管路线可能部分重叠，但是这些车辆在 10 条不同的路线上被派遣到仿真场景中。这意味着每条路线上至少有 3 辆车能够提供足够的测量覆盖等级。车辆对交通情况不作任何反应，如改变它们的路线，其主要目的是遵循它们的路线并交换信息。

1.5.2.2 应用程序仿真

应用程序逻辑分为部署在车辆上的三个独立部分和一个部署在互联网上的交通效率服务器的应用程序。然而，应用程序仿真不会影响车辆主动改变路径或类似行为：

VehicleMainModule 实现了应用程序基础设施，应该在车辆上的每个变化中都加以配备。它通过传感器收集位置、速度和方向等数据，将其包含在 CAM 中。此外，它利用传感器数据维护 LDM，以及从自组织网络和蜂窝网络中接收消息。LDM 实现了将信息的数据匹配到具有地理像素的网格中。

VehicleAdhocModule 使用 VehicleMainModule 中的数据，并通过 IEEE802.11p 进行通信。它实现了两种不同的消息的定期传播。CAM 只包含最新的本地传感器数据。

FCD 信息汇总 LDM 中的信息，并在传播之前将其映射到地理像素的中心点。因此，它有两个主要参数——CAM 和 FCD 的定期发送周期。

VehicleCellModule 是一个类似于 VehicleAdhocModule 的组件，用于通过蜂窝网络进行通

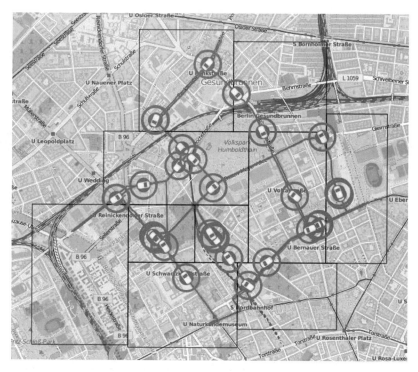

图 1.7 具有单个车辆路径和蜂窝区域的仿真场景（彩图见 www.iste.co.uk/hilt/transportation）

信。该模块支持由 GEO 在蜂窝网络中处理的本地 CAM 目的地区域的附加配置。此外，它还通过单播向流量服务器发送 CAM。但是，此应用程序不发送 FCD 消息，因为它们由 ServerModule 集中管理。

ServerModule 是服务器上的应用程序，它使用与 LDM 相同的配置维护一个中心映射。它收集登记车辆的交通信息，并定期将 FCD 信息反馈给车辆。

表 1.1 列出了各个应用程序模块最重要参数的具体配置，一些参数适用于多个应用程序模块。

表 1.1 应用程序模块的仿真参数

参数	应用程序模块	取值
LDM Grid Size	VehicleMainModule，ServerModule	20 像素×20 像素
LDM Pixel SideLength	VehicleMainModule，ServerModule	200m
CAM Interval	VehicleAdhocModule，VehicleCellModule	100ms
CAM Geo Radius	VehicleCellModule	695m
CAM2Server Interval	VehicleCellModule	1s
FCD Interval	VehicleAdhocModule，ServerModule	10s

1.5.2.3 通信仿真

通信网络采用 OMNeT++（adhoc）和 VSimRTI 蜂窝（cellular）仿真。

OMNeT++使用先进的通信模型进行特定网站的传播，特别是阴影特性[PRO 14c]。此外，OMNeT++使用表 1.2 中的参量化仿真了基于 IEEE802.11p 的通信栈。给出的 MAC 层和物理层模型都考虑了隐藏终端等重要方面。

VSimRTIcell 仿真了不同的划分区域,如图 1.7 中的黑色矩形所示。区域位置和扩展符合来自 OpenCellID（http：//OpenCellID.org）的数据。所有区域对于通信属性具有相同的参数。配置见表 1.2。它假定一个最新的 HSPA 网络的容量和延迟属性,以符合最近测量[SER 09,PRO 09,TEN 10]。流量服务器位于具有整个网络属性的特定区域,以仿真连接良好的网络服务器。

表 1.2 通信特性的仿真参数

IEEE 802.11p 参数	取值
载波频率	5.9GHz
比特率	6MBIT/s
T_x 功率	50MW
敏感性	−85dBm
热噪声	−94dBm
触角再次	0dBm
区域参数	取值
地区生产能力	28.0Mb/s
区域 DL 容量	42.2Mb/s
区域延迟模型	GammaSpeedDelay
地区 ul/dl 最小时延	40ms
区域 ul/dl 扩展延迟	150ms
网络 ul/dl 容量	100Mb/s
网络延迟模型	Simplerandomdelay
网络 ul/dl 最小时延	10ms
网络 ul/dl 最大时延	30ms
网络 ul/dl 延迟步数	3

1.5.2.4 仿真变化

在随后的仿真系列中,我们研究了三种不同的场景,在这些场景中,仿真中的所有参考车辆都配备了不同的应用模块:

*adhoc*VehicleMainModule + VehicleAdhocModule

*cellular*VehicleMainModule + VehicleCellModule

*hybrid*VehicleMainModule + VehicleAdhocModule + VehicleCellModule

基于互联网的流量服务器在所有场景中都配备有 ServerModule。但是,在临时场景中,它从不接收任何消息。

1.5.3 仿真结果

接下来,我们首先利用现有的安全时间比率（STR）来分析不同通信方式的安全性能。然后,我们评估均方差在整个场景中测量较大范围内的一般信息传播的质量。大多数交通效率应用通常是基于这样一个传播原则。

1.5.3.1 安全度量

STR 的结果如图 1.8 所示,显示了 STR 对实时 τ 的依赖性。它们包括两种变体:首先,

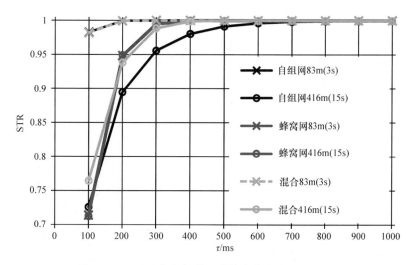

图1.8 不同设备和相关区域的安全度量 STR 结果

它们展示了通信技术（adhoc，黑色；cellular，深灰色；hybrid，浅灰色）。其次，给出了每个访问技术图的相关区域时间的两个不同参数。在我们的评估中，我们根据两辆车之间的线性距离来定义相关区域。不过，它还可以纳入进一步的参数，例如汇合轨迹、同一条道路或甚至车道等，以便将该区域限制在一组较为有限的相关车辆中（例如，在高速公路上不再考虑行驶在相反方向的车辆）。然而，线性距离包含了最苛刻的性质。我们选择了一个83m的近场相关区域（线标记"x"），根据图1.6，它处理了位于机动和警告区域之间的用例。例如，在这一领域设置交叉路口碰撞警告或电子制动灯警告。第二个相关区域为416m（线标记"o"），位于图1.6所示意识区的中间，说明了视线稍长的安全用例，例如接近紧急车辆警告。

在近场相关区域的结果表明，即使在 τ 为 100ms 最苛刻的情况下，STR 也已经以 98% 的足够高的值开始。它以更宽松的 τ 迅速收敛到 100%。这是直接 IEEE802.11p 广播具有良好通信特性的结果，它具有非常短的延迟（低 ms 数量级）和短距离内的低丢包率。中场相关区域 416m 的数字变化，仍应在我们 IEEE802.11p 配置的通信范围（带有发射功率、接收器灵敏度等参数）之内。但是，结果揭示了已知的 PHY 层问题，这些问题是由于衰落、阴影以及 MAC 层协调问题（例如由于隐藏终端问题而引起的冲突）导致的丢包增加。即使在中等情况下，我们也可以测量跨度超过七个连续 CAM 的突发错误，导致 STR 图在 τ 为 700ms 时仅收敛至 100%。对于相关性更高的领域，数据可能会变得更加关键。

对于区域的情况，两个 STR 图表现出相同的趋势，与相关距离无关。这反映了基础模型具有足够能力以给定时延分布传输所有 CAM 的区域的期望值。我们可以看到，当特定的消息（例如在网络中走较长的路径）延迟较高时有一定的可能会出现无序接收消息的情况。由于安全的用例主要需要最新的 CAM 更新，因此旧的信息会在 CCP 和 STR 评估中被删除或忽略。这意味着，即使蜂窝网络的数据吞吐量是可以接受的，但延迟依旧会限制实时需求小于 400ms 的用例的性能。这对于在 83m 的近场相关区域中的用例尤其重要，在这种情况下，临时通信显示了短时延的优势。如果未来的第五代蜂窝网络能够将延迟降低到所需的标准以下，那么它们将成为安全用例的重要替代品。

目前，可以将通过自组织网络和蜂窝网络发送 CAM 的联合方法用作迁移路径。对于 416m 的较高相关距离，在 100% 完全支持 τ 为 400ms 的用例中，混合方法显示出与蜂窝方法相似的趋势。对于短时间要求 τ 最高为 100ms，它甚至从更高的数值开始，这是因为接收短延迟的 adhoc 消息可提高性能。对于 83m 的近场相关距离，adhoc 传输似乎占主导地位。因此，与临时通信相比，混合方法可提供相同的结果。

1.5.3.2 效率指标

图 1.9 显示了在仿真时间内车辆上标准化 MSE 的开发。它包括三种不同通信方式的图（adhoc，黑色；cellular，深灰色；hybrid，浅灰色）。我们删除了仿真的早期和后期阶段，在这些时刻许多车辆仍然必须进入或已经分别离开仿真。然而，仍然值得研究的过渡阶段将描述车辆的情况，因此交通信息分布不是很均匀，而是集中在局部。例如，这种情况可能暂时出现在交通流量低的时期，或者在系统引入的初期，当普及率普遍较低时。

所有图形的趋势表明，随着仿真时间的延长，MSE 总体呈下降趋势。在最后阶段，第一辆车离开仿真时，它非常轻微地上升。我们可以看到，尽管可能的通信范围很短，但是与其他方法相比，点对点方法在以后的仿真时间中甚至达到了类似的数字。我们基于 LDM 的信息处理算法实现了典型的存储转发语义。这种方法收集信息并随车辆运动携带信息，以便随后重新传输汇总的信息。这是一个非常有效的方法，可以增大传播面积来容许更多的延迟。然而，点对点通信的黑色图形需要更长的时间跨度来减小 MSE，因为车辆必须行驶一定的时间来满足和交换它们在路上收集的信息。相比之下，蜂窝式和混合式方法的图形在仿真开始时已经开始在相当低的 MSE 值。这是由于事实上，交通服务器可以迅速镜像感知交通信息发回到配备的车辆。在后期仿真中，混合方法的性能略优于蜂窝式方法。

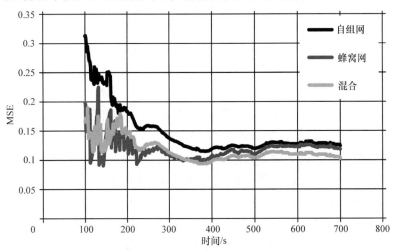

图 1.9　不同的设备设置下效率指标 MSE 的结果

总之，这一时期的蜂窝式通信方法已经为信息传播提供了足够的成果。而混合式方法在点对点通信上加上附加消息，可能会提高冗余度。尽管如此，我们提出的信息处理应用程序仍然非常简单，并且仍然可以通过更先进的数据聚合技术来改进，例如来自机器学习领域的技术。然而，这超出了当前评估的范围。

1.6 结论

基于 IEEE802.11p 的自组织网络实现了车辆之间、车辆与基础设施单元之间的分散信息交换。由于移动自组织网络通信范围有限，服务质量不高，给网络的可扩展性带来了挑战，为了克服这些缺点，采用蜂窝网络进行车间信息交换。虽然蜂窝网络能够提供几乎无限大的通信范围，但是这些网络的结构可能涉及信息传输的延迟，有可能违反许多安全应用的强制要求。为了克服这两种网络类型的缺点，车载自组织网络和蜂窝网络的智能组合可能会有所帮助。然而，需要进行详细的分析，以评估在哪种情况下，纯自组织网络、纯蜂窝网络或两者的组合将是最好的。为了给研究团体提供一个强有力的工具来进行这些评估，我们开发了新的蜂窝通信仿真器 VSimRTICell。这个轻量级工具为蜂窝网络的抽象级别建模，并允许仿真大型场景。由于 VSimRTI 单元与现有仿真框架 VSimRTI 的耦合，该扩展框架有望用于自组织网络和蜂窝网络的建模。我们在这项工作中提出的仿真研究给出了一个示例，说明如何支撑该领域的研究。

1.7 参考文献

[CAR 07] CAR 2 CAR COMMUNICATION CONSORTIUM, C2C-CC Manifesto – Overview of the C2C-CC System, num. Ver 1.1, August 2007.

[ELB 06] ELBATT T., GOEL S.K., HOLLAND G. *et al.*, "Cooperative collision warning using dedicated short range wireless communications", *Proceedings of the 3rd International Workshop on Vehicular Ad Hoc Networks*, ACM, pp. 1–9, 2006.

[ETS 09] ETSI, ETSI TR 102 638: Intelligent Transport Systems (ITS); Vehicular Communications; Basic Set of Applications; Definitions, Technical Report num. Ver 1.1.1, European Telecommunications Standards Institute, June 2009.

[ETS 10] ETSI, ETSI TS 102 637-1: Intelligent Transport Systems (ITS); Vehicular Communications; Basic Set of Applications; Part 1: Functional Requirements, Technical Specification num. Ver 1.1.1, European Telecommunications Standards Institute, September 2010.

[ETS 13] ETSI, ETSI TR 101 539-3: Intelligent Transport Systems (ITS); V2X Applications; Part 3: Longitudinal Collision Risk Warning (LCRW) application requirements specification, Technical Specification num. Ver 1.1.1, European Telecommunications Standards Institute, November 2013.

[ETS 14a] ETSI, ETSI EN 302 637-2: Intelligent Transport Systems (ITS); Vehicular Communications; Basic Set of Applications; Part 2: Specification of Cooperative Awareness Basic Service, European Standard num. Ver 1.3.2, European Telecommunications Standards Institute, November 2014.

[ETS 14b] ETSI, ETSI EN 302 637-3: Intelligent Transport Systems (ITS); Vehicular Communications; Basic Set of Applications; Part 3: Specifications of Decentralized Environmental Notification Basic Service, European Standard num. Ver 1.2.2, European Telecommunications Standards Institute, November 2014.

[ETS 14c] ETSI, ETSI EN 302 895: Intelligent Transport Systems (ITS); Vehicular Communications; Basic Set of Applications; Local Dynamic Map (LDM), European Standard num. Ver 1.1.1, European Telecommunications Standards Institute, September 2014.

[GOE 14] GOEBEL N., KOEGEL M., MAUVE M. et al., "Trace-based simulation of C2X-communication using cellular networks", *11th Annual Conference on Wireless On-demand Network Systems and Services (WONS)*, IEEE, pp. 108–115, 2014.

[HEN 08] HENDERSON T.R., LACAGE M., RILEY G.F. et al., "Network simulations with the ns-3 simulator", *SIGCOMM Demonstration*, vol. 15, p. 17, 2008.

[IEE 10] IEEE, IEEE Std 1516-2010 (Revision of IEEE Std 1516-2000): IEEE Standard for Modeling and Simulation (M&S) High Level Architecture (HLA) – Framework and Rules, Std, IEEE Computer Society, August 2010.

[IKU 10] IKUNO J.C., WRULICH M., RUPP M., "System level simulation of LTE networks", *IEEE 71st Vehicular Technology Conference*, IEEE, pp. 1–5, 2010.

[KLO 12] KLOIBER B., GARCIA C., HÄRRI J. et al., "Update delay: a new information-centric metric for a combined communication and application level reliability evaluation of cam based safety applications", *ITS World Congress*, 2012.

[KRA 12] KRAJZEWICZ D., ERDMANN J., BEHRISCH M. et al., "Recent development and applications of SUMO–simulation of urban mobility", *International Journal on Advances in Systems and Measurements*, vol. 5, no. 3 and 4, pp. 128–138, 2012.

[NAU 09] NAUMANN N., SCHÜNEMANN B., RADUSCH I. et al., "Improving V2X simulation performance with optimistic synchronization", *IEEE Asia-Pacific Services Computing Conference*, pp. 52–57, December 2009.

[PIR 11] PIRO G., GRIECO L.A., BOGGIA G. et al., "Simulating LTE cellular systems: an open-source framework", *IEEE Transactions on Vehicular Technology*, vol. 60, no. 2, pp. 498–513, 2011.

[PRO 09] PROKKOLA J., PERÄLÄ P.H., HANSKI M. et al., "3G/HSPA performance in live networks from the end user perspective", *IEEE International Conference on Communications*, pp. 1–6, 2009.

[PRO 11] PROTZMANN R., SCHÜNEMANN B., RADUSCH I., "The influences of communication models on the simulated effectiveness of V2X applications", *Communications Magazine, IEEE*, vol. 49, no. 11, pp. 149–155, 2011.

[PRO 14a] PROTZMANN R., MASSOW K., RADUSCH I., "An evaluation environment and methodology for automotive media streaming applications", *Eighth International Conference on Innovative Mobile and Internet Services in Ubiquitous Computing (IMIS)*, IEEE, pp. 297–304, 2014.

[PRO 14b] PROTZMANN R., MASSOW K., RADUSCH I., "On performance estimation of prefetching algorithms for streaming content in automotive environments", *11th Annual Conference on Wireless on-demand Network Systems and Services (WONS)*, IEEE, p. 147, 2014.

[PRO 14c] PROTZMANN R., SCHÜNEMANN B., RADUSCH I., "On site-specific propagation models for the evaluation of V2X applications", *7th International Workshop on Communication Technologies for Vehicles (Nets4Cars-Fall)*, IEEE, pp. 35–39, 2014.

[PRO 14d] PROTZMANN R., SCHÜNEMANN B., RADUSCH I., "A sensitive metric for the assessment of vehicular communication applications", *IEEE 28th International Conference on Advanced Information Networking and Applications (AINA)*, IEEE, pp. 697–703, 2014.

[QUE 08] QUECK T., SCHÜNEMANN B., RADUSCH I. et al., "Realistic simulation of V2X communication scenarios", *APSCC '08: Proceedings of the 2008 IEEE Asia-Pacific Services Computing Conference*, IEEE Computer Society, Washington, pp. 1623–1627, 2008.

[SCH 11] SCHÜNEMANN B., "V2X simulation runtime infrastructure VSimRTI: an assessment tool to design smart traffic management systems", *Computer Networks*, vol. 55, pp. 3189–3198, Elsevier North-Holland Inc., 2011.

[SEG 14] SEGATA M., BLOESSL B., JOERER S. et al., "Towards inter-vehicle communication strategies for platooning support", *7th International Workshop on Communication Technologies for Vehicles (Nets4Cars-Fall)*, IEEE, pp. 1–6, 2014.

[SER 09] SERRANO C., GARRIGA B., VELASCO J. *et al.*, "Latency in broad-band mobile networks", *IEEE 69th Vehicular Technology Conference*, VTC Spring 2009, IEEE, pp. 1–7, 2009.

[TEN 10] TENORIO S., EXADAKTYLOS K., MCWILLIAMS B. *et al.*, "Mobile broadband field network performance with HSPA+", *Wireless Conference (EW)*, IEEE, pp. 269–273, 2010.

[VAR 08] VARGA A., HORNIG R., "An overview of the OMNeT++ simulation environment", *Proceedings of the 1st International Conference on Simulation Tools and Techniques for Communications, Networks and Systems & Workshops*, ICST (Institute for Computer Sciences, Social-Informatics and Telecommunications Engineering), p. 60, 2008.

[VIR 14] VIRDIS A., STEA G., NARDINI G., "SimuLTE – a modular system-level simulator for LTE/LTE-A networks based on OMNeT++", *International Conference on Simulation and Modeling Methodologies, Technologies and Applications (SIMULTECH)*, pp. 59–70, August 2014.

[WED 09] WEDEL J.W., SCHÜNEMANN B., RADUSCH I., "V2X-based traffic congestion recognition and avoidance", *International Symposium on Parallel Architectures, Algorithms, and Networks*, IEEE Computer Society, pp. 637–641, 2009.

第 2 章

近场无线通信及其在下一代传输基础架构中的作用：建模技术概述

对更加互联的公共智能交通系统（ITS）的需求激励着智慧城市（SC）范式的发展。如今，交通领域的智能网络物理系统有望在发展以乘客为中心的服务愿景中发挥重要作用。像其他公共事业一样，运输基础设施正逐步朝着更智能、更互联和以用户为中心的协作系统方向前进。具有无线互联功能和无线室内定位系统的低成本智能设备的可用性不断提高，也在部分程度上支撑了运输基础设施的发展。得益于这些低成本元件的引入以及它们的无线互联功能（主要是在近场环境中），运输领域已发生了重大革命。并且汽车、火车、公交车、自行车和道路基础设施正越来越多地配备传感器、RFID 标签和 NFC 设备，从而向交通控制中心发送重要信息来改善交通路线，并为用户实时提供相关的交通信息。

面向运输领域这种网络化和近场场景的变革，需要开发新的研究、工程方法、工具和仿真研究。本章以建模技术为背景进行概述，以探讨 ITS 领域中的大数据或物联网（IoT）这一具有挑战性的场景。仿真建模是任何通信网络实现或策略的设计、开发、测试和性能评估中必不可少的关键步骤。为了在特定的运输场景中提供有关 IoT 环境的整体性能研究，必须使用系统级仿真方法。传统上，系统级仿真器会接收来自链路级仿真研究的结果作为输入。尽管这些低成本的智能设备广泛存在并且是影响和强调通信基础设施的重要参与者，但迄今为止，众所周知的离散事件系统级网络仿真器还没有包括对近场无线通信行为进行仿真的功能。

本章中，我们的目标是对这些智能、低成本的近场无线对象进行建模和对如何将其行为集成到传统网络离散事件仿真（DES）工具中提供一些指导。最终目的是提供对可用工具的深入了解，以便从整体角度研究其行为及其对 ITS 的访问和对核心通信基础结构的影响。

本章主要内容有 3 节。2.1 节概述了近场无线技术，介绍了近场、远场概念以及在运输领域中可以找到的近场无线技术的分类法；2.2 节介绍了用于表征近场通信链路的现有的两种主要技术，链路级别表征是基于 DES 工具的系统级仿真技术的输入；2.3 节介绍了这些 DES 框架的最新技术以及用于性能评估目的的近场建模的不同方法；最后一部分涵盖了主要结论和进一步的研究机会。

2.1 近场无线技术

本节将讨论近场通信与远场通信的定义，旨在向读者提供对这些概念的技术层面的理解。然后，将详细介绍当今在众多运输应用中使用的最相关的近场无线技术。

2.1.1 近场与远场

近场和远场概念与天线周围区域中电磁场的产生有关，在电磁场中，流过导体回路的交流电主要产生磁场，流过导体偶极子的交流电流主要产生电场。随着这些场的传播，会产生一个电磁场（一个由电场和磁场组成的场）。这些场之间的相互作用产生能够传播到空中的电磁波。

根据与信号源的距离，天线周围的场可以分为两部分：近场和远场。通常，近场定义为天线周围直至 $\lambda/2\pi$ 处的场，其中 λ 是波长。此后，电磁波开始与天线分离，因此失去了通过电感耦合或电容耦合进行交互的能力，在过渡区域后到达了远场区域。图 2.1 显示了不同的区域及其名称。

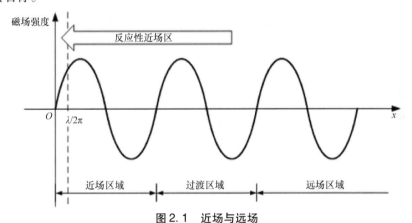

图 2.1　近场与远场

近场和远场具有不同的能量，因此它们通常需要相应的天线类型，因为近场应用主要使用磁场，而远场同时具有电磁成分。当从近场移动到远场时，波阻抗会变化，如图 2.2 所示，在远场区域以及其他区域，其阻抗恒定为 377Ω。

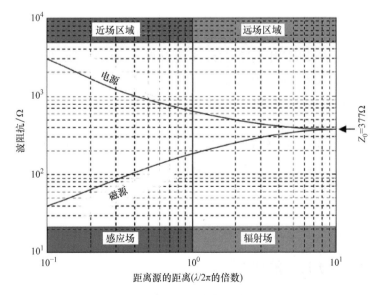

图 2.2　波阻抗

靠近天线的区域叫作电抗近场区。在该区域中，最重要的特征是电抗性储能场占支配地位。根据天线的物理特征，一个场（电场或磁场）将优先于另一个场。更具体地说，在两个矩形环的情况下，可以仅考虑用磁场来表征耦合。

超过两个波长的区域叫作远场，在这种情况下，电场和磁场相互支撑并相互再生，因为它们的强度与距离的二次方成反比地降低。表2.1 显示了与通信系统相关的几种频率的电磁场分离距离（$\lambda/2\pi$）。

表2.1 不同波长的 $\lambda/2\pi$ 值

频率	$\lambda/2\pi$
4MHz	1193cm
27MHz	177cm
433MHz	11cm
868MHz	5.5cm
915MHz	5.2cm
2.45GHz	1.9cm
5.8GHz	0.8cm

在近场或远场工作的不同之处归纳如下：

1）近场（电抗）中两个天线之间的耦合类似于交流变压器，而远场耦合通常被称为RF通信。

2）在近场通信中，接收到的信号主要取决于信号源的特性。在远场链路中，最相关的参数是通信信道。

3）电感耦合主要取决于发射器和接收器部件的相对距离，而辐射通常与传播时间或路径的差异更紧密相关。

如上所述，无线通信（通过天线）依靠电磁耦合的过程进行。耦合有两种类型：

1）电感耦合。近场天线使用电感耦合，这意味着它使用磁场或电场。在近场区域中会形成磁场或电场，从而使天线能够传输信号。

2）电容耦合。远场天线使用电容耦合（或传播耦合）。当天线发送的信号进行传播且电磁信号可用时，就会发生电容耦合。

与发射传播电磁场的远场天线相反，近场天线会产生适合短读距应用的局部磁场或电场。近场天线不常用，因此市场上的选择有限。另一方面，远场天线呈现出各种形状和尺寸，其选择范围比近场天线更大。关于长距离天线，有很多选择例如线性或圆极化，可变的增益，室内或室外使用，以及多频段选择。许多无线技术都基于远场通信，例如Zigbee和蓝牙技术。

2.1.2 运输领域基于近场的技术

一些近场无线通信技术已经在火车、地铁和有轨电车之类的运输系统中长期使用。

信标（Balises）是许多列车自动保护（ATP）系统中非常常见的设备。Balises的作用是提高安全性，避免碰撞或其他因高速行驶而导致的出轨事故。Balises是不含动力的，设置在轨道上，它们由经过的列车提供动力。一旦Balises被激活，它就会将信息（感应通信）传输到列车的Balises传输模块（BTM），以警告驾驶员甚至停止列车（如果驾驶员未按预期行事）。在欧洲列车控制系统（ETCS）或称基于通信的列车控制（CBTC）中，Balises被称为Eurobalise[UNI12]。

Euroloop[UNI08]是使用ETCS的感应技术的另一个例子。它非常类似于Balises。实际上，这是Eurobalises在特定距离上的扩展，它能够通过发射电磁波的电缆以与其他国家的系统（例如德国LZB或Thales集团的Euroloop）类似的方式将数据持续传输到车辆的环路传输模块（LTM）。

除了这些传统的轨道技术外，运输系统还采用了SC和IoT范式。实际上，在文献[GUB 13]中，作者介绍了智能运输和智能物流的概念，将其作为物联网概念的适用范围。文献[ZAN 14]中指出的某些服务与这些领域相关，例如航空交通管理和智能泊车。此外，在文献[ATZ 10]中，作者添加了以下服务和应用程序：辅助驾驶、移动票务、监控环境参数和增强地图。

可以在SC和IoT领域中使用的通信技术数量巨大，并且取决于设备的物理特性和特定的用例[ZAN 14]。一些常用的通信技术是有线的（例如以太网和光纤），而其他一些是无线的（例如WiFi、UMTS和LTE）。这些无线技术中只有两种可以被认为是感应技术：RFID和NFC。

实际上，RFID和NFC是如今最常见的近场无线技术中的两种，下面将对它们进行详细介绍。

2.1.2.1　RFID

射频识别（RFID）[WAN 06]是一种历史悠久的自动无线数据收集技术[LAN 05]。该技术通常用于通过无线电波识别物品。RFID系统的基本组成是标签和阅读器。阅读器向标签发出询问信号，标签以其唯一的信息作为响应。RFID标签分为有源RFID标签、半无源RFID标签或无源RFID标签。

1）有源RFID标签包含电池，因此它们有自己的能量源，可以被超过100m的阅读器读取。长的读取距离使有源RFID标签成为许多行业的理想选择，在这些行业中，资产的位置和物流方面的其他改进至关重要。活动标签可以是只读的也可以是可读写的，因此允许读取器修改数据。数据存储和更快的数据传输率等优点使这种标签非常适合电子收费系统。标签种类繁多。这种标签是最昂贵的。

2）半无源RFID标签类似于无源标签，它使用读取器信号来激发标签的响应，类似于有源标签，其中包含用于为标签本身的所有电子设备供电的电池。通常，与有源标签相比，半无源标签在电源方面具有更长的使用寿命，但另一方面，就读取速度和读取距离而言，这些标签具有无源标签的某些限制。半无源标签的价格低于有源标签，但高于无源标签。

3）无源 RFID 标签不包含任何电源。相反，为这些标签供电的能量是 RFID 阅读器发送的电磁信号的能量。因此，无源标签对阅读器的 RF 信号来作出响应。通常，无源 RFID 标签的读取范围从近距离接触到 25m。当前，最常用的 RFID 标签类型是无源标签，设计更简单，并且不包含电池。由于可以采用不同的形式，该标签可用于多种应用，从用于公共交通的识别卡到嵌入牌照的标签等。这种类型的标签是最便宜的一种。在无源 RFID 系统中，读取器将调制的 RF 信号发送到由天线和集成电路芯片组成的标签。芯片从天线接收功率，并通过改变其输入阻抗来作出响应，从而调制后向散射信号。在 20 世纪 70 年代初已经报道有功能性无源 RFID 系统[KOE 75]。从那时起，RFID 取得了进步[FIN 04, KAR 03, GLI 04, DEV 05]，并经历了飞速的发展。

RFID 标签主要在三个频率范围内运行。这些频率范围还设置了可以使用的通信类型：

1）125~134kHz 的低频（LF）。
2）13.56MHz 的高频（HF）。
3）856~960MHz 的超高频（UHF）。

低频和高频[EPC 13] RFID 系统是短距离系统，其基于读取器和标签天线之间通过磁场的感应耦合。

超高频[EPC 13]和微波（2.4GHz 和 5.8GHz）RFID 系统属于远程系统，基于读取器和标签天线之间传播的电磁波（远距离）。EPC 为这种 RFID 提供了规范。

对于不同应用的 RFID，存在许多 RFID 标准。DIN、ISO 和 VDE 是提供这些标准的一些标准化机构。

2.1.2.2　NFC

NFC 是高频（HF）RFID 的特定子集。NFC 允许安全地交换数据。此外，NFC 设备充当 NFC 读取器和 NFC 标签。因此，NFC 设备能够进行对等通信。

NFC 设备在与 HF RFID 阅读器和标签相同的 13.56MHz 频率下运行。NFC 格式的标准和协议涉及在感应卡中使用 RFID，并且基于 RFID 标准[ISO 16, ISO 13]。

作为 HF RFID 的完善版本，近场通信设备已经利用了其射频的短读取范围限制。由于 NFC 设备必须彼此靠近（通常只有几厘米），因此已成为在智能手机等消费类设备之间进行安全通信的流行选择。

点对点通信功能将 NFC 与典型 RFID 设备区分开来。此外，NFC 智能手机可以通过将两个设备放在一起，将信息从一个智能手机传递到另一个智能手机，这会将诸如联系信息或照片之类的共享数据变得简单。近年来，一些广告公司使用智能海报将信息传递给消费者。

同样，NFC 设备可以读取无源 NFC 标签，某些 NFC 设备可以读取符合 ISO 15693 标准的无源 HF RFID 标签。设置标签数据可以包含设备的命令，例如打开特定的移动应用程序。您可能会开始在广告、海报和标牌中频繁地看到 HF RFID 标签和 NFC 标签，因为这是一种将信息传递给消费者的有效方法。

NFC 建立在 HF RFID 的标准之上，并将其工作频率的限制变成了近场通信的独特功能。

2.2 近场通信的特征

目前,就近场通信的特性而言,可以区分两种不同的方法,即基于电气模型的理论计算和基于电磁仿真器的理论计算。尽管后者也依赖于电气模型,但两者的工作方式不同。对于电气模型,需要推导数学方程式,因此需要深厚的数学功底。另一方面,仿真器允许我们以图形方式对要表征的元素进行建模,并且计算是由仿真器本身在时域或频域中完成的。

作为表征结果,可以获得近场通信的传递函数。该传递函数可以在 DES 框架中用作通信设备之间链路级近场区域的模型。

2.2.1 电路模型

图 2.3 显示了用于电感环路[DOB 12]的基本电气模型。它代表了变压器的简化模型,其中包含了该领域中的特定元素。

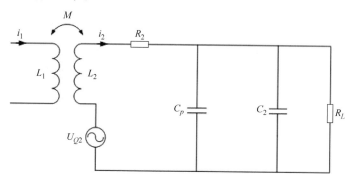

图 2.3 电感环路的简化等效电路

在图 2.3 中,L_1 和 L_2 是每个线圈的电感;U_{Q2} 是在线圈 2 中感应的电压;R_1 和 R_2 是每个线圈的电阻损耗;C_p 是环路 2 的寄生电容;C_2 是调谐电容器,用于提供适当的谐振频率。

模型的重点之一是对 R_L 的分析。在文献 [CHA 10] 中,用一个 UHFRFID 无源标签的 R_L 表示了近场和远场的差异。许多市售设备存在这样的情况,当标签位于近场时,接收到的天线功率会增加,因此系统包括某种非线性控制电路以避免潜在的损害。文献 [JAN 11] 中显示了另一个有趣的模型,其中包括对每个构造块的简单描述。

在任何情况下,整个系统的性能都取决于发射天线将电压感应到无源环路中的能力。接下来对 RFID 通信中最常见的情况进行分析。

2.2.2 平方电感耦合互感分析

考虑到毕奥-萨伐尔定律即式(2.1),可以在空间的任意点计算由环路的任何部分产生的磁场:

$$d\boldsymbol{B} = \frac{\mu_0 I (d\boldsymbol{l} \times \boldsymbol{u}_r)}{4\pi r^2} \quad (2.1)$$

式中,$d\boldsymbol{l}$ 表示导体中流过电流 I 的微分元素;$\boldsymbol{u}_r$ 是在差分元素和关注点之间的直线方向上的单位矢量；r 是这些元素之间的距离。

式（2.1）允许我们计算在空间的任何一点上由矩形环产生的磁场。在矩形环的情况下，了解场的 z 分量非常重要。

为了计算图 2.4 所示的 EF 边所产生的磁场，我们必须在式（2.1）中引入式（2.2）~ 式（2.4）：

$$d\boldsymbol{l} = (dx\ 0\ 0) \tag{2.2}$$

$$\boldsymbol{u}_r = (\frac{x - x_p}{r}\ \frac{-l_d - y_p}{r}\ \frac{0 - h}{r}) \tag{2.3}$$

$$r = \sqrt{(x - x_p)^2 + (y_p - l_d)^2 + h^2} \tag{2.4}$$

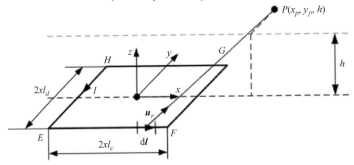

图 2.4 在 P 点处由矩形环产生的磁场

由 $d\boldsymbol{l}$ 产生的微分场通过以下给出：

$$d\boldsymbol{B}_{EFz} = \frac{\mu_0 I}{4\pi r^2} \begin{vmatrix} \boldsymbol{i} & \boldsymbol{j} & \boldsymbol{k} \\ dx & 0 & 0 \\ \frac{x - x_p}{r} & \frac{-l_d - y_p}{r} & \frac{0 - h}{r} \end{vmatrix} = -\frac{\mu_0 I}{4\pi r^3}(l_d + y_p)dx\boldsymbol{k} \tag{2.5}$$

EF 段上的式（2.5）的积分给出了创建的总场：

$$B_{EFz}(x_p, y_p) = \int_{-l_c}^{l_c} dB_{EFz} = \int_{-l_c}^{l_c} \frac{\mu_0 I}{4\pi} \frac{l_d + y_p}{[(x - x_p)^2 + (y_p + l_d)^2 + h^2]^{\frac{3}{2}}} dx \tag{2.6}$$

可以用相同的方法计算由循环的其余元素创建的场。最后，式（2.7）将能够计算磁场在任何点的垂直分量。

$$B_{EFGHz}(x_p, y_p) = B_{EFz}(x_p, y_p) + B_{FGz}(x_p, y_p) + B_{GHz}(x_p, y_p) + B_{HEz}(x_p, y_p) \tag{2.7}$$

为了表征两个矩形环之间的相互作用，可以考虑图 2.5 中所示的情况。

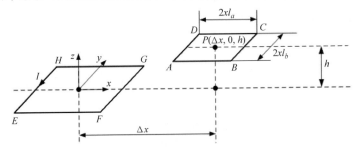

图 2.5 两个 x 轴对齐矩形线圈的电感耦合

Δx 是两个环的中心之间的距离,并且它们的纵轴平行。

为了计算在回路 ABCD 中感应的电压,我们必须通过回路 ABCD 将由回路 EFGH 产生的磁通量表示为时间的函数。我们可以通过结合式(2.8)来实现这一目标。

$$\Phi_{ABCD} = \int_{y_A}^{y_D}\int_{x_A}^{x_B} B_{BFGHz}(x_p, y_p) \mathrm{d}x_p \mathrm{d}y_p$$

其中,

$$\begin{aligned} x_A &= \Delta x - l_a \\ x_B &= \Delta x + l_a \\ y_A &= -l_b \\ y_D &= l_b \end{aligned} \quad (2.8)$$

磁通量将由式(2.9)给出:

$$\Phi_{ABCD}(\Delta x) = \int_{y_A}^{y_D}\int_{\Delta x - l_a}^{\Delta x + l_a} B_{EFGHz}(x_p, y_p) \mathrm{d}x_p \mathrm{d}y_p \quad (2.9)$$

最后一步是将式(2.9)的时变幅度表示为时间的函数。在轨道应用回路的特殊情况下,有两个时间变化源:

1)回路 EFGH 的电流,通常由正弦函数给出。
2)中心距 Δx,可能表示为列车速度的函数。

总之,运算式(2.10)都将给出最终表达式:

$$v = -\frac{\mathrm{d}\Phi_{ABCD}(t)}{\mathrm{d}t} \quad (2.10)$$

2.2.3 计算机辅助的电磁计算

当今用于电磁分析的最强大的工具是计算机仿真器。考虑到不同的边界条件,有几种商业软件包可以执行精确的 3D 仿真。这些平台几乎可以复制任何物理系统,但是存在两个主要缺点:①即使对于简单的模型,计算资源的使用也可能很高;②可能难以将仿真性能结果与基本设计参数相关联。也可以将计算机的计算能力与上一节中提到的方程式结合起来。例如,BTM 天线被定义为矩形环,可以通过将基本电磁方程式应用于 2.2.2 小节中的系统来对该特定系统进行分析。通过这种方法,可以更深入地了解物理问题,因此可以将获得的结论用于优化具有定量和定性规则的系统。为了简化表达式,可以使用符号数学求解器。这种方法比传统的电磁仿真器需要更少的计算资源,但是由于数学分析中需要简化,因此它又暴露出一些限制。

当前,电磁仿真软件可以协助通信设计人员,获得对比两面矩形环复杂结构的准确预测。有许多不同的电磁分析程序在基础技术上彼此不同。每种仿真技术都有其特色优势,因此解决特定的问题类型需要使用最适合该问题的一种特定类型的电磁仿真器。

尽管目前计算机辅助工程(CAE)软件是设计过程中的关键部分之一,但它至今也仅使用了 25 年左右。如今,高效而强大的个人计算机能够在合理的时间内运行对计算要求很高的 CAE 程序。CAE 工具开发人员已经利用了这种提高的计算机性能,从而获得了空前水平的仿真功能。这是电磁仿真器领域的显著优势,因为其与解决麦克斯韦方程式相关性很大。尽管如此,约束 CAE 仿真工具性能的通常不是仿真引擎的速度,而是仿真所用模型的准确性或可用性。通常，设计可以分为以非线性模型表示的有源器件或以线性模型表示的无源器件。但是，由于无源组件（例如电缆和连接器）也表现出非线性行为，因此通常需要使用复杂的模型。此外，无源元件可以分为离散或集总元件（电阻器、电容器和电感器）和分布式元件，例如由微带传输线形成的元件[SWA 03]。

电磁仿真器根据麦克斯韦方程式解决了各种电路问题。当前，大多数电磁仿真器都依赖于三项关键技术：矩量法（MoM）、有限元法（FEM）和时域有限差分法（FDTD）。这些仿真方法倾向于使用类似的方法来解决问题：

首先，创建一个物理模型，通常由布局形状和材料属性等组成。

然后，设置仿真器的边界条件、仿真范围、端口分配和其他特定的仿真选项。

一旦定义了模型并设置了仿真器，就会执行仿真。仿真涉及使用网格单元将物理模型转换为离散元素。该仿真器使我们能够使用局部函数来近似网格单元上的场或电流。

最后，调整局部函数系数，直到满足仿真的边界条件为止。在后期处理过程中，可以计算出诸如 S 参数、场水平和辐射方向图等设计信息。

对基于 MoM、FEM 和 FDTD[HES 09] 的仿真器的过程与此过程相似，但是它们之间的差异使得每种都只适用于特定的应用程序。

MoM：该技术仅要求将要仿真的结构中的金属互连网格化。由于"平面"MoM 网格简单且小于 FEM 或 FDTD 仿真所需的等效"3D 体积"，因此与其他技术相比，它的仿真速度更快。MoM 算法通过求解矩阵来求解麦克斯韦方程式。

FEM：这种仿真方法是一种真正的 3D 场求解器，可以对任意形状的 3D 结构进行分析。与 MoM 仿真相比，它的优势在于它可以用于任何类型的 3D 结构，并且不局限于分层堆叠。FEM 仿真要求将被仿真的对象放置在截断的空间中。该仿真域的体积将转换为离散元素，通常是四面体网格单元，并在要仿真的几何模型周围创建密度更高的网格。有限元算法通过求解矩阵来隐式求解麦克斯韦方程式。

FDTD：这种仿真方法是一种真正的 3D 场求解器，可以分析诸如 FEM 的任意形状的 3D 结构。FDTD 算法可完全求解麦克斯韦方程式。采用时间步长算法，逐步更新网格单元中的场值，并随着电磁波在建模过程中的传播而明确。

为了针对给定应用选择基于 MoM、FEM 和 FDTD 分析方法的最合适的仿真器，设计的几何形状和电路响应类型是要考虑的第一个参数：

1）基于 MoM 的仿真器为真正的平面结构提供最有效的仿真方法。因此，建议使用基于 MoM 的仿真器来分析 PCB 和平面天线上的无源元件和组件，而不是分析两个天线之间或无源标签与阅读器之间（例如 RFID）的最佳方法。基于 FEM 或 FDTD 的 EM 仿真器通常更适合于真正的 3D 结构[HES 09]。

2）MoM 方法和 FEM 方法都在频域中求解，这使得它们比 FDTD 更适合于分析具有高品质因数的电路，例如滤波器、空腔、谐振器和振荡器。相比之下，FDTD 方法可以在时域中进行本地求解，从而使其可用于连接器接口和转换。

2.3 离散事件仿真器

无线通信已经引起了学术界的极大兴趣，许多无线网络都使用离散事件仿真（DES）工具进行评估。本节将介绍不同的仿真工具，并对其进行比较，同时考虑它们仿真近场无线通信的能力。实际上，本节重点介绍四种广泛使用的网络 DES 软件：Riverbed Modeler、OMNeT + +、ns – 2 和 ns – 3。

2.3.1 Riverbed Modeler

Riverbed Modeler（旧称为 Opnet Modeler 或 OPNeT）是一种商业网络离散事件仿真器。它提供了广泛的库来对分组网络进行建模，并且利用了大多数技术（例如 WiFi、WiMAX 和 ADSL）和协议（例如 IP 和 TCP）。此外，它是最受欢迎的网络仿真器之一，因此第三方支持和附加库的可用性很高。

Riverbed Modeler 使我们能够详尽地对无线通信的物理特征进行建模。数据包是通过 Riverbed Modeler 的收发器管道处理的数据块，以仿真无线传输。术语管道用于概述 Riverbed Modeler 按顺序进行 14 个阶段的无线数据包处理的过程，在该过程中无线链路的物理特征被拆分。这些阶段中与分组的传输有关的 6 个阶段是：接收器组、传输延迟、链路关闭、信道匹配、Tx 天线增益和传播模型。相反，其余八个阶段与接收有关：Rx 天线增益、接收功率、干扰噪声、背景噪声、信噪比、误码率、错误分配和错误校正。这些阶段是按顺序执行的，每个阶段都要用到先前阶段中的计算结果。例如，"信噪比"阶段具有有关接收信号和先前阶段中估计的干扰功率的信息（接收功率、干扰噪声和背景噪声），以计算信噪比（SNR），并使其可用于后续阶段。通常，此流水线工作的目标包括计算数据包的 SNR，然后根据 SNR 和所使用的调制方式（误码率阶段）获得数据包的误码率（BER），估计数据包中错误比特的数量（错误分配阶段），最后考虑错误比特的数量，以确定是否正确接收了数据包（错误校正阶段）。

该仿真器具有为仿真当今最常见的无线技术（例如 WiFi 或 LTE）而定义的多套管道预设。它还提供了通用无线通信例如通用时分多址（TDMA）的基本阶段集，这可以有效地仿真 GSM 等 TDMA 无线技术。

有建议在 RiverbedModeler 中对 RFID 进行建模[YAN 09]。文献[YAN 09]的作者通过执行无线信道的正确参数化设置，并通过考虑新衰落效应的新 BER – SNR 曲线改善 BER 流水线阶段，为 RFID 通信提供了一种改进的信道模型。但是，该文献没有修改其他管道阶段。文献[MAR 13]的作者没有修改任何管道阶段，他们只研究 RFID 的链路层协议，并且由于使用具有不同示意图的无线覆盖范围受到限制。

2.3.2 OMNeT + +

OMNeT + + 是功能强大的模块化 DES 软件。它由可以简单地构成或组合的模块组成，取决于它们的原子性或内部模块组成。模块之间最常见的交互方式是通过门和连接发送和接收消息。首先，门可以用于发送（输出门）或接收（输入门）消息；其次，门可以为连接分配传输属性，例如传输延迟或数据速率。

由个人和团体使用的大量模型都是通过开放源代码许可证公开提供的。一些最重要的模型在被称为仿真框架的数据包中一起提供。INET 框架是最重要的一个，它为 IP 系列协议、有线和无线链路层协议以及其他流行的技术和协议提供支持。对无线网络进行建模的框架是 MiXiM。MiXiM 加入并扩展了为 OMNeT + + 中的无线和移动仿真开发的几个现有仿真框架，它提供了无线信道（衰落等）、无线连接、移动性模型、障碍物模型和许多通信协议的详细模型，尤其是在媒体访问控制（MAC）级别。但是，MiXiM 的使用已不再流行，并且自 3.0 版以来，MiXiM 某些功能已包含在 INET 框架中。最后，值得一提的是 Castalia 5 框架，该框架专注于无线传感器网络（WSN）、车身局域网（BAN）和低功率设备网络的仿真。该框架使用对数正态阴影模型计算距离在几米到几百米的节点之间的平均路径损耗。此外，它还提供了特定路径损耗图的替代方案，例如基于实际度量，可以用于 BAN 和近场通信。

在文献 [FER 15] 中，作者介绍了一种新颖的仿真器，基于 OMNeT++ 和 Castalia 仿真框架来测试 RFID 防撞建议。仿真器的传播模块除了提供检测 RFID 冲突的机制外，还负责计算传播损耗和延迟。GreenCastalia6[BEN 13] 是 Castalia 框架的扩展，可以仿真协议和设备，以应对无线传感器网络中通常所需的能量收集。

2.3.3 ns–2

ns–2 是广泛使用的工具，可以仿真有线网络和无线网络的行为。它是根据开放系统互连（OSI）模型组织的开源面向对象的 DES 软件。仿真基于 C++ 和 OTcl 的组合。通常，C++ 用于实现协议和扩展库，而 OTcl 用于创建和控制仿真环境本身，包括选择输出数据。仿真在数据包级别运行，从而可以获得详细的结果。MannaSim Framework8 扩展了 ns–2 以应对 WSN。从这个意义上讲，它引入了用于设计、开发和分析不同 WSN 应用程序的新模块。该框架允许选择不同类型的无线信道、无线电传播模型和天线模型以及无线通信的许多其他物理特性。SensorSim9[PAR 00] 是美国海军研究实验室在 ns–2 之上开发的仿真框架，目的是简化传感器网络的仿真。它支持不同的传感器信道，这些信道同时支持多种传播模型。除无线信道外，该框架还针对 WSN 的其他关键方面，例如功率模型或能耗。

2.3.4 ns–3

ns–3 是一个全新构建的网络仿真器，与 ns–2 并不兼容，其构建的初衷是为了代替 ns–2。它完全基于 C++ 构建，并且不使用 OTcl 编程语言。ns–3 主要用于研究和学术目的。它的大部分用户专注于无线/IP 仿真，其中涉及用于第 1 层和第 2 层的 WiFi、WiMAX 或 LTE 模型。

每个版本的 ns–3 都有一个文档齐全的模型库。此模型库支持无线通信技术、低功耗无线通信且包含超过 15 个可以与其他模块一起扩展的传播模型。

2.3.5 离散事件仿真器的近场通信比较

目前已有多个关注每个仿真器的特性来定性比较这些仿真器[SIN 08, XIA 08, KUM 12] 的报告，可通过关注性能来定量地比较这些仿真器[KHA 14]。从对近场无线通信建模的角度来看，它们都没有提供至少可以仿真最常见的近场通信的模型，例如 RFID（RFID 规范的近场版本）和 NFC。实际上，甚至没有任何第三方框架可以扩展仿真器来提供此功能。因此，有两种主要方法可将近场无线通信集成到这些 DES 框架中。

第一种方法是通过调整无线信道以对近场无线通信建模，将近场无线通信集成到 DES 工具中。尽管近场感应和远场传播的物理特征有很大的不同，但是提供用于仿真远场传播的特征可以用来仿真近场感应。从这个意义上讲，四个用于分析的 DES 工具具有相似的功能。

首先，Riverbed Modeler 具有一个阶段流水线，可以对无线信道进行建模，可以使用 C 语言实现新的阶段来定制无线信道。带有 Castalia 框架的 OMNeT++ 和带有 MannaSim 或 SensorSim 框架的 ns-2 则专注于无线传感器网络，但它们也是包含新信道模型的好框架，甚至 ns-3（这是一个非常新的仿真器）也可以使用新的传播模型进行扩展。

文献［ROD 16］的作者介绍了 Riverbed Modeler 的五个新管道阶段的设计，以仿真轨道上的 Eurobalise 和列车内的 BTM 之间的近场通信。在经过修改的流水线阶段中，闭合阶段确保仅在设备非常靠近且提供与产生的感应有关的等效接收信号功率时才执行通信，该等效接收信号功率是从等效接收信号矩阵中获得的，该等效接收信号矩阵的值应根据实际措施决定。设计值和模型的验证是通过在具有实际设备的实验室中执行的实际措施进行的。

第二种方法是使用 DES 软件的闭环仿真或协同仿真功能。两种解决方案都意味着从 DES 工具中删除了近场计算，并依赖于要在外部设备中执行的测量。闭环仿真通常用于将仿真器连接到真实设备或真实网络，而当仿真器连接到另一个仿真器时，则使用协同仿真。对于近场无线通信，使用协同仿真选项将 DES 工具与电磁仿真器链接起来更为合适。这种方法的一个示例是在 OMNeT++ 和 MATLAB 之上构建的 COSMO 网络仿真器[ZHA 10]，以提供一种改进的室内无线仿真器，可以遵循该示例来构建具有近场无线通信功能的 DES 仿真器。

2.4 结论

如今，具有无线近场互连功能的流量成本智能对象的可用性不断提高，代表着开发更智能、更丰富的公共 ITS 的机会越来越多。因此，学术界付出了巨大的努力来构建必要的工具，以评估这种大规模近场部署的性能和潜力以及它们对现有通信基础架构的影响。系统级仿真（例如 DES 框架）在此工具中起着至关重要的作用。基于复杂性原因，系统级框架依赖于足够精确的链路仿真模型来获得基本行为。

在链路级别上，近场通信的传统表征依赖于两种方法：一种通常基于数学计算的理论方法，另一种基于电磁仿真器的方法。后者已经从计算力的提升中受益，并达到了前所未有的仿真能力水平。通过对这一底层进行建模，系统级仿真器将从精确的通信链接和对事件的准确响应中受益。

尽管大多数常用的系统级仿真框架（Riverbed Modeler，OMNeT++，ns-2 和 ns-3）都以无线通信链路为目标模型，以衡量整体端到端服务质量性能指标，但它们的范围通常是远距离的。并且，近年来出现了一些值得一提的举措，本章对此进行了分析。

2.5 参考文献

[ATZ 10] ATZORI L., IERA A., MORABITO G., "The internet of things: a survey", *Computer Networks*, vol. 54, no. 15, pp. 2787–2805, 2010.

[BEN 13] BENEDETTI D., PETRIOLI C., SPENZA D., "GreenCastalia: an energy-harvesting-enabled framework for the Castalia simulator", *ENSSys'13 Proceedings of the 1st International Workshop on Energy Neutral Sensing Systems*, ACM, New York, pp. 7:1–7:6, 2013.

[CHA 10] CHAKRA S., FARRUKH U., GARCIA B., "Electrical model simulation for a UHF RFID system in near and far fields", *International Journal of Simulation: Systems, Science and Technology*, vol. 11, no. 1, pp. 14–20, 2010.

[DEV 05] DE VITA G., IANNACCONE G., "Design criteria for the RF section of UHF and microwave passive RFID transponders", *IEEE Transactions on Microwave Theory and Techniques*, vol. 53, no. 9, pp. 2978–2990, 2005.

[DOB 12] DOBKIN D.M., *The RF in RFID, UHF RFID in Practice*, 2nd ed., Newnes, 2012.

[EPC 13] EPCGLOBAL, EPC Radio-Frequency Identity Protocols Generation-2 UHF RFID; Specification for RFID Air Interface Protocol for Communications at 860 MHz–960 MHz, EPCglobal Inc., November 2013.

[FER 15] FERRERO R., GANDINO F., MONTRUCCHIO B. et al., "A novel simulator for RFID reader-to-reader anti-collision protocols", *2015 International EURASIP Workshop on RFID Technology (EURFID)*, pp. 59–64, October 2015.

[FIN 04] FINKENZELLER K., *RFID Handbook: Radio-frequency Identification Fundamentals and Applications*, Wiley, 2004.

[GLI 04] GLIDDEN R., BOCKORICK C., COOPER S. et al., "Design of ultra-low-cost UHF RFID tags for supply chain applications", *IEEE Communications Magazine*, vol. 42, no. 8, pp. 140–151, 2004.

[GUB 13] GUBBI J., BUYYA R., MARUSIC S. et al., "Internet of things (IoT): a vision, architectural elements, and future directions", *Future Generation Computer Systems*, vol. 29, no. 7, pp. 1645–1660, 2013.

[HES 09] HESE J.V., SERCU J., PISSOORT D. et al., State of the Art in EM Software for Microwave Engineers, Agilent Technologies Application Note 5990-3225EN, February 2009.

[ISO 13] ISO, IEC, Information Technology – Telecommunications and Information Exchange between Systems – Near Field Communication – Interface and Protocol (NFCIP-1), ISO/IEC, no. 18092, http://cp.literature.agilent.com/litweb/pdf/5990-3225EN.pdf, 2013.

[ISO 16] ISO, IEC, Identification Cards – Contactless Integrated Circuit Cards – Proximity Cards, ISO/IEC, no. 14443, 2016.

[JAN 11] JANKOWSKI-MIHULOWICZ P., KALITA W., "Application of Monte Carlo method for determining the interrogation zone in anticollision radio frequency identification systems", in TURCU C. (ed.), *Current Trends and Challenges in RFID*, InTech, July 2011.

[KAR 03] KARTHAUS U., FISCHER M., "Fully integrated passive UHF RFID transponder IC with 16.7-uW minimum RF input power", *IEEE Journal of Solid-State Circuits*, vol. 38, no. 10, pp. 1602–1608, 2003.

[KHA 14] KHAN M.A., HASBULLAH H., NAZIR B., "Recent open source wireless sensor network supporting simulators: a performance comparison", *2014 International Conference on Computer, Communications, and Control Technology (I4CT)*, pp. 324–328, September 2014.

[KOE 75] KOELLE A., DEPP S., FREYMAN R., "Short-range radio-telemetry for electronic identification, using modulated RF backscatter", *Proceedings of the IEEE; (United States)*, August 1975.

[KUM 12] KUMAR A., KAUSHIK S.K., SHARMA R. et al., "Simulators for wireless networks: a comparative study", *2012 International Conference on Computing Sciences (ICCS)*, pp. 338–342, September 2012.

[LAN 05] LANDT J., "The history of RFID", *IEEE Potentials*, vol. 24, no. 4, pp. 8–11, 2005.

[MAR 13] MARINO F., MASSEI G., PAURA L., "Modeling and performance simulation of EPC Gen2 RFID on OPNET", *2013 IEEE International Workshop on Measurements and Networking Proceedings (M N)*, pp. 83–88, October 2013.

[PAR 00] PARK S., SAVVIDES A., SRIVASTAVA M.B., "SensorSim: a simulation framework for sensor networks", *Proceedings of the 3rd ACM International Workshop on Modeling, Analysis and Simulation of Wireless and Mobile Systems*, MSWIM'00, ACM, New York, pp. 104–111, 2000.

[ROD 16] RODRIGUEZ L., PINEDO C., LOPEZ I. et al., "Eurobalise-Train communication modelling to assess interferences in railway control signalling systems", *Network Protocols and Algorithms*, vol. 8, no. 1, pp. 58–72, 2016.

[SIN 08] SINGH C.P., VYAS O.P., TIWARI M.K., "A survey of simulation in sensor networks", *2008 International Conference on Computational Intelligence for Modelling Control Automation*, pp. 867–872, December 2008.

[SWA 03] SWANSON D.G., HOEFER W.J., *Microwave Circuit Modeling Using Electromagnetic Field Simulation*, Artech House, London, 2003.

[UNI 08] UNISIG, FFFIS For Euroloop v2.3.0, ERTMS/ETCS Class 1, SUBSET, no. 044, February 2008, available at: http://www.era.europa.eu/Document-Register/Pages/Set-2-and-3-FFFIS-for-Euroloop.aspx.

[UNI 12] UNISIG, FFFIS For Eurobalise v3.0.0, ERTMS/ETCS Class 1, SUBSET, no. 036, February 2012, available at: http://www.era.europa.eu/Document-Register/Pages/Set-2-and-3-FFFIS-for-Euroloop.aspx.

[WAN 06] WANT R., "RFID explained: a primer on radio frequency identification technologies", *Synthesis Lectures on Mobile and Pervasive Computing*, vol. 1, pp. 1–94, January 2006.

[XIA 08] XIAN X., SHI W., HUANG H., "Comparison of OMNET++ and other simulator for WSN simulation", *2008 3rd IEEE Conference on Industrial Electronics and Applications*, pp. 1439–1443, June 2008.

[YAN 09] YANG D., LIU W., "The wireless channel modeling for RFID system with OPNET", *2009 5th International Conference on Wireless Communications, Networking and Mobile Computing*, pp. 1–3, September 2009.

[ZAN 14] ZANELLA A., BUI N., CASTELLANI A. et al., "Internet of things for smart cities", *IEEE Internet of Things Journal*, vol. 1, no. 1, pp. 22–32, 2014.

[ZHA 10] ZHANG Z., LU Z., CHEN Q. et al., "COSMO: co-simulation with MATLAB and OMNeT++ for indoor wireless networks", *2010 IEEE Global Telecommunications Conference (GLOBECOM 2010)*, pp. 1–6, December 2010.

第 3 章

民用航空通信网络仿真中的移动轨迹提取

无线网络中节点的移动模式对通信技术的部署有很大的影响。因此，准确地仿真这种移动性是仿真整个通信系统的第一步。就民用飞机而言，其机动性除了与飞机的自身性能相关外，在某一特定空域还受到空中管理局条例的限制。此外，一般的空中交通受到规章制度和经济因素的双重影响，再加上飞机的物理特性（例如速度、高度），每个空域都有其特定的机动性模式。

在网络仿真中，节点的移动性可以从两个方面来观察。一方面，可以被视为网络模型的输入，具有随机模型或预先记录的轨迹。另一方面，可以看作一个既影响通信又受到通信影响的过程。在后一种情况下，必须通过仿真自主网络感知代理的行为来实现移动，这些代理必须进行通信以实现一个共同的目标（例如，在遵守安全措施的情况下到达目的地）。就飞行器通信仿真而言，由于现行的空中交通管制条例并没有为单个飞行器提供太多的轨迹选择，研究人员倾向于采用前一种观点。

在航空通信领域，网络仿真经常被用来测试和设计新的解决方案。这些解决方案的范围包括从文献 [PIR 13] 中的海洋区域卫星通信到以飞机为节点的自组织网络，这统称为航空自组织网络（AANET）。

在本章中，我们将首先讨论当前不同空域的交通规则，以阐明对飞机运动的限制。在 3.2 节中，我们将讨论不同类型的移动性模型及其各自的优点。在 3.3 节中，我们将讨论交通轨迹的提取、增强和过滤。最后，我们将讨论协同轨迹研究的新发展，这似乎是一个新的趋势。

3.1 交通规则

商用与民用飞机在起飞和到达机场之间不能按"直线"飞行，它们只能使用空中交通管制局规定的航线，以便在民用和军用组织之间共享空域，避免飞机彼此过于接近，以致发生碰撞。

空域分为几个区域。第一个可以区分的是军用和民用空域；本章只研究民用航空器的交通，因此将制定适用于民用空域的规则。我们将特别关注两种不同的空域——陆地空域和海洋空域，它们由于可用的交通管制手段不同而呈现出不同的特点。对于后者，我们将调查北大西洋空域，就空中交通而言，北大西洋空域是世界上最繁忙的区域之一。

3.1.1 一般空域

陆地上空的民用空域分为不同等级的三维区域。每一等级空域对可以通过的空中交通体都有不同的规定。由国际民用航空组织（ICAO）定义的这些等级从 A 级到 G 级不等。虽然这些等级不是在每个国家实施，但它们的一般含义在世界各地是相同的。

A 级至 E 级是提供空中交通管制（ATC）服务的管制空域。F 级和 G 级是不受管制的空域。不同等级的区域允许不同类型的航班通过，视觉飞行规则（VFR）交通允许飞行员向飞机驾驶舱向外看进行加速，而仪表飞行规则（IFR）交通只允许通过机载仪表进行飞机驾驶。

所有商用飞机均采用 IFR 并在管制空域驾驶。它们遵循飞行计划中指定的航线，这些航线是一系列预定义的路径，这些航线通常在无线电导航站交叉。图 3.1 中给出了一个航线的例子，遵循相同航线的飞机必须在水平或垂直方向上间隔一定距离。这种分离可视为高速公路安全距离的三维版本。商业航空交通的这些特点导致了它与公路交通的相似性，并强调了车辆自组织网络（VANET）和 AANET 之间的共同点。

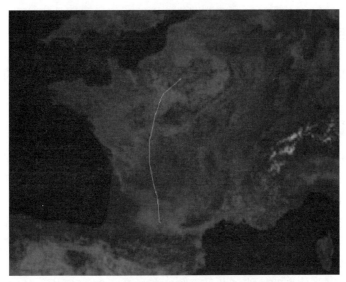

图 3.1　法国图卢兹和巴黎之间的飞行计划示例
（彩图见 www.iste.co.uk/hilt/transportation.zip）

3.1.2 北大西洋空域

北大西洋空域是一个大致从北纬 10°延伸至北极、从西经 60°延伸至西经 10°的区域。它包含五个区域：雷克雅未克、尚威克、甘德、新尤克和圣玛利亚，这些区域是依据负责执行管制的空中交通管制中心而被命名的。正如文献［EUR 16］所述："连接欧洲和北美洲的北大西洋空域是世界上最繁忙的海洋空域。2012 年，约有 46 万架次的航班穿越北大西洋。"由于飞机密度大，且该区域缺乏雷达设备，飞行控制中心必须严格执行飞机之间的隔离规则，为飞机指定航线，并让每架飞机定期报告其位置（每小时或每经度报告一次）。

北大西洋空域的大部分交通流分为两个主要的流向：早上从欧洲起飞的西行流向和晚上

从北美洲起飞的东行流向（UTC 时间）。西行流向在 11:30 到 19:00（UTC）之间穿过西经 30°，东行流在 01:00 到 08:00（UTC）之间穿过同一经度。这种有组织的轨道系统（OTS）是在考虑时区差异的情况下，尽量满足旅客需求和降低机场噪声的结果。此外，它还可以通过在不同的时间段内分散航班，方便地将西行和东行航班分开。空中交通管制中心尚威克和甘德每天都会公布一套可供飞行的西行和东行轨道。它是为了在保证最经济的飞行条件（考虑风和飞机的首选高度）的同时，允许最大数量的飞机飞行。最后，需要指出的是，这些轨道不是强制性的，国际民用航空组织（ICAO）认为，截至 2016 年，一半的飞机遵循这些轨道[EUR 16]，但不遵循这些轨道的飞机必须通过低于最佳飞行高度和频繁的改道以确保遵守 NAT 的飞机间隔条例。

3.2 网络仿真的移动性

在传统的基于有线的基础设施网络中，不同设备的相对位置只影响它们之间的物理延迟，因此通常仅通过此参数建模。在无线网络中，节点的相对位置也会影响不同节点的信号干扰或数据到达目的地所必须经过的多跳路径。因此，如果我们希望仿真真实情况，准确地定位节点就变得至关重要。

后面章节提出并使用了几种移动性模型，这些模型将在 3.2.1 小节中进行简要分类。然后，我们将在 3.2.2 小节中比较它们在不同航空无线网络中移动节点行为精确建模方面的优点。

3.2.1 AANET 的移动模型类型

文献 [ROY 11, CAM 02, BAI 04] 等对移动自组织网络中移动模型的研究考虑了以随机方式定义移动节点速度和位置的移动模型。然后，根据控制连续更新规则和更新不同节点位置相关联规则对这些模型进行了分类。

根据一个被普遍接受的分类区分规则，个体移动模型独立于其他节点而决定单个节点移动性，群组移动性模型定义节点位置和速度以及与其他节点的位置和速度中的相关性。

这种分类通常只包含随机移动模型，这些模型通过随机方法定义移动。它们通常易于计算，因此不会影响网络仿真的性能。此外，如文献 [BAI 04] 所述，MANET 在日常生活中还不常见，这使得很难收集真实节点移动的轨迹并强制使用随机移动模型。在航空通信中，确实存在真实的移动轨迹。因此，在航空领域的无线网络仿真不仅可以在不真实的节点移动模式下进行，而且可以在真实的节点移动模式下进行。

在网络仿真领域（特别是在 MANET 领域），随机模型比跟踪更常用。最常见的个体模型包括随机航路点、随机方向和随机 Gauss – Markov 模型。在随机航路点模型中，节点选择一个随机航路点、一个速度和一个暂停时间（根据模型参数给定的随机定律）。然后以选定的恒定速度向航路点前进，并在那里停留给定的时间。在航空网络仿真中，暂停时间固定为零。随机方向模型选择一个随机方向，并沿着这个方向一直走，直到节点达到仿真的极限。在随机 Gauss – Markov 模型中，节点的运动取决于当前的速度和方向；在开始时，选择一个随机的方向和速度（再次根据参数给定的随机分布），并且在每次更新时，通过对以前的值应用偏差来计算新的速度和方向。最后一个模型提供了比前两个产生突变的模型更平滑的节点移动，因此被视为更真实。图 3.2 给出了根据该模型移动的两个节点的示例，该示例可与本章中的其他真实飞机轨迹示例进行比较，以评估此类移动应用于商用飞机的不现实特征。

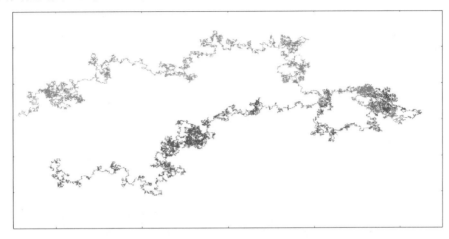

图 3.2 根据 Gauss – Markov 模型移动的两个节点的示例
（彩图见 www.iste.co.uk/hilt/transportation.zip）

3.2.2 移动模型类型比较

在本节中，我们不讨论每个单独的移动模型的优点，而是试图阐述使用真实轨迹与随机移动模型的优点和缺点。事实上，移动轨迹的可用性可能导致人们认为随机模型不再有用，但这有待考证。首先，使用纯随机移动性模型可以产生更快的仿真，这在新通信系统开发的早期阶段是一个诱人的特性。其次，可用的不同轨迹的数量也尤为重要。网络仿真使用一种统计方法来测试一个系统，因此输入具有统计代表性的移动模式是很重要的。在选择移动轨迹的情况下，这是以提供给仿真足够多的轨迹为代价的。

因此，轨迹和随机移动模型之间的选择似乎是仿真系统可用的时间和资源（包括收集和预处理轨迹和可用数据存储资源的时间）与仿真精度之间的权衡。

不过，应当指出的是，另一种选择可能会同时带来两种解决方案的优点（即实际移动性和输入移动模式的可变性），因为机动性模型生成器将包括当前的空中交通管制规则和现实的飞行计划分配，以便重建现实的交通。这种解决方案已经用于地面车辆移动性仿真，见文献［SOM 11］，并且允许在移动性模型中进一步开发，如 3.4 节所述。

3.3 迁移率跟踪提取示例

在本节中，我们将介绍一个用于北大西洋空域航空通信仿真的轨迹提取示例。如前所述，这一空域的关注点不仅在于通过的大流量繁忙交通，还在于其缺乏蜂窝通信基础设施。这种类型的轨迹提取以前曾在一些研究中使用过，如文献［PIR 13，BES 11］或［VEY 16］。这些研究所用的数据取自欧洲控制中心的数据查询库，可从 OneSky 网站获得。欧洲管制局是"欧洲空中航行安全组织"，是协调和规划整个欧洲空中交通管制的中央组织。他们的数据库提供全欧的空中交通预测和历史数据，因此包含所有前往、来自或经过欧洲的航班，使其成为飞机移动轨迹的主要来源。

网络仿真中移动性轨迹的提取可以分解为三个步骤，每个步骤在下面的章节中介绍。这三个步骤分别为信息的提取、轨迹的过滤和轨迹的优化，以便在网络仿真中得到应用。

3.3.1 信息提取

从轨迹中提取信息，简单来说就是解析数据并将其转换为与将要使用的网络仿真器兼容的格式，但应注意收集足够详细的轨迹。一个来源不够详细的数据，如只根据出发地和到达地机场并使用最短的路线在它们之间进行插值，这会导致轨迹出现较大误差。这种误差的一个示例如图 3.3 所示，这个轨迹的实际方向是向北的。这些差异也可以在陆地空域中看到，这是由 3.1 节所述的航线造成的。如前所述，在 3.1.2 小节中，在选择 NAT 空域的情况下，航线根据天气情况每天都在变化，例如长距离航线可能会由于风的影响改变为较短的航线。

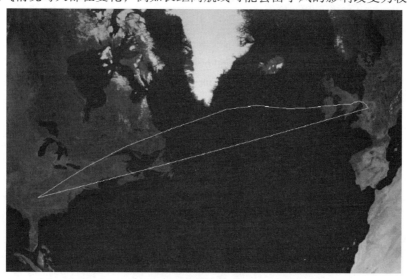

图 3.3 从起飞机场到目的机场的插值轨迹误差
(彩图见 www.iste.co.uk/hilt/transportation.zip)

3.3.2 轨迹过滤

2015 年欧洲控制中心记录的最繁忙的一天是 8 月 28 日，共有 34734 个航班。负荷最少的一天是 12 月 25 日，有 12508 个航班，其同时飞行的飞机最多为 739 架。即使在这样一个交通量很低的日子里，给定时间下的飞机数量也会导致仿真速度减慢。由于我们通常只对一部分流量感兴趣，因此过滤是轨迹提取和使用的重要部分。

最实用的过滤器类型是地理过滤器，它将根据给定区域或高度选择航线，以便选择处于给定飞行状态的飞机（例如接近、离开机场或飞行途中）。一种比较好的过滤器能够只保留穿过某条子午线或者维度线的飞机轨迹，因为它们可以快速地选择在某个区域上沿大体方向飞行的飞机，然后留下较少的飞机以供更精细的过滤器处理。不过，这并不是唯一一种过滤器，callsign 可以过滤出来自某一公司的商用飞机（例如，在仅由一家公司的飞机组成的自组织网络中测试连接性）。另一种类型的滤波器包括飞机类型（例如，在某些像卫星天线之类较小的飞机无法运输被测特征的情况下）或起降机场。

选择合适的滤波器可以大幅度减少仿真过程中要处理的航班数量,并且只关注相关的飞机。例如,2015 年 12 月 25 日,如果我们对穿过西经 30°子午线的飞机(选择了 NAT 空域的大多数飞机)应用滤波器,待处理的飞机数量将下降到 1025 架。应用滤波器选择海拔 5000in 以上、西经 90°至东经 10°、北纬 23.5°至北纬 70°区域内的所有飞机后,剩余飞机数量为 1017 架,同时飞行的有 338 架飞机。

3.3.3 优化轨迹

从上述来源收集的轨迹提供了飞机在不规则时间间隔 1min 到 1h 的位置。根据用于报告位置的技术,这些方法各不相同。在陆地上,会经常使用雷达,大约每分钟报告一次位置。在北大西洋走廊上,飞机每小时或每经度(以先发生者为准)报告一次其位置信息。

由于网络仿真一般需要毫秒级的时间步长,所以需要对原始数据进行插值。这种插值应该按照导航规则来完成,具体是会在一个叫作正交图的球体上产生最短的路径。这种航线不遵循恒定航向(即航线和子午线形成的角度),必须根据当前位置和预定目的地进行迭代计算。为使计算精确,当所报告的位置很远时,沿正交曲线插值,当它们足够接近时,使用斜航法。

应当注意,在最短路线或恒定航向路线的两种插值与在纬/经度二维平面上的线性插值完全不同。因为在大多数飞行过程中(至少在 NAT 空域),飞机可以被认为是在一个恒定高度的球体表面上航行,由于球体覆盖的部分相当大,因此无法准确地投射到飞机上。

图 3.4 给出了交通流的一个示例,显示了地理区域在西经 90°至东经 10°、北纬 23.5°至北纬 70°的穿越西经 30°子午线的 1017 个航班。

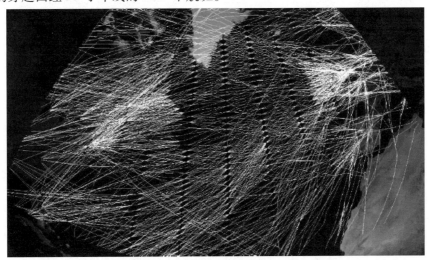

图 3.4　2015 年 12 月 25 日北大西洋 T 型架空域交通
(彩图见 www.iste.co.uk/hilt/transportation.zip)

3.4　协同轨迹规划

到目前为止,本章中提出的移动性模型被视为网络仿真的输入。然而,依据所设想的应用程序，通信本身可能导致移动的变化。一个典型的例子是飞机轨迹协同规划，飞机与周围的飞机交换位置信息，以协同确保飞机之间不会太接近。在这种系统中，通信将对移动产生影响，与本章中的其他示例一样，机动性（不同飞机之间的距离）将影响通信。

地面通信的 VEINS 框架参考了文献［SOM 11］，这对于飞机上协作通信自主代理的发展将是至关重要的。这种系统的发展可能促进空中交通管制系统的突破，并有助于在雷达无法覆盖的区域（例如 NAT 空域）提高安全性和效率。

3.5 参考文献

[BAI 04] BAI F., HELMY A., "A survey of mobility models", *Wireless Ad-Hoc and Sensor Networks*, University of Southern California, 2004.

[BES 11] BESSE F., PIROVANO A., GARCIA F. et al., "Interference estimation in an aeronautical ad hoc network", *DASC 2011 IEEE/AIAA 30th Digital Avionics Systems Conference*, Seattle, pp. 4C6-1–4C6-11, October 2011.

[CAM 02] CAMP T., BOLENG J., DAVIES V., "A survey of mobility models for ad hoc network research", *Wireless Communications & Mobile Computing (WCMC): Special Issue on Mobile Ad Hoc Networking: Research, Trends and Applications*, vol. 2, pp. 483–502, 2002.

[EUR 16] EUROPEAN AND NORTH ATLANTIC OFFICE OF ICAO, "North Atlantic Operations and Airspace Manual", International Civil Aviation Organization (ICAO) document from the EUR/NAT office, ICAO reference: NAT Doc 007 V.2016-1, p. 207, 2016.

[PIR 13] PIROVANO A., GARCIA F., RADZIK J., "Capacity dimensioning for aeronautical communications in North Atlantic Corridor", *KACONF 2013, 19th Ka and Broadband Communications, Navigation and Earth Observation Conference*, Florence, p. 8, available at: http://www.kaconf.org/CD2013/papers/Ka_3/63.pdf, October 2013.

[ROY 11] ROY R.R., *Handbook of Mobile Ad Hoc Networks for Mobility Models*, Springer, Boston, 2011.

[SOM 11] SOMMER C., GERMAN R., DRESSLER F., "Bidirectionally coupled network and road traffic simulation for improved IVC analysis", *IEEE Transactions on Mobile Computing*, vol. 10, no. 1, pp. 3–15, January 2011.

[VEY 16] VEY Q., PIROVANO A., RADZIK J., "Routing protocol assessment for AANETs", *AEGATS '16, Advanced Aircraft Efficiency in a Global Air Transport System*, Paris, http://oatao.univ-toulouse.fr/16026/ mentions, pp. 1–9, April 2016.

第 4 章

空中运输中的地空数据链路通信

民用航空行业目前的发展表明，机载系统和地面系统之间的数据交换急剧增加。这些数据与安全性、生态友好性和经济用途有关。整套解决方案包括通信系统和应用程序，叫作航空数据链。对于考虑的空域，可以使用不同的通信系统。最近的一些新系统，例如 VDL（VHF 数据链），是基于飞机和地面站之间的视距链路建立通信，因此限制了它们只能在大陆地区部署。在海洋地区，基于卫星的系统被认为是未来航空数据链通信的主要解决方案，即 AMSS（航空移动卫星服务）。这两个系统都旨在通过移动节点支持不同的服务类型。在这种情况下，必须对流量特性、通信体系结构和协议进行研究和验证。在这些领域中，仿真可以使我们对技术和算法的验证变得非常方便。

4.1 引言

4.1.1 背景

航空通信的应用范围很广，从乘客对飞机上 WiFi（可连接互联网）的需求，到航空公司为提高飞机运行的成本效益而收集的数据，再到飞行员与管制员之间为管理空中交通进行的有关安全的通信。所有这些应用都需要飞机和地面之间具有不同的服务质量要求的无线通信。

此外，这些通信发生的环境和条件在飞行过程中变化很大：从机场跑道上的地面低速和密集的区域到高速的高空环境，即航路空域。以下章节中描述的仿真考虑了那些专用于航路空域以保证生命安全通信的技术，主要支持控制器和飞行员之间的通信[BEN 13]。

目前，这些通信主要基于语音仿真无线电，在控制器和飞行员之间提供了一种非常直观但容易出错的通信路径，可能出现的问题包括：执行许可时的误解、效率低下和错误，不可能实现自动化。分配给这些通信的频谱包括用于大陆地区的 118 至 137MHz 的 VHF 波段和用于偏远地区和海洋空域的 HF 波段。

全世界飞机运输需求的稳步增长促使航空运输业寻求安全和效率的提高。它们将通过使用数字通信技术来实现，从而提高通信路径的质量、效率以及自动化水平。

近年来，国际民用航空组织一直致力于航空电信网络（ATN）的发展和部署。这个全球互联网络将把所有空中交通管理利益相关者聚集在一起，促进业务信息的共享，并支持近似实时的空中交通控制应用。这就是说，飞机是这个互连网络的一部分，应该在不同的空域提供数字地空通信手段。

因此，VHF 频段是支持这些通信的一个很好的候选，在大陆地区具有可实现的高可用性、低延迟和高吞吐量。经过技术筛选，VHF 数据链路模式 2 技术已被选为大陆地区的空对地子网的技术支持，目前已部署在世界多个地区。VDL 模式 2 是以下章节中介绍的第一个仿真模型的主题。

对于海洋和偏远的空域，卫星通信似乎是提供适合上述应用的服务质量的唯一技术，并且是下文将要描述的第二个仿真模型的主题。

4.1.2 OMNeT++

OMNeT++[OMN 16]是基于 C++ 的离散事件仿真系统，主要面向通信网络和分布式系统。这是一个开源的面向研究的框架。它支持使用分层模型进行大规模仿真。离散事件仿真是事件发生的时间序列。这种方法需要维护一个事件列表，启用插入或删除事件列表，处理仿真时钟，提供从常见概率分布中生成随机数的实用程序。Varga[VAR 08]给出了关于 OMNeT++ 的详细信息，并将其与其他专门用于网络仿真的框架进行了比较。

4.2 大陆空-地数据链路通信和 VDL 模式 2

4.2.1 通信系统

尽管没有要求适用于支持地面广域网，VDL 模式 2 在飞机和地面站之间的接口还是使用了与 X.25 相同的协议。VDL 模式 2 在机载 ATN 路由器和地面 ATN 路由器之间提供可靠的面向连接的网络服务。在链路层还提供了额外的无连接服务，但目前还没有标准化使用。空中和地面的连接是通过几个地面站提供的，建立一个移动网络，该网络通过把飞机移交给其无线电覆盖范围内的不同的地面站来管理移动性。相同的无线电频道由不同的地面站操作，便于从一个地面站过渡到另一个地面站。地面站可以操作多个信道，在这种情况下，由地面站提供调谐参数。移动机载站将通过应用所谓的先切换后中断（亦即，先切换至新基站、后中断与旧基站的链接）模式（软切换）从一个站移交到另一个站。以一种有效的方式管理这些交接对于维护空中和地面路由器之间的连接性至关重要。飞机必须能够自行管理交接，也为地面提供了一些选项来执行交接或要求飞机执行，例如在管理信道负载方面。后者对于维持可接受的服务质量也是必不可少的，特别是对于维持较低的传输延误。

从物理层的角度来看，VDL 模式 2 在航空 VHF 频段工作，更准确地说，是在该频段 136.900 到 136.975MHz 之间的上层信道工作（参见 ICAO 附录 10 第 4 卷[ICA 07]）。VDL 模式 2 使用与语音信道相同的信道间距，即 25kHz 信道，并采用差分八相移相键控调制，每个信道提供的调制率是 31500b/s。信道编码包括 Reed-Solomon 块编码，每个块交错传播突发误码。因此，传输包括具有传输开始标识符的帧和允许解交织阶段执行其工作的传输长度。此帧充当链路层协议帧的容器，可以将这些协议帧分组为对通道的单个访问。传输的最大长度受 17 位编码传输长度的限制。在将数据提供给调制阶段之前，执行具有固定初始值的位置乱阶段。额外的调制/解调优化技术用于减小误码率。这里的要求是预期覆盖范围内物理

层输出的误码率为 10^{-4}。

信道访问遵循 CSMA p – persistent 规则：要进行传输，首先要检测信道的空闲/繁忙状态。如果信道繁忙，电台将坚持监听信道，等待它变空闲。每次测试信道空闲或刚空闲时，电台以概率 p 进行传输，并以概率 $1-p$ 等待插槽时间。在每个时隙之后，进程再次启动，直到执行传输，或者达到传输尝试的最大次数，或者最大信道访问计时器到期。

链路层协议是 ISO 协议 HDLC 的派生版本，又叫航空 VHF 链路控制。关键特性包括使用改进的选择性拒绝帧进行选择性拒绝和确认帧，以减少不必要的重发次数。应答被延迟，以允许分组应答和将应答搭载到信息框架中。在发送信息帧时，传输窗口为 4，以便在数据突发（例如多个数据段）时加速传输。无论是在传输内还是在传输站之间，都没有优先级的定义。在 AVLC 协议的顶部，一个 ISO 8208 协议允许不适合最大帧长度的大数据被分段，并且在单个链路层连接内部的几个虚拟电路被多路复用。这里还可以通过延迟确认来实现流量控制。

从链路层连接管理的观点来看，地面站通过发送包含要使用的协议参数和可达路由器的 DTE 地址的标识帧来公布自己的状态。预计移动电台将监听这些识别帧，以发现可用的地面站并建立初始链接。切换和信道负载管理需要空中和地面同时收集对等站的信息。每个接收到的传输信号质量测量和一些定时器允许电台获得关于周围其他电台的知识，以尝试以一种有效的方式管理切换。在地面上，共享相同知识的站点被认为属于相同的 VDL 模式 2 地面系统。当条件要求飞机进行交接或当前地面站需要进行交接时，飞机将在断开旧链路之前与新站建立链路层连接，并重新建立所有必要的虚拟电路。在同一地面系统至少有两个地面站的无线电覆盖重叠的地区，将发生移交。这些地面站在信道接入时没有要求必须同步。两个独立的地面系统之间的切换被视为第一个链路，需要显式地断开旧链路。可选地，切换可能要求移动电台在另一个频道上重新调整其电台，在多频率操作中存在不同的部署场景。

4.2.2 尺寸参数和瓶颈

如前所述，VDL 模式 2 体系结构涵盖了从物理层到网络层的第一个子层所提供的功能。当然，考虑到相关层，特别是在无线通信环境中，维度化协议参数和瓶颈的数量可能很高。考虑到从终端系统发出的数据包，在使用 AVLC 协议的 DLS（数据链路服务）子层中遇到了第一个瓶颈。为了确保流量控制的点对点可靠性，AVLC 使用一个默认大小为四帧的滑动窗口。因此，如图 4.1 所示，必须潜在地将数据包加入队列，直到之前发送的帧被确认。这一点在地面站特别重要，因为那里可能有几个 DLE（数据链路实体），即每个连接的飞机有一个 DLE。在 VME（VDL 管理实体）子层中，每个 LME 管理飞机和地面站之间的 AVLC 连接。因此，对于上层生成的给定流量负载，AVLC 参数必须进行调优，以确保有效的流量控制，同时避免队列中的阻塞。

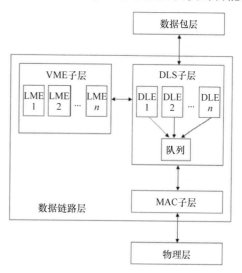

图 4.1 VDL 模式 2 分层和实体

重要的参数如下：

窗口大小 k；

ACK T_2 前的延迟；

任何帧的最大位数 N_1（默认：8312 位）；

最大传输次数 N_2（默认为6）。

在不同的连接中，重传 T_1 之前的延迟作为几个参数的函数进行计算和更新。值得注意的是，TD_{99} 即 99% 数据包的观察事务延迟（从应用层到应用层）就是这些参数之一。

MAC 子层也由一组必须有效调整的参数驱动。如前所述，这个子层基于 CSMA p – persistent 协议，以防止不同节点发送的帧之间的冲突。

主要相关参数有：

信道空闲时传输的概率 p（默认值：13/256）。

两次尝试之间的内部访问延迟计时器 T_{M1}（默认值：4.5ms）。

最大访问尝试次数 M_1（默认值：135）。

考虑到单个地面站所覆盖的一组飞机所给出的非对称拓扑结构，需要验证协议和不同机制是否公平运行。例如，为 MAC 子层提供数据的队列中的平均等待时间在飞机和地面站中必须近似相同。

最后，物理层也包括重要的参数。在这里（主要用于 CSMA 和 AVLC 协议），我们考虑允许聚合多个 MAC 帧的物理帧的最大长度（131071 位）。此外，必须强调的是，物理层的信道容量（31.5kb/s）也是一个潜在的瓶颈。

4.2.3 仿真模型

仿真模型的主要目的是在考虑 CSMA p – persistent 和 AVLC 参数的情况下，评估 VDL 模式 2 的性能，并为学生提供教学工具。如图 4.2 所示，所研究的模型区域为一个简单的 VGS（VHF 地面站）所覆盖的地理区域。可见飞机的数量是模型参数之一。

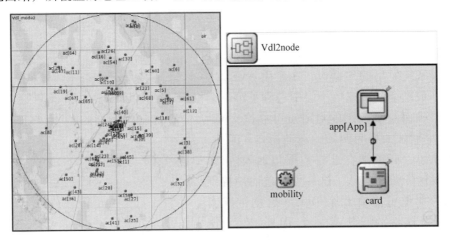

图 4.2　VDL 模式 2 拓扑结构和节点模型

该模型包括两种类型的节点：一种 VGS（VDL 地面站）和几种飞机。还包括另一个名为 medium 的模块，所有消息都是通过该模块发送的。地面站（地面站模块）和飞行器（飞行器模块）扩展了图 4.2 所示的 Vdl2node 模块。由于节点的行为非常复杂，所以 Vdl2node 的功能被分成几个子模块。

这些子模块是：

应用程序（App）：该模块允许从飞机或 GS 应用程序层生成消息。生成的消息具有一个随机长度，使用最小长度（32 字节）和最大长度（256 字节）之间的均匀分布。对于单个 DLE，生成消息之间的时间间隔是一个随机值，使用指数分布，平均值为 40s（默认情况下）。

VDL 卡：VDL 卡模块实现了从物理层到数据链路层的所有 VDL 机制。它是一个包含多个子模块的复杂组件。

移动模块：它表示节点的位置，并提供几个有用的函数来计算节点之间的距离。考虑到仿真模型的当前目标，节点位置是静态的。它们是在仿真初始化过程中预先计算并从文件中读取的。

由于 VDL 卡是模型的核心，下面的段落提供了对其子模块的深入了解，如图 4.3 所示。

物理层模块 VDL_rx 和 VDL_tx 分别表示无线电接收机和无线电发射机。这两个模块的作用是通过媒体模块向其他节点发送（接收）帧，并处理信号的冲突。

MAC 模块实现了 CSMA-p persistent 协议，可以为每个节点独立初始化 p 的值。

AVLC 模块实现了 AVLC 通信协议，如图 4.3 所示。它是一个复合模块。nDLE 子模块表示 AVLC DLE。队列模块对位于 DLE 和 MAC 子层之间的队列进行建模。这个队列在模型中起着非常重要的作用。由于 CSMA-p 协议在队列发送包之前感知信道，因此在队列中花费的时间可能无法忽略。因此，正确的队列管理对于避免发送过时的帧和阻塞信道至关重要。当无线帧广播到所有节点时，Switch 子模块使用帧报头中指定的目标地址对接收的帧进行筛选。必须注意的是，由于没有对连接阶段进行建模，所以没有表示 LME（链接管理实体）的模块。

该模块的设计目的是广播节点发送的消息，并最终在 VHF 信道上仿真应用比特损坏和包丢失的情况。此外，该模块根据发送方和接收方之间的距离为每个节点设置传播延迟。

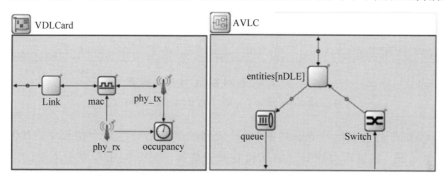

图 4.3　VDL 卡模型和 AVLC 调制

4.2.4　仿真结果分析

我们在这里用一些例子来说明不同类型的可能结果。

仿真结果帮助我们在考虑了覆盖的飞机数量的情况下评估 VDL 模式 2 通信系统的性能。

然而，这些结果的初始目标是检查所建模的系统和相关协议的行为是否符合预期。一种基于观察事件日志记录打开时生成的仿真序列图的方法。这种结果在教学目标的案例中也很有用。因此，图4.4给出了MAC层和AVLC层的序列图。正如预期的那样，当信道是无感知的时候，竞争节点以概率p发送帧或以$1-p$的概率等待一个T_{M1}时隙。一旦一个节点获得了传输权，帧就开始广播，其他竞争节点将等到传输结束后继续这个过程。AVLC协议提供流量控制和包丢失检测。图4.4显示了定时器T_1和T_2的使用情况。第一个帮助检测数据包丢失，当它到期时，发送方重新发送之前发送的但仍未被确认的帧。接收器端使用定时器T_2稍微延迟应答，以便最大限度地利用最终输出帧（piggy backing）发送应答。

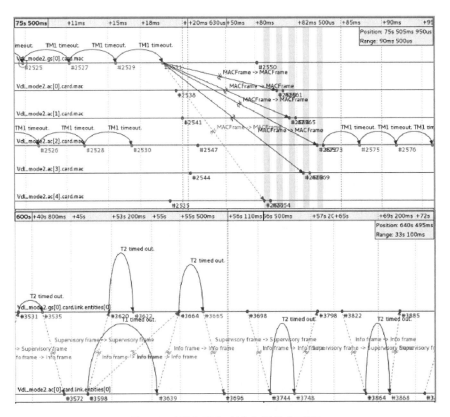

图4.4 MAC层和AVLC层的序列图

(彩图见 www.iste.co.uk/hilt/transportation.zip)

图4.5有助于分析飞机和地面站中MAC队列的填充率。在这个仿真中，100架飞机出现在VDL单元中。根据现有的研究结果和前面的解释，每个应用程序中生成的消息长度是随机的，使用的是32~256字节之间的均匀分布。生成消息之间的时间间隔是一个随机值，使用的是平均值为40s的指数分布。MAC队列中的平均帧数大约是地面站中的7倍。这是由于每架飞机都连接到一个地面站，而地面站又连接到几架飞机，在此次仿真考虑的情况下为100架飞机。因此，在地面站中出现了100个填充一个MAC队列的DLE。

然而，图4.6所示的结果表明，地面站和飞机在MAC序列中的平均等待时间近似。这是由于相对于MAC帧而言物理帧相当长，因此在该条件下，它们的聚合对地面站特别有利。

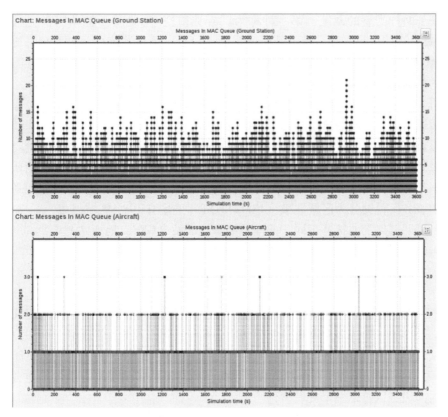

图 4.5　MAC 序列中的帧数（彩图见 www. iset. co. uk/hilt/transportation. zip）

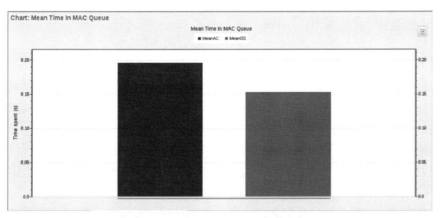

图 4.6　MAC 序列中的平均等待时间
（彩图见 www. iset. co. uk/hilt/transportation. zip）

4.3　海洋 - 空 - 地数据链路通信和 AMS(R) S

4.3.1　航空移动卫星（路由）服务和经典航空

电信卫星在航空方面发挥着重要作用，因为它们有能力提供全球服务。国际民用航空组织目前认证了两种类型的系统：第一种称为"经典航空"，是基于地球同步卫星（主要是 Inmarsat fleet）运作，第二种是基于低地球轨道（LEO）铱星系统。两种系统都提供数据链路，支持 ACARS、FANS 和 ADS-C 服务和语音通信。与卫星通信中通常遇到的速率相比，它们提供的数据速率都很低。

"经典航空"系统的体系结构是使用地球同步透明有效载荷卫星（也称为弯管卫星），是与大多数通信系统相同的典型结构。主要特点如下：

卫星覆盖非常广泛。从性能角度（链路预算）和频率空间复用（系统总容量）来看，将服务区域划分为多个区域是必要的。在"经典航空"的情况下，一颗地球同步卫星的覆盖范围相当于从几何角度看的所有可见区域，约占地球表面的三分之一，极地区除外。然后将这个大的服务区再细分为区域波束（INMARSAT 4 卫星有 19 个区域波束）。

前向和返回链路上的拓扑不同。前向链路是地面站（GES，地面站）与终端（AES，飞机地面站）之间的连接；返回链路是终端与地面站之间的连接。

对于前向链路，系统利用从一个电台到一个地理区域（区域或全球覆盖波束）的广播信号。由于系统的物理层是广播给所有人的，所以访问方法自然是一个时间多路复用（TDM，时分多路复用）。一个地面站通过几个波分复用载波连续传送。向一组飞机广播的数据可能涉及其中一架或多架飞机；实际接收是基于对第二层地址的滤波。

对于回程链路，可根据带宽划分为多个载波，由几架飞机使用。无线电资源管理是 MF-TDMA（多频时分多址）。在发送数据之前，每架飞机必须识别合适的航空公司和时间段。一个时间段可以容纳一个突发事件。

值得注意的是，互连网络和多媒体地球同步卫星系统的存取技术是根据同样的原则设计的，即使数据速率是不可比较的（几百 Mb/s）。例如，DVB-S2 为前向链路实现 TDM，DVB-RCS2 为返回链路实现 MF-TDMA。

4.3.2 尺寸参数和瓶颈

考虑到"经典航空"的架构，前向链路的设计和尺寸非常简单。给定载波的容量由链路预算决定；所需的载波数量由波束内活动飞机的总数决定。一个简单的排队模型允许延迟和拥塞分析。相反，返回链接使用访问方法，其性能分析可能比较复杂。MF-TDMA 假设飞机在发送一个脉冲之前识别出射频载波上的一个时隙，实现了两种访问方法：

1）类似于 S-ALOHA 的随机存取。这种随机访问当然是用于网络入口和相应的信令，但也用于数据传输。对应的物理信道称为 R，表示随机。

2）一个确定的访问。信号环路允许飞机向地面站申请传输能力，并获得数据传输在载波上的时间间隔分配。对应的物理信道为 TDMA 称为 T。

这两种数据传输访问技术的共存是由于地球同步卫星（约 250ms）引起的延迟。在小数据量的情况下，随机访问减少了延迟，尽管效率较低。缺点是，一旦要传输的数据量变得更加一致，由于碰撞而导致数据丢失的概率以及随后的重传概率可能会导致性能下降。

"Classic Aero"的返回链路依赖于 11 字节的数据块（SU，信令单元）作为 MAC 子层的突发构造格式。一个块可以容纳在一个 R 信道突发。MAC 子层必须确定一个数据块的 LLC 子层应该随机访问物理信道上传输的 R 信道或使用确定性访问物理信道 t，这个决定会基于一个简单的阈值：MAC 子层交换机尽快确定访问的数据量传输是否超过 33 字节或三个数据块。图 4.7 演示了容量需求和 T 插槽分配的信令过程（注意重传计时器 tA8）。

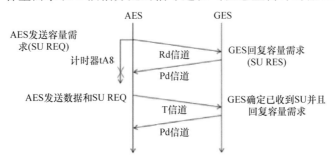

图 4.7　Classic Aero 返回链路中 R 信道和 T 信道接收程序

设计该系统的主要问题是保证随机接入技术在稳定模式下运行，验证 T 信道容量是否适合分配给 R 信道（两个物理信道之间的载波分配）。主要调查指标为：

随机接入信道 R 总负荷 G。
随机接入信道 R 利用率 S。
SU 块在 R 信道上的传输时延。
T 信道的利用。
在 LLC 子层中测量的传输延迟。
在 95% 的情况下观察到的最大延迟是系统描述驱动程序。

4.3.3　仿真模型

仿真模型重点分析了单波束内的返回链路。通过在每个时隙中容纳以无线电脉冲方式发送的数据包来仿真对 R 和 T 信道的访问。前向链路携带的信息不广播，而是以仿真卫星跳变的延迟从一个点发送到另一个点。主动飞行器数量为仿真的一个参数，因此可以利用 OM-NeT++ 动态实例化对象的能力来更改网络负载。图 4.8 显示了加载模型后的界面外观。

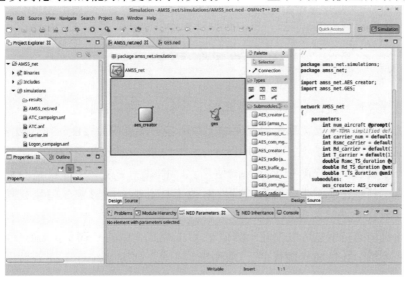

图 4.8　AMSS 仿真模型（彩图见 www.iset.co.uk/hilt/transportation.zip）

通信是点对点的（飞机到地面站或相反方向）。流量模型类似于在 VDL 模式 2 模型中开发的流量模型。采用类似的方法，在网络中飞机每个接口的地面站中实例化了流量生成和逻辑链路管理模块。该模型是特定开发出来的，其没有使用类似于 INET 的模型库；例如，寻址过程依赖于 ICAO（国际民用航空组织）定义的 3 字节飞机标识符。

4.3.4 仿真结果分析

仿真的主要目标是能够分析访问层的操作，并在 R 和 T 信道容量之间建立一个平衡，尺寸标示如图 4.9 所示。

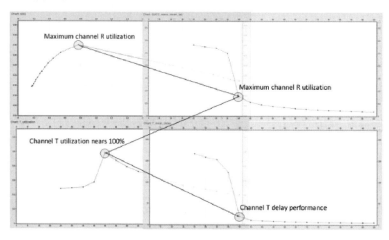

图 4.9　R 信道和 T 信道尺寸标示

对 S（G）跟踪（信道利用率与信道总负载）的分析设置了随机访问的极限工作点。结果与 S – ALOHA 访问理论非常接近，没有控制回路（例如通过改变回接参数）。然后使用极限工作点通过曲线 G（iat）（总信道负载，与应用层生成的消息的平均到达时间有关）确定相应的流量强度。然后进行参数研究，以确定 T 格式（TDMA）所需的载波数，以使 T 信道利用率在极限工作点接近 1。最后，可以根据延迟来推断性能。

4.4　结论

由于信号处理技术如 SIC（连续干扰消除）的引入，随机存取技术正在重新引起人们的极大兴趣。这些技术的主要贡献是使检索冲突数据包的恢复成为可能，从而极大地提高了性能。在航空卫星通信的背景下，作为 IRIS 项目[IRI 13]的一部分制定的拟议标准是基于 E – SSA 访问方法（增强扩展频谱 – aloha）的使用。OMNeT + + 是一个非常适合研究这类系统的性能的工具，其中移动无线电信道的特性对该工具有很大的影响（特别是接收机输入时的信号功率分布）。

此外，随机访问技术也可以由几个类似于 VDL 模式 2 中的 CSMA p – persistent 的参数驱动。在这里，分析参数是如何调优的，OMNeT + + 对于研究系统在不同条件下的性能非常有用。

所提出的模型当然可以改进，特别是包括仿真的飞机轨迹。然而，进一步发展的主要动力将是为系统（VHF 和 Satcom 数据链）和新架构建立一个统一的框架，以便能够解决当前和未来的研究挑战。例如，在存在异构通信系统的情况下进行垂直切换，地面网络互连和飞机机载路由器的设计相互影响，以实现国际民航组织要求的可靠性、可用性和延迟目标。

4.5 参考文献

[BEN 13] BEN MAHMOUD M.S., GUERBER C., LARRIEU N. et al., *Aeronautical Air-Ground Data Link Communications*, ISTE and John Wiley & Sons, 2014.

[ICA 07] ICAO, "Annex 10 to the Convention on International Civil Aviation, Volume III Communication Systems (Part I Digital Data Communication Systems, Part II Voice Communication Systems)", 2007.

[IRI 13] IRIS, "ANTARES Communication Standard Technical Specifications", IRIS-AN-CP-TNO-612-ESA-C1, Issue 1.0, September 2013.

[OMN 16] *OMNeT++ Discrete Event Simulator*, available at: https://omnetpp.org/, 2016.

[VAR 08] VARGA A., "An overview of the OMNeT++ simulation environment", *Simutools '08 Proceedings of the 1st International Conference on Simulation Tools and Techniques for Communications, Networks and Systems & Workshops*, p. 60, 2008.

第 5 章

一种作为轨道系统无线技术评估工具的虚拟实验室

欧洲轨道运输管理系统（ERTMS）是铁路信号的国际参考标准之一。它在欧洲的部署将是漫长而昂贵的，因此行业需要更快地推进部署和降低成本，以获得认证和授权，使设备投入使用。大多数用于 ERTMS 评估的实验室测试工具主要集中在其功能子系统——欧洲列车控制系统（ETCS）上。在假定一个理想的通信子系统的前提下，开发了相关的测试场景和仿真器。预期的关键性能指标对适合于铁路系统通信的无线技术进行了评估。在文献中，大多数使用网络仿真器的评估只考虑了无线技术本身的性能评估，而没有考虑有效的列车交通场景和相关的 ETCS 反馈。本章介绍了一个基于协同仿真的虚拟实验室，它依赖于两个现有的工具：一个是 ERTMS 仿真器，它实现了功能子系统（ETCS）；另一个是 OPNET 仿真器，它允许我们对整个通信子系统进行建模，即 GSM-R（全球移动通信系统-轨道）。首先，本章介绍了虚拟实验室的体系结构及其建立的假设。然后，描述了如何在上述仿真器之间执行离线和实时协同仿真。因此，任何预期的无线技术缺陷都可以在基于仿真的 ERTMS 通信场景评估中加以考虑，然后再进行昂贵的实际测试。最后，虚拟实验室作为协同仿真方法分析的一个案例进行研究，特别是当仿真器不是同一类型时。本章以直接连接模型并避免与仿真器异构相关的问题为目的，总结了从协同仿真到多模型仿真的前瞻性工作。

5.1 引言

国际轨道联盟（UIC）介绍了欧洲轨道运输管理系统（ERTMS，详见 www.ertms.net），以协调在欧洲使用的不同列车控制系统。为了实现在欧盟内部开放客户市场和货物运输市场的目标，还需要通过动态列车控制来优化轨道的利用。为了实现这一目标，ERTMS 需要更安全的列车驾驶监督过程和能在高速水平上运行的连续列车-轨道/轨道-列车通信系统。这两个功能主要由 ERTMS 的两个主要组件确保：①通信子系统，GSM-R（全球移动通信系统-轨道），确保列车和控制位置之间的无线通信；②功能子系统，欧洲列车控制系统（ETCS），它通过 GSM-R 基础设施及控制位置的信令确保对列车的控制[RUE 08]。

作为一组控制命令过程，ETCS 应用程序倾向于只需要证明其评估方法的正确性，例如形式化方法。联合信令行业（UNISIG），一个负责 ERTMS/ETCS 技术规范开发的联盟，已经生产出了一个子集 026[UNI 10]，它修复了所有用于 ERTMS 评估的测试平台的符合性需求。一些 ERTMS 仿真器出现在文献[MER 07]中，并且在本工作中使用的 ERTMS 仿真器与子集 026

兼容。然而，尽管在这些仿真器中对基于 GSM – R 基础设施通信的组件的功能行为（例如无线电块中心）进行了建模，但是并没有对底层通信技术本身进行建模。因此，GSM – R 通信被认为是理想的，而在使用这些仿真器进行评估时，由于无线通信的缺陷而导致的相关故障则不能被考虑在内。

相反，应该指出的是，当 ERTMS 的电信子系统需要指定时，GSM 几乎是欧洲部署最广泛的无线移动技术。因此，主要的问题不是"ERTMS 要采取什么移动技术？"而是"GSM 能胜任吗？"经过几年的实际测试，结果表明 GSM – R 能够满足 ERTMS/ETCS 应用程序在通信子系统接口上对服务质量（QoS）的要求。目前，GSM 是一种逐渐落伍的技术，在世界范围内广泛应用的几种技术可能成为替代它的潜在解决方案。此外，现在没有人能够想象对这些预期的每一个解决方案进行数年的实际测试。在此背景下，虚拟实验室的使用可以通过仿真对其进行评估，确定其如何满足当前 81 个 ERTMS/ETCS 应用的服务质量要求，以及在维护甚至提高安全性的同时可以引入一些新的有价值的服务。

文献中包含了一些在网络仿真器（如 OPNET）中直接建模 ERTMS/ETCS 应用程序的尝试，以便同时评估电信子系统技术的模型[RUE 08, LOP 14]。然而，这些评估非常有限，因为建模每个 ETCS 应用程序非常困难，包括了所有的 ERTMS 组件和所有可能影响 ERTMS 流量场景的因素。基于这些原因，本章提出了一种协同仿真方法，其中 ERTMS 仿真器可以连接到一个仿真电信子系统的网络仿真器。通过这种方式产生的虚拟实验室可以依赖于符合子集 026 的 ERTMS 评估工具，同时考虑到电信子系统的实际行为。

5.2 节通过仿真介绍了 ERTMS 的功能子系统和通信子系统的主要特点以及与之相关的一些工作。5.3 节介绍了协同仿真方法、最终的虚拟实验室体系结构和实现方式。5.4 节给出了使用这个虚拟实验室评估 ERTMS 场景的一个案例研究，讨论协同仿真方法本身的优点和缺点。5.5 节介绍了未来的工作。

5.2　ERTMS 子系统及相关试验台

文献［MID 08］描述了 ERTMS 部署的不同组件，两个主要的组件是功能子系统和通信子系统。

5.2.1　ERTMS 的功能子系统

第一个组件是欧洲列车控制系统（ETCS），专门用于列车信号的控制。它的设计是为了实现以下三个主要目标[LEV 08]：

1）通过列车驾驶监管提高安全性：在列车运行过程中，列车会以移动授权（MA）的形式接收关于运行限制（速度、距离等）的信息，该信息出现在轨道上（结束授权 – EOA）的特定位置，当收到这些信息时列车将被禁止通过。基于轨道和列车数据，车载设备会计算出一系列制动曲线并将其提供给列车运转监管系统。

2）通过提高速度和运力得到更好的性能：利用显示屏提供的行驶信息，驾驶员可以根据速度限制进行安全驾驶直至下一个 EOA 的到来，而无需查看轨道旁的交通信号。

3）互操作性：与基于各个国家制定的规定颜色的路侧信号系统相比，ETCS 是一种适合于不同轨道管理部门的线路的列车控制系统。

为了在不同的铁路上逐步实现这一目标，欧洲列车控制系统的规格部分会根据不同的轨道和路边设备定义不同的执行级别，如图 5.1 所示。在 ETCS 第 2 级别中，一列装备有 ETCS 的列车在轨道上运行，它由区域无线电中心（RBC）控制且配有欧洲地面应答器和 GSM-R，此列车一直连接 RBC 并使用 GSM-R 的基础设施。通过这种方式，控制中心可以实时上传并且动态地监控列车的运行信息。目前，所有使用包含 GSM-R 的欧洲轨道运输管理系统的调度都涉及 ETCS 的这一级别。

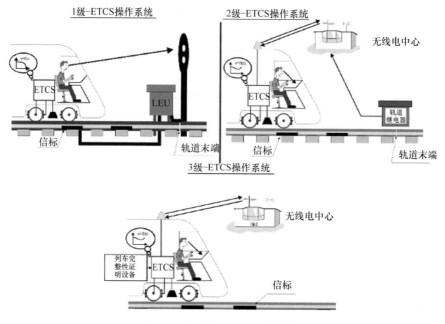

图 5.1 ETCS 操作级别[LEV 08]

一些针对 ETCS 第 3 级的研究工作仍在进行中，特别是关于在轨道运输中使用基于卫星的定位系统[BEU 12]。因此，本章中对 ETCS 的所有引用都关注于第 2 级。

ETCS 的应用对轨道交通安全高效监管起着关键作用。因此，它们的概念和发展遵循严格的验证过程。在这一过程中，试验台特别重要，以便进行快速和低成本的初步评价。几乎所有现有的 ERTMS 仿真器都是为了评估系统的功能行为而设计的。在正常运行条件下，可以验证控制命令过程是否使列车按照规范中的要求运行。所提议的 ERTMS 仿真器是基于以下事实进行验证的：它们允许执行子集 026 中所需的所有测试[UNI 10]。本工作中使用的 ERTMS 仿真器是按照子集 026 规范实现的，得到的仿真平台符合 ERTMS 试验台的要求。它由三个主要组件和几个用于场景设计和分析的附加离线工具组成，分布在通过有线网络连接的计算机上。平台架构如图 5.2 所示，其中：

1）在第一部分上附加一个列车驾驶仿真器，该仿真器具有符合 CENELEC 规范的驾驶员机器接口（DMI）。实际上，一个人类操作员可以在一个 ERTMS 轨道上驾驶火车。存储场景数据，用于仿真后分析。

2）第二部分是单轨上可用的三维环境。当与第一个组件一起使用时，它为驾驶员复制了一个虚拟的现实环境，驾驶员也可以依赖场景中包含的视觉信号。

3）第三部分由几个模块组成：一个线路管理器，一个连锁管理系统，包括最多两个遥

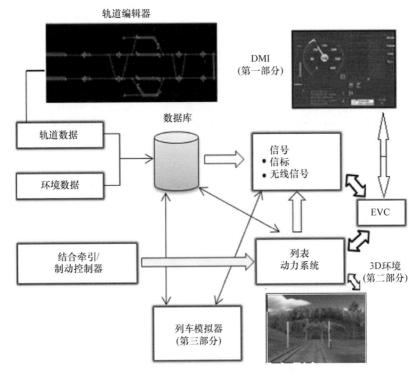

图 5.2 ERTMS 仿真器的结构（图片来源于 ERSA France）

控指挥中心，最多 11 列火车同时运行，以及驾驶仿真器。该部件既是铁路交通的控制中心，又是手动或自动模式下的列车管理器。当与其他组件一起使用时，它允许驾驶仿真器上的人类操作员与交通进行交互，包括其他几列仿真火车。

虽然这样的 ERTMS 仿真器通常包括 GSM-R 接口，但电信子系统的功能是理想化的。因此，无法评估与电信相关指标的价值，例如端到端延迟、损失率、网络负载、吞吐量和每条消息的重传计数。此外，通信子系统的功能障碍对整个系统行为的影响无法用这些工具来仿真。

5.2.2 ERTMS 的通信子系统

通信子系统实际上是 ERTMS 的第二个主要组件。ERTMS 第 2 级的主要部分目前是使用 GSM-R 实现的（图 5.3）。这项技术是基于经典的 GSM 架构，但它使用特定的频段专用于轨道通信。在法国，876~880MHz 的频带用于上行传输（移动站 MS 到基站收发站 BTS），而那些 921~925MHz 的频带用于下行传输（BTS 到 MS）。为了确保高冗余度和支持高达 500km/h 的速度，轨道沿线每 3~4km 就有 20 个 200kHz 的上行信道和相同数量的下行信道分配给不同的 BTS。

移动通信系统在 ERTMS 中起到了关键作用，因为它确保了控制中心和列车间的通信以及交通和应用间信号的连接。基于以上原因，对为 ERTMS 服务的移动通信技术提出了更严格的要求。GSM 技术搭配 QoS 要求，以及欧洲轨道机构（ERA）提出的测试确保了 ERTMS 移动通信技术的准确性。作为一个在不同欧洲国家间服务的轨道内部连接网络方案，GSM 技术还有两个主要优势：

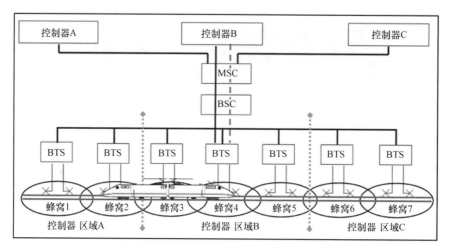

图 5.3 带有冗余 BTS 的 GSM-R 基础设施（图片来源于西门子公司）

1) GSM 在欧洲已经被移动电话运营商广泛部署，因此设备和维护费用将大大低于其他技术；

2) 除 ETCS 信号以外，GSM 已经被几乎所有欧洲轨道公司用来为其专业移动通信服务。因此，与之相同的技术可以服务于 ERTMS 基础设施和欧洲不同国家的公司的专业网络内部连接。

自 GSM-R 选定之后，交通运输领域产生了许多新的进展。事实上，智能交通系统（ITS）的发展为交通系统的安全和监管带来了许多新的应用，同时为乘客和友好使用者带来了新的服务。为了保持竞争性，轨道运输系统将发生变革，其提供的一些新服务将是强制性的。然而，它也意味着新的服务质量限制和持续通过通信网络提供交通支持。在此背景下，GSM-R 可能仍然不是合适的技术[SON 12]。一些研究人员建议研究 ERTMS 的其他电信技术，如 GPRS[RUE 08]、WIMAX[AGU 07] 以及最近的 LTE[SNI 14]。文献中提出了对这些电信技术的分析评估和基于仿真的评估，这些评估涉及电信特有的各种指标。

他们使用了 Riverbed OPNET 模型，它是用于评估网络技术的最流行的仿真器之一。然而，他们的实验只涉及通信子系统的行为，并且与 ERTMS 的功能部分断开。所评估的 ETCS 应用程序是根据它们在仿真场景中生成的消息进行近似建模的，然而 ERTMS 的功能组件的行为实际上并没有在这些场景中建模。因此，可以为场景获取某些特定评估电信指标的值，而当在电信技术的仿真中出现功能异常时，则无法在特定 ERTMS 场景中实际观察 ETCS 应用程序的行为。

这些观察强调有必要为 ERTMS 提供一种评估工具，在这种工具中可以仿真功能子系统和通信子系统，并且可以精确地研究一个组成部分的行为对另一个组成部分的功能的影响。这就是本章所介绍的工作的目的，其中 OPNET 也被用作通信子系统的仿真器。

5.3 基于协同仿真的 ERTMS 评估虚拟实验室

本节介绍了在 ANR 项目 VEGAS（基于协同仿真的虚拟实验室，在评估 ERTMS 组件时包括 GSM-R 等无线通信缺陷）中开发的支持这项工作的协同仿真方法和最终的虚拟实验室软件工具。

5.3.1 为什么采用协同仿真方法

如5.2节所述，目前的ERTMS仿真器主要用于评估系统的功能行为，并已为此目的进行了验证。但是，它们并不实际实现电信子系统，并且不支持评估整个系统关于电信指标的行为，也不支持评估电信子系统中发生故障的场景。将通信子系统的模型集成到当前的ERTMS仿真器中，需要从头开始完整地开发GSM-R体系结构和所有的组件（从物理层到网络层和传输层）。此外，还需要为其他预期的电信技术开发模型，并维持所设计的模型中相关协议和设备的演进。这样的工作相当于从零开始设计一个完整的网络仿真器，我们应该避免这样的行为，因为例如OPNET这样高效的工具已经为先进的网络和电信技术的仿真提供了强大的功能。

我们还注意到，ERMTS的功能子系统由各种ETCS应用程序组成。在网络仿真器中实现这些应用程序的所有特性将再次导致对完整的ERTMS功能子系统的低效建模，正如在当前已验证的ERTMS仿真器中所做的那样。此外，为新设计生成的平台保留这种验证功能并不简单。

为避免这样的复杂和不可预测的工作，我们提出一种新的基于协同仿真的方法，在连接一个ERTMS仿真器（专为网络和通信技术）的同时采用OPNET仿真器，即设计一个仿真工具致力于联合评价ERTMS的功能和通信组件。

5.3.2 在每个仿真器中必须对哪些数据和流程建模

在任何ERTMS level 2场景中，每列火车都在特定的轨道上运行，如图5.1所示。列车通过GSM-R运行时，通过RBC向控制中心发送各种信息，并以同样的方式接收特定指令（MA）。因此，在假设列车和RBC之间的所有通信都满足ERTMS在GSM-R接口上的要求的情况下，可以使用ERTMS仿真器准确地评估功能子系统的行为。

假设我们能够在OPNET中精确地重现相同的动作，并且按照相同的时间顺序复制相同的消息序列，那么就有可能精确地获得每个消息交换的端到端延迟的值。其他电信相关指标也可以用同样的方法研究。

按照这个思路，协同仿真平台架构如图5.4a所示。功能子系统采用ERTMS仿真器进行仿真，通信子系统采用OPNET进行仿真。使两个仿真器同步的关键要素是列车的运行以及在运行过程中与控制中心交换的信息。

因此，可以在不同的仿真器中对相同的ERTMS场景进行部分建模，以评估相关组件。为了保证在每个仿真器中建模的部分场景与ERTMS场景的一致性，引入了以下概念[SON 12]：

1）轨道：这个概念包括了实现轨道、网络基础设施、本地化和信号系统组件功能的物理和静态元素。

2）轨迹：这指的是一列火车在特定场景中的运动。这样，在ERTMS场景中，任何列车的运动都可以在任何仿真器中真实再现。

3）传输：这指的是场景中每列火车和控制中心之间交换的一组消息，按发射时间排序。

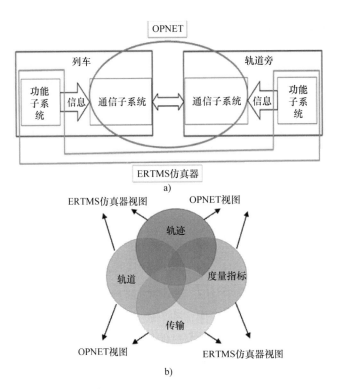

图 5.4 协同仿真平台架构和概念图

4）度量指标：这指的是在场景中评估的指标。在 ERTMS 功能仿真器中，主要评价列车行为是否符合 ERTMS 安全规范。在一个通信仿真器中，我们可以评估诸如端到端延迟、数据包丢失率和切换持续时间等指标。

当为特定仿真器生成 ERTMS 场景的部分视图时，必须为这四个概念中的每一个生成一个特定的视图（图 5.4b）。要生成的相关视图将包含或多或少的细节，这取决于使用的特定仿真器组件和考虑的相关度量指标。

5.3.3　ERTMS-OPNET 虚拟实验室的总体架构

虚拟实验室是通过连接 ERTMS 仿真器和 OPNET 的软件基础设施实现的。它由以下三个主要组件（图 5.5）组成：

1）ERTMS 协同仿真接口：接口可以将一些远程过程接入仿真器，以便调用这些过程来获取列车的轨迹信息，或者场景中列车和 RBC 发出的消息。这些接口被提议使用 CORBA 接口：RMC 插件（通过路线图控制器）用于轨迹信息，RNS 插件（通过无线网络仿真器）用于这些发出的消息。

2）ESYS 接口：OPNET 中的每个节点模型（列车或 RBC）都包含一个 ESYS 进程，它公开一个接口能够与外部程序交换数据。这样，OPNET 中的每个列车模型都可以在 ERTMS 仿真器中得到相应列车位置变化的通知，从而实现自身的更新。同时，ERTMS 仿真器中列车或 RBC 发送的任何消息都在相应的列车或 RBC 模型在 OPNET 中的接口上编写，以便后者也执行 OPNET 中的消息发射。

3) 协同仿真管理器：由两个共享数据的独立组件组成，即运动管理器和消息管理器。运动管理器可以连接到 RMC 插件并获得关于场景、轨道、火车和 RBC 的信息。定期向 RMC 插件请求 ERTMS 仿真器中当前列车的位置，并在 OPNET 中相应列车的 ESYS 接口上设置。此外，RNS 插件会将 ERTMS 仿真器中发出的每一个消息通知给消息管理器，以便它可以用 ESYS 接口将一致的发射器通知给 OPNET 模型。当 OPNET 节点模型收到一条 ETCS 消息，它会通过一个登记在 ESYS 接口内的召回函数向消息管理器发送反馈，消息管理器再通知 RNS 插件。

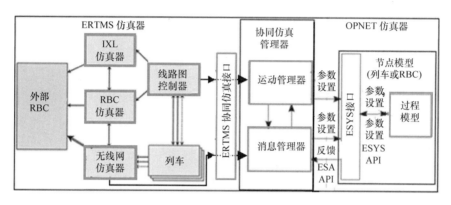

图 5.5　ERTMS – OPNET 虚拟实验室结构图

5.3.4　同步模式

为了执行协同仿真，ERTMS 仿真器和 OPNET 都能实时连接进行在线仿真，或者精确重演另一台仿真器中的方案。

在线仿真能同时展示出功能子系统和电信子系统在运行中的优势，这些给予了 ERTMS 整体方案一个更客观的评价。在这种模式下，OPNET 中的电信子系统模块会生效，并与 ERTMS 仿真器中的无线电网络仿真模块和路线图控制模块相互作用（图 5.5）。列车的轨迹信息会实时传入 OPNET，这样可以让两个仿真器中的列车运动同步进行。例如，ERTMS 仿真器中的列车产生的信息可以没有延迟地传递给 OPNET 列车模型，再通过 OPNET 的仿真 GSM – R 基础设施传送到 OPNETRBC 模型，仿真 GSM – R 基础设施是基于流动性、扩展性、网络传输性的真实状态进行的。然后这些消息从 OPNETRBC 模型再次传到（无延迟）ERTMS 仿真器中的 RBC 仿真模块做功能过程仿真。图 5.6 所示是协同仿真完整的过程中的信息传递与响应方式。

对于 ERTMS 仿真器中的任何一个方案，协同仿真管理器都会将轨迹、轨道、信息传送和路程等信息按时间备份。通过这种方式，从功能上可以验证方案的可行性。然后将在 OPNET 中离线重新演示此方案，重新评估真实功能性约束的情况下电信子系统的行为。具有典型意义的是，OPNET 仿真器的在线仿真和线下仿真部分没有区别，所以如果这些跟踪的格式与在线协同仿真期间由协同仿真管理器备份的数据一样，也可以使用真实世界中在 ERTMS 的 2 级轨道上列车运行的回放来建立线下协同仿真方案。

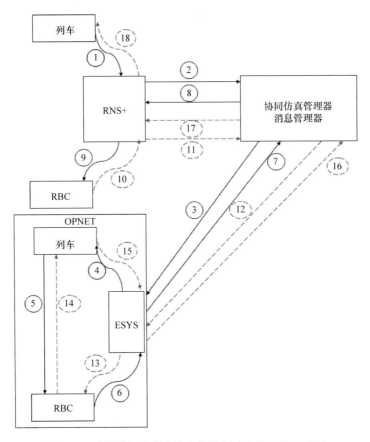

图 5.6 在线协同仿真中信息传递与响应的进程示意图

5.3.5 ERTMS 仿真器中虚拟实验室的实现

ERTMS 仿真器中虚拟实验室可以通过 RMC 插件和 RNS 插件两个接口实现。

RMC 插件可以控制程序使用者定期发送更新的信息或请求方案中列车的运行信息（图 5.7）。协同仿真管理器的运行管理器模块会对 RMC 插件进行登记，并且会周期性地接收列车更新的状态信息。

RNS 插件可以控制程序允许用户注册，以便于接收列车或 ERTMS 仿真器中 RBC 的信息备份。在 OPNET 仿真信息传送之后，协同仿真管理器的信息管理器可以将是否接收消息的通知发送到 RNS 插件。图 5.8 所示为 ERTMS 中协同仿真接口里的 RNS 插件服务器功能运行框图。

5.3.6 OPNET 中虚拟实验室的实现

在传统 GSM 设施中，为了保证网络的有效管理以及给用户最优的服务，通常会包含许多部件的运作。然而，GSM – R 设施是 ERTMS 专用的，在此项目中，关键点在于无线传输的缺陷，所以无线电收发基站的核心网络可以简化成所有部件都采用有线连接。

虚拟实验室中仿真 GSM – R 设施包含以下部分（图 5.9）：

1）仿真列车的移动节点。

信息	描述	相关数据范围
列车标识符	独有的列车标识符,表中主要值	Train.TrainID
列车名字	在场景编辑器里输入的列车名字	Train.Name
ETCS认证	列车的ETCS认证	EurocabParameters.ETCSIdentity
列车运行号	列车的运行号	Originally EurocabStartingConditions.TrainRunningNumber
当前列车段标识符	当前位于车头的列车段标识符	Originally Segment.SgementID
当前列车段位移	当前位于车头的列车段位移(m)	Originally Train.Position
列车坐标	(X,Y)列车的地理位置坐标	—
列车位置	当前位于车头的列车段位移(m)	—
列车速度	列车的速度(km/h)	—
列车加速度	列车的加速度(m/s^2)	—

图5.7 ERTMS仿真器的RMC插件提供的运行信息

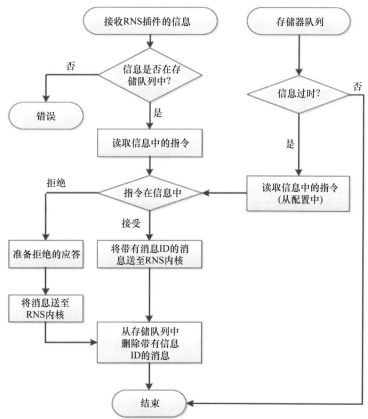

图5.8 ERTMS的协同仿真接口里RNS插件服务器功能运行框图

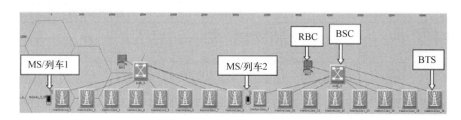

图 5.9　用于仿真的 OPNET 中 GSM-R 设施

2）位于轨道沿途的无线电收发基站，可以为在 ERTMS 的 2 级路线上运行的列车提供无线信号覆盖。随着 GSM-R 的部署，轨道沿途每 4~7km 就会视情况部署一个基站。

3）可以代表控制位置的无线电模块中心。

列车模型由 OPNET 中一个先进的无线节点模型派生而来。因此，它包含了所有的组件，使得从应用程序到物理层的所有协议的精细建模成为可能。OPNET 中的列车模型并不直接生成流量。消息在 ERTMS 仿真器中由 ETCS 应用程序产生，数据包由协同仿真管理器通过 ESYS 接口路由到 OPNET（图 5.10）。这意味着：

1）ETCS 应用程序不需要在 OPNET 中建模。只有在列车车载设备中产生的报文通过 OPNET 路由，通过无线接口仿真相关数据包到核心网络。它的一个优点是，避免了实际 ETCS 应用程序仅采用近似模型的长时间开发，而在 ERTMS 分析方面获得的收益相对较低。另一个优点是，在 ERTMS 仿真器中引入的任何新的 ETCS 应用程序都可以立即通过该协同仿真体系结构进行仿真，而不需要对列车模型进行任何更改。

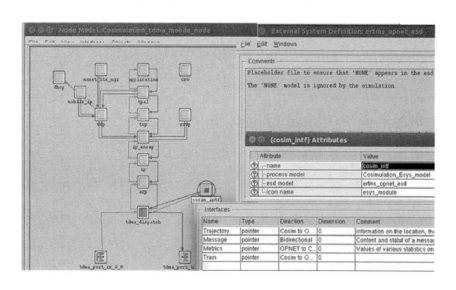

图 5.10　OPNET 里列车模型和 ESYS 接口

2）来自 ERTMS 仿真器的消息包括连接请求和断开。此外，它们由 ERTMS 仿真器中建模的 EURORADIO 层管理。因此，不需要在 OPNET 中对这一层建模。ETCS 消息已经加密，与由于无线损坏而未由 OPNET 路由的消息相关的请求都不会产生任何影响。因此，连接或断开或数据传输过程的影响仍然由 ERTMS 仿真器中实现的 ETCS 应用程序管理，而在

OPNET中实际管理的只是由于无线传输缺陷造成的后果。

BTS 模型源于具有两个接口的桥接节点的 OPNET 本机模型：TDMA 接口和以太网接口。TDMA 接口管理在 BTS 所覆盖位置演进的列车无线通信，以太网接口将每个 BTS 连接到控制位置的中央交换机。在全局架构中，依赖同一 RBC 的 BTS 组连接到与该 RBC 相连的交换机上。

RBC 的模型几乎和火车的模型一样，除了没有 TDMA 接口，而是一个以太网接口。火车和 RBC 使用了相同的 ESYS 模型，遵循 VEGAS 项目开发的通用方法。

5.3.7 协同仿真管理器虚拟实验室的实现

协同仿真管理器主窗口显示了关于场景和轨道的主要信息以及不同组件的状态（图 5.11），即：

1）列车管理器：列车状态（运行、停止、不工作）和位置周期性更新。
2）消息管理器：在 ERTMS 仿真器中的状态和仿真时间。
3）OPNET 接口：在 OPNET 中的状态和当前仿真时间。

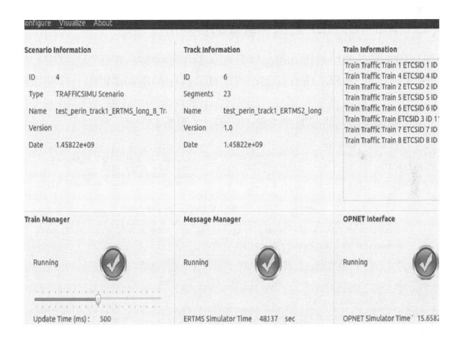

图 5.11　协同仿真管理器主窗口

在协同仿真的过程中，可以通过可视化菜单对列车位置进行监控。此外，通过可视化菜单的另一个子菜单，可以监控不同列车和 RBC 发送或接收的消息，如图 5.12 所示。

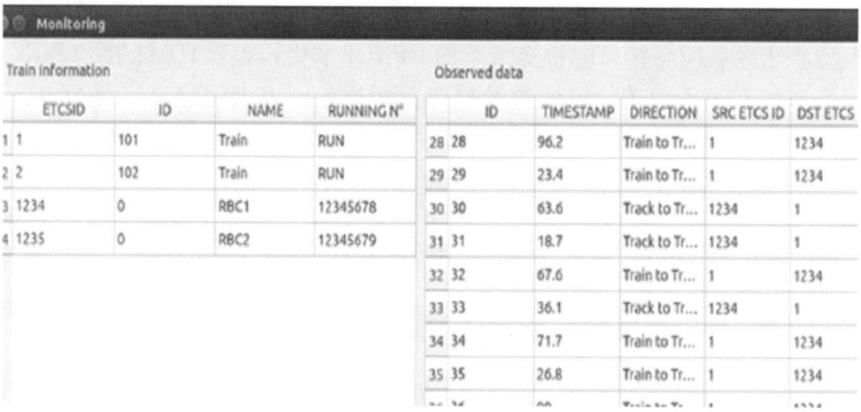

图 5.12 协同仿真管理器的信息可视化菜单

5.4 ERTMS – OPNET 虚拟实验室的有效使用

5.4.1 与 ERTMS – OPNET 虚拟实验室的协同仿真场景

现在介绍应用于场景的协同仿真过程以及相关的主要步骤。在运行仿真时，协同仿真管理器中的 OPNET 接口和 OPNET 仿真器都在终端或文件中打印调试跟踪。这些跟踪包括以下内容：

1）协同仿真中调用的网络场景的 OPNET 模型（图 5.13）。

图 5.13 OPNET 初始化路径

2）ESA 初始化，包括预定义火车和 RBC 的 ESYS 接口（图 5.13）。

3）分配给 ERTMS 仿真器火车和 RBC 的可用接口的索引，通过这种方式，可以自动执行分配（图 5.13）。

4）各仿真器的时间以及各仿真器之间的时间差，这样我们就可以知道当同步条件不能满足时，协同仿真是继续联机还是应该脱机（图 5.13）。

5）协同仿真事件，例如，当 OPNET 接口从 ETCSID 1 的协同仿真管理器接收到火车信息时触发的事件（图 5.14）。

6）接口分配，例如，列车 1 与 ESYS 接口 0 相关联（图 5.14）。

7）OPNET 跟踪总是从这个标签开始，例如，当节点被初始化时（图 5.14）。

```
43   Received Information TrainID 101 ETCSID 1 Name Train RunningNumber RUN
44   Connexion d'une interfaces à un ETCSID
45   Train with ETCSID 1 associated with interface index 0
46   Fin d'interconnexion de la 1eme interface sur 4 à un ETCSID
47   OPNET traces : Node top.Campus Network.Mobile_1_1 has been initialized as Train
48   Go Opnet !
49   OPNET traces : Node top.Campus Network.Mobile_2_1 has been initialized as Train
50   OPNET traces : Node top.Campus Network.RBC1 has been initialized as RBC
51   OPNET traces : Node top.Campus Network.RBC2 has been initialized as RBC
```

图 5.14　接口分配

8）在接收到轨道信息时，将 OPNET 节点的默认位置替换为 ERTMS 仿真器中的初始位置，列车或 RBC 的 ETCSID 与 OPNET 中的 MAC 地址之间的关联（图 5.15）。

```
404  OPNET_MANAGER : ERTMS time is 0.004000 sec and OPNET time is 0.003877 sec and difference is 0.000123
405  Received Trajectory ETCSID 1 XPOS 38.000000 YPOS 0.000000 Acceleration 8.000000 Speed 157.000000
406  OPNET traces : Node top.Campus Network.Mobile_1_1 has obtained ETCSID 1
407  OPNET Traces top.Campus Network.Mobile_1_1 in Cosim_Intf : obtains ETCSID 1 and has MAC address 101 (key 1) Hash has size 1
408  Go Opnet !
409  OPNET_MANAGER : ERTMS time is 0.004000 sec and OPNET time is 0.003877 sec and difference is 0.000123
410  Received Information TrainID 102 ETCSID 2 Name Train RunningNumber RUN
411  Connexion d'une interfaces à un ETCSID
412  Train with ETCSID 2 associated with interface index 4
413  Fin d'interconnexion de la 2eme interface sur 4 à un ETCSID
414  OPNET traces : Node top.Campus Network.Mobile_2_1 has obtained ETCSID 2
415  OPNET Traces top.Campus Network.Mobile_2_1 in Cosim_Intf : obtains ETCSID 2 and has MAC address 102 (key 2) Hash has size 1
416  Go Opnet !
417  OPNET_MANAGER : ERTMS time is 0.004000 sec and OPNET time is 0.003877 sec and difference is 0.000123
418  Received Trajectory ETCSID 2 XPOS 36.000000 YPOS 0.000000 Acceleration 19.000000 Speed 127.000000
419  OPNET Traces : default position of Node top.Campus Network.Mobile_2_1 of ETCSID 2: X 32260.000000 , Y 130.000000
420  OPNET Traces : Initial position of Node top.Campus Network.Mobile_2_1 of ETCSID 2: X 36.000000 , Y 0.000000
421  Go Opnet !
422  OPNET_MANAGER : ERTMS time is 0.004000 sec and OPNET time is 0.003877 sec and difference is 0.000123
423  Received Information TrainID 0 ETCSID 1234 Name RBC1 RunningNumber 12345678
424  Connexion d'une interfaces à un ETCSID
425  RBC with ETCSID 1234 associated with interface index 8
426  Fin d'interconnexion de la 3eme interface sur 4 à un ETCSID
427  OPNET traces : Node top.Campus Network.RBC1 has obtained ETCSID 1234
428  OPNET Traces top.Campus Network.RBC1 in Cosim_Intf : obtains ETCSID 1234 and has MAC address 1234 (key 1,234) Hash has size 1
429  Go Opnet !
430  OPNET_MANAGER : ERTMS time is 0.004000 sec and OPNET time is 0.003877 sec and difference is 0.000123
431  Received Trajectory ETCSID 1234 XPOS 44.000000 YPOS 0.000000 Acceleration 11.000000 Speed 58.000000
432  Go Opnet !
433  OPNET_MANAGER : ERTMS time is 0.004000 sec and OPNET time is 0.003877 sec and difference is 0.000123
434  Received Information TrainID 0 ETCSID 1235 Name RBC2 RunningNumber 12345679
435  Connexion d'une interfaces à un ETCSID
436  RBC with ETCSID 1235 associated with interface index 12
437  Fin d'interconnexion de la 4eme interface sur 4 à un ETCSID
438  OPNET traces : Node top.Campus Network.RBC2 has obtained ETCSID 1235
439  OPNET Traces top.Campus Network.RBC2 in Cosim_Intf : obtains ETCSID 1235 and has MAC address 1235 (key 1,235) Hash has size 1
440  Go Opnet !
441  OPNET_MANAGER : ERTMS time is 0.004000 sec and OPNET time is 0.003877 sec and difference is 0.000123
442  Received Trajectory ETCSID 1235 XPOS 44.000000 YPOS 0.000000 Acceleration 3.000000 Speed 11.000000
443  Go Opnet !
444  OPNET_MANAGER : ERTMS time is 0.500000 sec and OPNET time is 0.003877 sec and difference is 0.496123
445  Received Trajectory ETCSID 1 XPOS 70.000000 YPOS 0.000000 Acceleration 15.000000 Speed 11.000000
446  OPNET Traces : default position of Node top.Campus Network.Mobile_1_1 of ETCSID 1: X -20.000000 , Y 130.000000
447  OPNET Traces : Initial position of Node top.Campus Network.Mobile_1_1 of ETCSID 1: X 70.000000 , Y 0.000000
```

图 5.15　列车信息和初始状态读取

9）利用轨道数据在 ERTMS 仿真器中接收到相应列车的新位置后，在 OPNET 中更新列车位置（图 5.16）。当没有消息交换时，仿真器之间的时间差可以更高，而不会造成同步问题（在图 5.16 中可达 0.5s）。

10）消息传输：如图 5.17 所示，列车将 ID 1 与 ETCSID 1 一起发送到当前控制器（Controller_ 1），ETCSID 1 在 OPNET 中与 Mobile_ 1_ 1 相关联。后者将其发送给交换机 node_ 0，node_ 0 再将其发送给 RBC1。

```
661  OPNET_MANAGER : ERTMS time is 2.001000 sec and OPNET time is 2.000101 sec and difference is 0.000899
662  Received Trajectory ETCSID 2 XPOS 178.000000 YPOS 0.000000 Acceleration 2.000000 Speed 238.000000
663  OPNET Traces Current position of Node Train : X 178.000000 , Y 0.000000
664  Go Opnet !
665  OPNET_MANAGER : ERTMS time is 2.501000 sec and OPNET time is 2.000101 sec and difference is 0.500899
666  Received Trajectory ETCSID 1 XPOS 216.000000 YPOS 0.000000 Acceleration 4.000000 Speed 118.000000
667  OPNET Traces Current position of Node Train : X 216.000000 , Y 0.000000
668  Go Opnet !
669  OPNET_MANAGER : ERTMS time is 2.501000 sec and OPNET time is 2.500100 sec and difference is 0.000900
670  Received Trajectory ETCSID 2 XPOS 212.000000 YPOS 0.000000 Acceleration 13.000000 Speed 107.000000
671  OPNET Traces Current position of Node Train : X 212.000000 , Y 0.000000
672  Go Opnet !
673  OPNET_MANAGER : ERTMS time is 3.001000 sec and OPNET time is 2.500100 sec and difference is 0.500900
674  Received Trajectory ETCSID 1 XPOS 253.000000 YPOS 0.000000 Acceleration 15.000000 Speed 153.000000
675  OPNET Traces Current position of Node Train : X 253.000000 , Y 0.000000
```

图 5.16　状态更新

```
879  OPNET_MANAGER : ERTMS time is 10.866000 sec and OPNET time is 10.501404 sec and difference is 0.364596
880  Received Message MessageID 1 TimeStamp 90.700000 Train2Track ETCSIDSrc 1 ETCSIDDst 1234 Cap1Primitive 714 MessageSize 84
881  Data size is 80
882  OPNET Traces top.Campus Network.Mobile_1_1 : the element at index 0 of 1 in the Hash is 101
883  OPNET Traces dest_nil Cosim_intf function block top.Campus Network.Mobile_1_1 (src_addr 101 key 1,234): destination is -1
884  Go Opnet !
885  OPNET Traces Mobile_1_1 : the source address in the packet is 101
886  OPNET Traces Mobile_1_1 : we are in From_ESYS state in IF dest is -1 and protocol is 4321 scheduled
887  OPNET Traces Mobile_1_1 : we are in XMIT state sending dest is -1 controller is 0 and protocol is 4321
888  OPNET Traces Mobile_1_1 : we are in XMIT state sending dest is -1 controller is 0 and protocol is 4321
889  OPNET Traces Mobile_1_1 : we are in XMIT state sending dest is -1 controller is 0 and protocol is 4321
890  OPNET Traces Controller_1 : we are in From_NTWK dest -1 is replaced by 1234 and protocol is 4321
891  OPNET Traces Controller_1 : we are in from_NTWK state of 101 sending dest is 1234 and protocol is 4321
892  OPNET Traces : MAC packet constructed has src 101 dest 1234 and protocol 4321
893  OPNET Traces top.Campus Network.node_0 : packet going to higher layer from MAC dest 1234 protocol 4321
894  OPNET Traces : MAC packet constructed has src 101 dest 1234 and protocol 4321
895  OPNET Traces : MAC packet constructed has src 101 dest 1234 and protocol 4321
896  OPNET Traces : MAC packet constructed has src 101 dest 1234 and protocol 4321
897  OPNET Traces : MAC packet constructed has src 101 dest 1234 and protocol 4321
898  OPNET Traces : MAC packet constructed has src 101 dest 1234 and protocol 4321
899  OPNET Traces : MAC packet constructed has src 101 dest 1234 and protocol 4321
900  OPNET Traces : MAC packet constructed has src 101 dest 1234 and protocol 4321
901  OPNET Traces : MAC packet constructed has src 101 dest 1234 and protocol 4321
902  OPNET Traces top.Campus Network.RBC1 : packet going to higher layer from MAC dest 1234 protocol 4321
903  OPNET Traces ARP: Received an etcs_message from MAC and sent it to ESYS
904  OPNET Traces top.Campus Network.Controller_4 : packet going to higher layer from MAC dest 1234 protocol 4321
905  OPNET Traces Controller_4 : controller received a packet from the bridge dest 1234 protocol 4321
906  OPNET Traces Controller_4 : we are in From_ESYS LLC proc dest is 1234 and source 0 and protocol is 4321 scheduled
907  OPNET Traces top.Campus Network.Controller_5 : packet going to higher layer from MAC dest 1234 protocol 4321
908  OPNET Traces Controller_5 : controller received a packet from the bridge dest 1234 protocol 4321
909  OPNET Traces Controller_5 : we are in From_ESYS LLC proc dest is 1234 and source 0 and protocol is 4321 scheduled
910  OPNET Traces top.Campus Network.Controller_3 : packet going to higher layer from MAC dest 1234 protocol 4321
911  OPNET Traces Controller_3 : controller received a packet from the bridge dest 1234 protocol 4321
912  OPNET Traces Controller_3 : we are in From_ESYS LLC proc dest is 1234 and source 0 and protocol is 4321 scheduled
913  OPNET Traces top.Campus Network.Controller_6 : packet going to higher layer from MAC dest 1234 protocol 4321
914  OPNET Traces Controller_6 : controller received a packet from the bridge dest 1234 protocol 4321
915  OPNET Traces Controller_6 : we are in From_ESYS LLC proc dest is 1234 and source 0 and protocol is 4321 scheduled
916  OPNET Traces top.Campus Network.Controller_2 : packet going to higher layer from MAC dest 1234 protocol 4321
917  OPNET Traces Controller_2 : controller received a packet from the bridge dest 1234 protocol 4321
918  OPNET Traces Controller_2 : we are in From_ESYS LLC proc dest is 1234 and source 0 and protocol is 4321 scheduled
919  OPNET Traces top.Campus Network.Controller_7 : packet going to higher layer from MAC dest 1234 protocol 4321
920  OPNET Traces Controller_7 : controller received a packet from the bridge dest 1234 protocol 4321
921  OPNET Traces Controller_7 : we are in From_ESYS LLC proc dest is 1234 and source 0 and protocol is 4321 scheduled
922  OPNET Traces top.Campus Network.Controller_8 : packet going to higher layer from MAC dest 1234 protocol 4321
923  OPNET Traces Controller_8 : controller received a packet from the bridge dest 1234 protocol 4321
924  OPNET Traces Controller_8 : we are in From_ESYS LLC proc dest is 1234 and source 0 and protocol is 4321 scheduled
```

图 5.17　用于电信传输仿真的从 ERTMS 仿真器到 OPNET 的消息传输

11）当消息到达 OPNET 中的目的地（即 RBC1）时，RBC1 更新路由表消息，并向协同仿真管理器发送一个通知，指示是否在 ERTMS 仿真器中传输消息（图 5.18）。

```
1028  OPNET Traces top.Campus Network.RBC1 : packet going to higher layer from MAC dest 1234 protocol 4321
1029  OPNET Traces ARP: Received an etcs_message from MAC and sent it to ESYS
1030  OPNET Traces top.Campus Network.RBC1 Cosim_intf received a packet of format etcs_message and protocol 4321
1031  OPNET Traces top.Campus Network.RBC1 Cosim_intf (MAC 1234) : received an ETCS message from 101
1032  OPNET Traces top.Campus Network.RBC1 : the sender_addr inside the message 1 is 101
1033  OPNET Traces top.Campus Network.RBC1 : updated correspondance ETCSID 1 MAC 101 (key 1) and Hash size is 2
1034  OPNET Traces top.Campus Network.RBC1 the element at index 0 of the Hash is 101
1035  OPNET Traces top.Campus Network.RBC1 the element at index 1 of the Hash is 1234
1036  OPNET Traces : Node top.Campus Network.RBC1 is about to update ESYS interfaces for message 1 and metrics
1037  Opnet Manager Main received Callback for Message 1
1038  Callback function sent a Message of ID 1 from Opnet to Manager
```

图 5.18　由 OPNET 仿真传输的报文在 ERTMS 仿真器中接收到路由表消息

12）一些度量指标值在协同仿真期间立即可用（图5.19），然而一些详细的电信度量指标，例如端到端延迟、损耗率、吞吐量、网络负载和其他，只有在协同仿真结束时，可以在OPNET图形用户界面中的经典OPNET场景中使用。

```
11891  OPNET Traces : Node top.Campus Network.RBC2 is about to update ESYS
11892  Opnet Manager Main received Callback for Message 90
11893  Callback function sent a Message of ID 90 from Opnet to Manager
11894  OPNET Traces Node top.Campus Network.RBC2 statistics are
11895   Total Message Received from ETCS  0.000000
11896   Total Messages received from OPNET 15.000000
11897   Average delay in OPNET 0.721108 sec
```

图 5.19　度量指标值与每个节点一起更新

5.4.2　协同仿真方法在轨道系统评估中的有效性

本章介绍了在 VEGAS 项目中开发的联合仿真方法，通过使用 ERTMS 仿真器在 ETCS 应用的任何评估回路中引入通信子系统的精确仿真，实现了它的主要目标。此外，通过在一个单一的过程（包含 OPNET 在的任意节点模型）中集中所有协同仿真操作（图 5.20），可以使所开发的协同仿真方法具有快速适应性，以此来评估其他无线技术相比于在组件上没有改变的 GSM – R 如何（ERTMS 仿真器接口和协同仿真管理器）。例如，将协同仿真 ESYS 流程简单地添加到 LTE 移动设备上，就可以得到配备 LTE 技术的列车模型来代替 GSM – R 模型。在整个 LTE 基础设施中，唯一需要升级的节点是 RBC 节点。

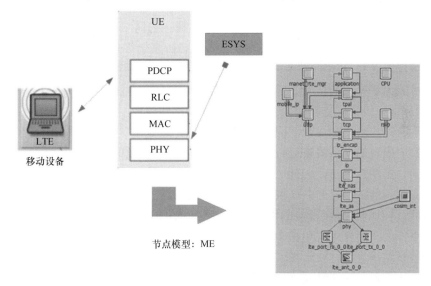

图 5.20　准备采用 LTE 节点模型进行协同仿真

因此，这项工作中开发的协同仿真方法可以用于轨道系统评估，尤其对于 ERTMS 的 2 级轨道：

1）现存的轨道系统仿真器再利用的可能性。轨道领域受许多规则和不同类型的约束限制，并且包含了非常复杂的进程，以至于重新开发任何评价和发展轨道系统的软件都是一个巨大的挑战。在这种情况下，重用已经开发、测试和最终认证的软件工具是可行的。协同仿真方法使用了一个现有的专业 ERTMS 仿真器，通过增强其与外部工具的交互能力，而没有对其核心功能进行任何修改。

2）使用改进的网络仿真器的可能性，以便有效地仿真 ERTMS 目前的电信子系统和未来可能使用的其他技术。如前所述，任何涉及 GSM-R 的操作都由联合仿真管理器发送到 OPNET，该管理器还会考虑轨道环境、网络基础设施和列车运行情况，以便对该操作进行准确的仿真。这样，发送到 ERTMS 仿真器的反馈反映了无线通信在仿真 ERTMS 场景中的影响。此外，GSM-R 基础设施可以很容易地被任何其他技术所取代，在同样的情况下，特别是在评估 LTE 等潜在的前景技术时需要对其进行评估。

3）在 ERTMS 2 级线路上使用真实列车轨迹的可能性，以便为研究电信子系统行为构建准确的评估场景。协同仿真管理器能够在 OPNET 接口重现任何包含关于 ERTMS 场景的移动和消息信息的时序事件集，并且它可以在不向 ERTMS 仿真器反馈的情况下运行协同仿真。这样，ERTMS 2 级线路上的真实列车轨迹[SON 13]可以在离线情况下协同仿真，以研究电信子系统的行为。

但是，在开发轨道系统的精确评估工具时，协同仿真方法可能会出现一些缺陷，例如：

1）由于定制的仿真工具而导致的弱交互可能性。大多数轨道系统的仿真工具都是在工业项目的背景下开发的，这些工业项目受到各种限制，使得它们的场景非常具体。因此，这些仿真方法可能会表现出一些特殊性，例如：它们只能仿真某些模块，而不能仿真整个系统；它们不能与其他工具互动；它们处于工业保护之下，不能分享；它们不是基于事件的，也不支持暂停/回放机制（在此工作中使用的 ERTMS 仿真器不是基于事件的，不支持暂停/重放机制，并且不能从外部工具接收任何反馈）。ERTMS 花了 3 年的开发时间来增强共享场景数据和接收消息（接受或拒绝数据）的能力。但是，它仍然不支持暂停/重播，并且不能在层控制的基于事件的循环中操作。因此，在线协同仿真始终依赖于 ERTMS 仿真场景，可以用来评估该场景对在 OPNET 中建模的电信子系统的影响。除非通过反馈接受或拒绝的信息，否则不可能出现相反的情况。

2）无法保证在线协同仿真模式下完整仿真场景的收敛性。实际上，ERTMS 仿真器在场景结束之前不会停止启动和运行。因此，协同仿真和 OPNET 需要非常快地运行，以便在消息过时或配置中固定的默认策略运行之前发送反馈。这个问题的唯一解决方案是监视两个仿真器中的时间，定期检查这个差距对于这个场景是否仍然可以接受。一旦这个条件不再满足，协同仿真管理器将消息的默认策略设置为"全部接受"，停止对 ERTMS 仿真器的反馈，并根据 ERTMS 仿真器将继续备份的事件启动与 OPNET 的脱机协同仿真。如果 ERTMS 仿真器也是基于事件的，则可以避免这个时间同步问题。

后一种观察结果表明，在虚拟实验室（例如在维加斯建造的那个项目）中结合可能更有效，不是在仿真器，而是轨道系统不同组件的实际模型。事实上，多模型是对复杂系统（例如轨道）进行建模和分析的一种众所周知的方法。此外，许多基于 DEVS（离散事件系统规范）形式[ZEI 00]的工具已经被开发出来，以便在同一个虚拟实验室中耦合离散和连续的模型，并生成复制整个系统的定制仿真器。虚拟实验室环境（VLE）[QUE 09]、OPNET 建模器和 VSimRTI 等都是基于 DEVS 的。为了在铁路系统的评估工具中从联合仿真发展到多建模，至少需要考虑以下两个主要因素：

1）在为轨道系统的某个组件设计定制仿真工具之前，首先要实现一个模型。这代表轨道系统部件的模型至少和相关的仿真器一样可用。因此，在多建模的基础上建立虚拟实验室应尽可能避免协同仿真带来的同步问题。

2）尽管有些模拟器可以以二进制形式或在物质装置内部进行仿真，以限制反向工程尝试，但这些模型更容易侵犯知识产权。在轨道领域，这些问题包括机密性是重要的，显然，我们不能保证可以为多模型的虚拟实验室作出贡献的模型是可用的。它应该考虑开发和提出适当的解决方案，能保证耦合模型在一个安全的环境，保持机密性，防止侵犯知识产权行为，在未来的发展将是轨道系统的评估工具一个关键点。此外，它还将改善可能在未来轨道系统基础设施的设计和实施中共同运作的并行组之间的协作。

5.5 结论

本章提出了一种协同仿真方法，以改进 ERTMS 的功能子系统和通信子系统的联合评估，考虑它们各自的行为对彼此的影响。该方法依靠一个协同仿真管理器，从实现 ERTMS 功能子系统的 ERTMS 仿真器中收集关于轨道和列车运行的仿真数据，并利用这些数据仿真 OPNET 中的消息传输。通过这种方式，虚拟实验室通过在 OPNET 中仿真轨道系统的实际运行场景，改进了 GSM-R 和其他无线技术的评估方法。此外，它还改进了 ERTMS 仿真器，通过引入更真实的通信子系统行为，通过 OPNET 仿真了传输的消息之后，协同仿真管理器对任何消息发送反馈。

尽管有这些提高这些评估工具性能的贡献，协同仿真方法可能会导致一些问题，两个主要的问题是：①与不是为 ERTMS 仿真器设计的自定义仿真器进行交互的可能性的限制；②由于基于非事件的仿真器和基于事件的仿真器（例如 OPNET）之间存在时间同步问题，因此无法保证协同仿真的收敛。

为了解决同步问题，未来的工作正在进行中，通过直接耦合组件模型而不是直接产生的相关仿真器，从联合仿真发展到多模型仿真。然而，这种方法对轨道领域至关重要的机密性提出了新的挑战。

5.6 参考文献

[AGU 07] AGUADO M., ONANDI O., JACOB E. *et al.*, *Wimax Role on CBTC Systems*, ASME/IEEE JRCICE 2007, Pueblo, 2007.

[BEU 12] BEUGIN J., MARAIS J., "Simulation-based evaluation of dependability and safety properties of satellite technologies for railway localization", *Transportation Research Part C: Emerging Technologies*, vol. 22, pp. 42–57, 2012.

[LEV 08] LEVÊQUE O., DE CICCO P., *ETCS Implementation Handbook*, Infrastructure Department, UIC, 2008.

[LOP 14] LOPEZ I., AGUADO M., JACOB E., "End-to-end multipath technology: enhancing availability and reliability in next-generation packet-switched train signaling systems", *IEEE Vehicular Technology Magazine*, vol. 9, no. 1, pp. 28–35, 2014.

[MER 07] MERA J.M., GOMEZ-REY I., CAMPOS A., "ERTMS/ETCS test simulation bench", *Urban Transport XIII Urban Transport and the Environment in the 21st Century*, UK, 2007.

[MID 08] MIDYA S., THOTTAPPILLIL R., "An overview of electromagnetic compatibility challenges in European Rail Traffic Management System", *Transportation Research Part C: Emerging Technologies*, vol. 16, no. 5, pp. 515–534, 2008.

[QUE 09] QUESNEL G., DUBOZ R., RAMAT E., "The virtual laboratory environment – an operational framework for multi-modelling, simulation and analysis of complex systems", *Simulation Modelling Practice and Theory*, vol. 17, pp. 641–653, April 2009.

[RUE 08] RUESCHE S.F., STEUER J., JOBMANN K., "The European switch – a packet-switched approach to a train control system", *IEEE Vehicular Technology Magazine*, vol. 3, no. 3, pp. 37–46, September 2008.

[SNI 14] SNIADY A., SOLER J., "LTE for railways: impact on performance of ETCS railway signaling", *IEEE Vehicular Technology Magazine*, vol. 9, no. 2, pp. 69–77, 2014.

[SON 12] SONDI P., KASSAB M., BERBINEAU M. *et al.*, "Toward a common platform for simulation-based evaluation of both functional and telecommunication subsystems of the ERTMS", *American Society of Mechanical Engineers Joint Roll Conference*, Philadelphia, pp. 351–359, 2012.

[SON 13] SONDI P., BERBINEAU M., KASSAB M. *et al.*, "Generating test scenarios based on real-world traces for ERTMS telecommunication subsystem evaluation", *International Workshop on Communication Technologies for Vehicles*, Springer-Verlag, pp. 223–231, 2013.

[UNI 10] UNISIG, System Requirements Specification, ERTMS Specifications, Subset 026 v2.3.0, ERTMS, 2010.

[ZEI 00] ZEIGLER B.P., KIM D., PRAEHOFER H., *Theory of Modeling and Simulation: Integrating Discrete Event and Continuous Complex Dynamic Systems*, Academic Press, 2000.

第6章

在 ns-3 中模拟真实的 VANET 信道

6.1 引言

车辆自组网是移动自组网的一种,其设计目的是让车辆交换不同类型的信息,从安全信息到娱乐内容。节点间的无线连接意味着通信会受到链路波动的影响。出于节省资金、时间和提高效率的原因,VANET 的仿真传统上是通过一个网络仿真器(network simulator, ns)来完成的,例如 OPNET、Veins、ns-2(ns02)或 ns-3(ns03)。然而,这些软件包的普通版本并不能准确地仿真无线信道的主要物理效应[AND 06],这样做的结果是 VANET 仿真结果过于乐观。在本章中,我们将首先描述无线 VANET 信道的主要特征,并强调其在 VANET 通信中的核心作用。其次,我们将介绍为精确仿真 ns-2 和 ns-3 中的 VANET 信道所遵循的不同建模方法。在分析了真实的信道模型对 VANET 仿真的影响后,提出一种兼顾计算时间和现实的解决方案。

6.2 信道传播模型对 VANET 仿真的影响

在此基础上,研究了真实信道传播模型在车载自组网仿真中的成效。独立于所使用的仿真器,信道传播模型越简单,仿真的准确性越差。

为了准确地仿真无线信道传播对数据传输的影响需要两个元素。首先是一个物理层,它符合所考虑的传输标准,即 IEEE802.11p 或用于车辆环境中无线接入的 WAVE[IEE 13],并且能够在其上准确应用无线信道效应。其次,通过实际测量(统计信道模型)或使用确定性射线跟踪软件获得真实的信道特性。当然,由于节点的移动性和位置对经验信道条件有重要影响,我们也必须使用一个真实的移动模型。但是,这超出了本章的范围,不会进一步讨论。

6.2.1 一个真实的 IEEE802.11 物理层

在一个真实的 IEEE802.11p 系统的情况下,物理层通信的性能评估适用误码率(BER)进行的。在仿真中实现这一点最精确的方法是实现完整的 IEEE802.11p 物理层到信号级。IEEE802.11 标准在文献中已经有了很好的描述,并且使用诸如 IT++[IT 13]之类的软件包很容易实现。IEEE802.11p 标准使用的分组 OFDM 传输速率是 IEEE802.11a 标准的一半，它可以通过参考 IEEE802.11a 代码来实现。表 6.1 总结了两个 IEEE802.11a 和 p 物理层的主要参数。

表 6.1 IEEE802.11a 和 p 物理层的主要参数

参数	IEEE802.11a	IEEE802.11p	变化
位速率	6, 9, 12, 18, 24, 36, 48, 54	3, 4.5, 6, 9, 12, 18, 24, 27	一半
调制模式	BPSK, QPSK, 16QAM, 64QAM	BPSK, QPSK, 16QAM, 64QAM	无变化
码率	1/2, 2/3, 3/4	1/2, 2/3, 3/4	无变化
副载波数量	52	52	无变化
号持续时间/μs	4	8	双倍
保护时间/μs	0.8	1.6	双倍
FFT 周期/μs	3.2	6.4	双倍
前导码持续时间/μs	16	32	双倍
副载波间距/MHz	0.3125	0.15625	一半

在 ns 中集成这样一个物理层的主要困难在于 ns 之间的同步，这是一个离散事件仿真器和连续时间信号级物理层的实现。此外，在实际数字通信系统，我们还可以考虑到同步算法，这是必不可少的。这些算法通常对信道条件非常敏感[TRO 04]。

6.2.2 精确的 VANET 信道传播模型

无线信道的物理原理

与有线网络链路相反，空中信号传播的无线链路高度依赖于传输环境，因此具有高度波动性，特别是当节点在密集的城市环境中移动时。这种波动性是由几种退化效应的结合，可以用确定性或随机模型来仿真。在接下来的部分中，我们首先描述了我们必须考虑到主要的物理效应（图 6.1），以准确地仿真一个典型的无线信道。然后，我们给出了无线 VANET 信道的特殊性。

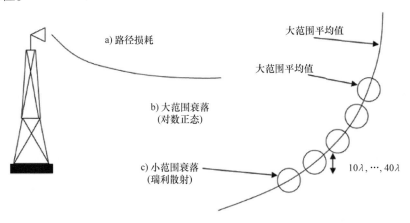

图 6.1 主要的无线传播效果

首先介绍的效应是路径损耗，即电磁波在空间传播时功率密度的减小。路径损失用著名的弗里斯传输方程描述，它代表了传统链路预算分析的第一个方法，并假定发射机和接收机之间为视距传输（LOS）。因此，通过知道发射功率和接收灵敏度（即它能处理的最小功率电平），我们可以很容易地计算在某一特定频率下通信的最大距离。

然而，路径损耗衰减代表了无线通信的最佳情况。在实际应用中，必须考虑另外两个重要的附加效应，即阴影效应和小尺度衰落效应。

第二个效应通常出现在几十至100个波长单位的大的范围内，对于车载无线接入系统IEEE802.11p标准使用的5.9GHz频率，这个波长约为5cm。当传播路径被大目标遮挡时，接收到的信号功率在其平均值附近波动。这种效果叫作阴影效果。测量结果表明，功率变化最好用对数正态分布或者用对数单位表示的正态分布来描述。在实际应用中，对特定的环境进行了测量，得到了路径损耗加阴影传播模型。对于这个模型，路径损耗衰减作为发射机和接收机之间距离的函数，并且给出了阴影效应的标准差的对数值。

第三种效应，也是最重要的效应，称为小尺度衰落。它是在几个波长单位的距离尺度上观察到的运动的信号功率。这种衰退有两个主要的物理原因。第一种是多径传播，在其中传输信号与环境相互作用。由于反射、衍射和扩散与环境物体的相互作用，接收到的信号由原始信号的几个副本组成，称为多径分量（MPC）。这些信号以不同的时延、振幅和相位到达接收端，表示所谓的信道脉冲响应（CIR）。在传输带宽较大的情况下，传输信号的频谱将经历频率衰落。事实上，这意味着发射频谱的频谱成分（振幅和相位）将受到不同的信道影响。这就是所谓的频率选择性，可以通过使用数字通信技术，如正交频分复用（OFDM）来补偿。第二种物理效应是由于发射机和接收机之间的相对运动造成的，其结果是 CIR 变成了时变的。这种时间选择性可以在时域接收信号上观察到，而时域接收信号受到幅度波动的影响，幅度波动可达30dB。这些振幅随时间的波动可以是不同的大小，取决于存在或不存在一个在 CIR 的 LOS 路径。如果存在视线路径，振幅随时间的波动遵循 Rice 分布，否则它们遵循瑞利分布。图6.2 显示了存在和不存在 LOS 路径的接收信号的例子。我们可以注意到，当不存在 LOS 路径时，衰落的振幅更大。图6.2 中需要注意的另一个特征是衰减之间的时间间隔：发射机（TX）和接收机（RX）之间的相对速度越高，时间间隔越小。此外，样本之间的衰减高度相关。这是因为多普勒效应产生了透射频谱的膨胀或压缩。最大多普勒频移与 TX 与 RX 之间的最高相对速度有关。从计算机实现的角度来看，这种效果是通过将 TX 样品放入滤波器中再现的，可通过测量得到带宽和形状。根据形状的类型（最著名的形状是所谓的杰克斯光谱），将对接收有重大的影响，特别是对误码率。

与移动通信相比，VANET 通信具有不同的特点，例如快速变化的环境，包括障碍物，发射机和接收机放置在相似的高度，以及相当高的移动性。这导致了大量不同的情况，这意味着不同的特定渠道。由于这些情况很难处理，第一步就是确定哪些情况可以被认为是 VANET 的典型移动通信。继802.11p标准的工作之后，主要在美国对 VANET 的典型情况进行了几次测量实践[ACO 07,SEN 08]。用于评估802.11p物理层的最终信道模型[ACO 07]仍然是考虑到不同情况的最完整的实现。这些信道是 WSSUS 随机模型，可以很容易地集成在数字通信仿真器中。

文献中提出的其他信道模型的精确度更高，因为它们使用简化的射线追踪方法考虑环境中的相互作用[KAR 09]。有时，这种简化的射线追踪方法可以通过测量来进行详尽的统计分析，例如 WSSUS 随机模型[PAS 16]。这些类型的信道与无线电波传播物理学有关，可以准确地仿真一个特定的 VANET 情况。当必须进行大规模 VANET 仿真时，选择要使用的信道模型是一个问题，因为在一个真实的仿真中遇到的环境可能非常不同。在这种情况下，可以采

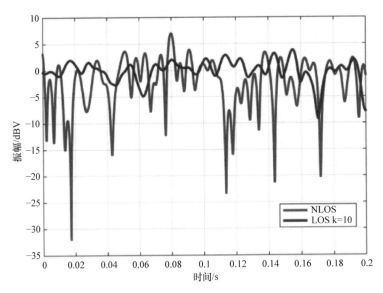

图 6.2 Rice（LOS k = 10）信号幅度（彩图见 www.iste.co.uk/hilt/transportation）

用所谓的单位圆盘法[AKH 15]。根据这种方法，如果接收机和发射机位于单位圆盘的距离内，通信就发生了。当然，这个圆盘的半径是通过测量来参数化的，这些测量已经在特定的情况下执行了。我们建议读者参阅文献［BOB 15］，以了解关于这些 VANET 信道建模方面的更详细的讨论。

总而言之，捕获车辆信道的复杂性绝非易事，因为会遇到大量可能的情况。有几种信道模型可供选择，但是或多或少需要一些软件开发工作才可以集成到一个 ns 模型中。然而，在选择模型时要考虑的关键因素是真实和仿真时间之间的权衡。一般来说，在 ns - 2 和 ns - 3 仿真器中实现一个真实的信道模型时，信道模型越真实，仿真的时间就越长。我们将在接下来的章节中讨论这些方面。

6.3　用 ns - 2 进行真实信道建模的方法

ns - 2 实现了三种不同的传播模型来仿真无线信道：自由空间模型（Friis 方程）、双射线地面模型和阴影模型。如前所述，这不足以为无线网络仿真提供一个真实的信道模型。因此，为了填补这一空白，我们采用的第一种方法考虑了 ns - 2 软件上确定性射线跟踪传播的结果。这种射线跟踪算法为发射机和接收机的各个位置计算新的信道条件。为了使仿真持续时间保持在可接受的范围内，我们利用射线追踪工具将发射机/接收机的所有可能参数追踪到仿真场景中，离线确定非视距/视距条件。对于选定的场景，即慕尼黑市中心，这个时间计算步骤花费了大约 2 周时间，计算使用了 20 多台计算机。虽然这个操作只执行一次，但这显然不适合 VANET 仿真[HAM 09]。

如 6.2.2 小节所述，在信道上对传输建模时，最相关的参数之一是发射机和接收机处于 LOS 或 NLOS 情况。利用这种分类情况，我们建立了一个原始的分类模型。它首先使用一个简化的射线追踪步骤来确定 LOS/NLOS 的情况。与原始工具相反，我们只考虑发射机和接收机之间的距离,而不是它们的位置。这显著减少了预计算时间。这个信息被用作一个统计信道模型的输入参数,该模型被称为 spatialChannelModelExtendedUrbanMicrocell（SCME – UM）。这个模型是由 3GPP 设计的城市微蜂窝环境模型[BAU 05]。SCME 模型是 SCM 的一个演进,并介绍了它在传输带宽达 100MHz 的 2GHz 和 5GHz 传输带上的应用。该信道模型特别适用于通信范围小于 1000m 的 V2V 通信系统。射线追踪软件（称为 CRT）[ESC 01] 和 SCME – UM 信道模型的采样的结合被称

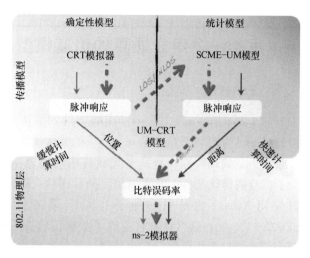

图 6.3　UM – CRT 架构

为 UM – CRT[LED 12],如图 6.3 所示。在图 6.3 中,灰色箭头表示射线追踪仿真器（CRT）如何与 ns – 2 一起使用,黑色箭头表示统计模型（SCME – UM）如何与 ns – 2 一起使用,虚线表示如何将二者结合成混合模型,该模型考虑的是距离而不是位置。UM – CRT 通过与光线跟踪软件做误码率的对比,验证了其有效性（图 6.4）。值得指出的是,采取这种节点间距离而不是位置的方法可以显著降低计算时间,使模型更适合 V2V 仿真。然而,它需要一个预计算来识别 LOS/NLOS 的情况,这取决于给定网络中节点之间的距离。这个计算需要几个小时,但是每个场景（例如市中心）只需完成一次。利用 UM – CRT 进行车载通信仿真在实际应用中取得了一定的进展,但仍然需要较长时间的研究工作,仿真时间较长。

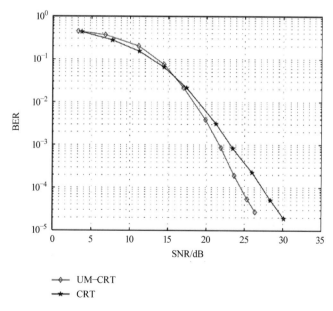

图 6.4　UM – CRT 和 CRT 传输仿真中误码率和信噪比的比较
（彩图见 www.iste.co.uk/hilt/transportation.zip）

6.4 用 ns-3 建立逼真的信道模型

6.4.1 YansWiFi 模型

与 ns-2 一样,ns-3 是一种离散事件网络仿真器,主要用于研究和教育目的。ns-3 项目的目标是为网络研究开发一个首选的开放式仿真环境:它应该与现代网络研究的仿真保持一致。考虑到现实性,特别是无线传输的物理层级,ns-3 提出了超过 25 种传播模型,涵盖了广泛的传输条件。它可以仿真路径损耗、阴影和小尺度衰落等现象。所有这些模型都可以使用 Yans(也是另一种 ns)WiFi 模式[LAC 06]。常规 YansWiFi 信道模型实现了 IEEE802.11 标准。这意味着它考虑了数据传输在不同速率下的影响(即数字调制),数字调制中信令消息的传输等。它也使得计算信道传输特性成为可能,例如信噪比(SNR)和分组错误率(PER)。由于 YansWiFi 处理的实体是数据包,它只能根据收到的正确的数据包提供 PER。值得注意的是,由于 YansWiFi 模型是一个开放源代码,将文献中的新模型添加进去是相当容易的。

图 6.5 显示了一辆静态赛车和另一辆赛车仿真的 PER 和 SNR 的对比图。传动速度为 15m/s,传动功率为 0dBm。在这些情况下,在开始和结束的仿真,汽车是在范围之外。传播模型是使用以下模型构建的:路径损耗模型 Friis 和小尺度衰落模型 Rayleigh 和 Jakes 的传播模型。

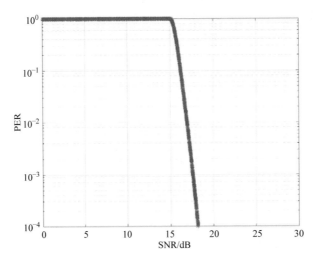

图 6.5 分组差错率和信噪比的对比(YansWiFi 18Mb/s Rice K=0)(来自 YansWiFi 仿真传输)

6.4.2 基于 OFDM 传输的 physimWiFi 模型

为了追求真实性,特别是使用 IEEE802.11p 标准专门用于车辆通信(车辆环境无线接入-WAVE),YansWiFi 模型可以被 physimWiFi 模型所取代,该模型中有免费提供作为 ns-3 附加组件的 KIT[MIT 12]。该工具仿真了 OFDM 无线 MAC/PHY 传输的所有步骤。打破了模拟和仿真之间的界限。该算法的主要特点是借助于 IT++库[IT 13],构建了一个完整的数字通信物理层，该物理层延伸到 OFDM 数据包（i 和 q 向量），并存储在与原 IEEE802.11PPDU 帧相连的特定标签中。然后将信道效应应用于这些 OFDM 数据包。由于其能够处理按位信息，physim 还提供信噪比和误码率信息。图 6.6 显示了与图 6.5 中相同条件下的误码率和信噪比图。从图中可以看出，这两种实现方式之间有一个重要的区别。关于 YansWiFi，每个信噪比值只有一个 PER 值。这是因为 YansWiFi 没有实现完整的物理层，从接收功率值计算信噪比时，从理论误码率曲线得到 PER 值。相反，physimWiFi 现了所有与 OFDM 数据包解码相关的信号处理任务。在一个数据包的持续时间内，信噪比值可能会发生变化，其他数据包可能会发生干扰，从而导致不同的误码率值。这就是为什么在相同的信噪比值下观察到不同的误码率值。

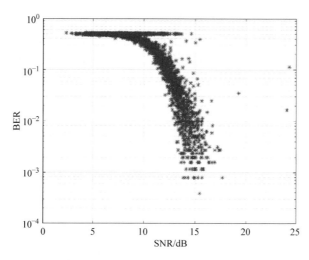

图 6.6　误码率与 physimWiFi 模型传输的信噪比（PhysimWiFi 18Mb/s Rice K = 0）

（彩图见 www.iste.co.uk/hilt/transportation.zip）

6.4.3　ns-3 物理数据传输水平

如 6.2.2 小节所述，传输信道对传输数据的影响是由不同的物理现象组成的。在 ns-3 中，像其他仿真软件一样，信道对传输数据的影响是通过应用顺序单独的影响来计算的。由于现代网络仿真器的灵活性，用户可以通过混合和配置可用的传播损耗模型来定制传播模型。然后通过使用确定性方法（如弗里斯）或统计方法（如 Rayleigh，Rice）应用信道效应[BEN 12]。Mac 层独立于所使用的 WiFi 模型（即 Yans 或 physim），将数据包传输到物理层。这个级别在选择适当的 WiFi 传输模式 WifiMode 后，它定义了传输的特征元素（编码速率、调制、频率等），用特定的 txPower 将数据包传输到"信道级"。这个信道级别仿真（YansWiFi）或模拟（physimWiFi）所有影响从发射机到接收机的数据传输信号的处理步骤。将信道效应应用于传输数据的结果然后用于位于物理层的接收过程。接收数据需要有足够的功率，以克服物理接口的能量检测阈值，在 IEEE802.11p 中，该阈值的典型值为 -104dBm，同时还需要具有较大的信噪比以成功实现解码。这个数据接收过程也需要处理干扰问题。

6.4.4　WiFi 信道模型的内部构造

6.4.4.1　YansWiFi

　　YansWiFi 信道模型被设计用来重现空中传输干扰对整个数据包的影响。因此，一些在移动通信中非常重要的效应是不能精确仿真的。这也是 YansWiFi 只能产生 PER 信息的原因。

6.4.4.2　physimWiFi

　　在 physimWiFiPhy：SendPacket 方法中，physimWiFi 分组使用 IT ＋＋库将数据发送到 OFDM 数据包。它产生了一组 OFDM 样本，包括一个固定的前导码、训练符号、基本速率有效载荷和全速率有效载荷，由它们的 i 和 q 向量表示。有趣的是，这个框架可以通过软件无线电设备发送出去。因此，信道效应可以应用在一个比 YansWiFi 更有效的方式。使用 Yans-WiFi，统计模型通过随机抽取专用的统计分布（例如，用于 Nakagami 模型的 erlang/gamma 随机变量）进行分步处理。在这样做的过程中，一些与数据包接收相关的重要特性，例如信噪比或 PER，也是通过一个干扰助手以一种快速的方式计算出来的，以近似其值。相反，physimWiFi 在每个 OFDM 样本上应用信道效应，从不同部分或全部消息提供非常精确的计算信噪比和误码率值，同时也考虑到信号重叠（干扰）。

6.5　案例研究——用 ns－3 仿真真实的 VANET 信道模型

　　本节将展示如何利用 ns－3 模型来仿真一个真实的 VANET 信道。第一个目标可以通过 YansWiFi 和 physimWiFi 实现，比较它们很有趣。第二个目标提出了一种基于物理无线网络（physimWiFi）的多路径支持系统。后者案例非常有趣，因为一方面，我们将展示如何使用规范化的统计信道模型，包括为 VANET 设计的信道模型；另一方面，我们强调在执行这些类型的仿真时必须考虑的限制。

6.5.1　城市环境的简化 VANET 信道模型

　　在使用频道模型时要记住的一件事是，它们的速度受到特定环境的限制。需要说明的是，我们不能用一个高层次的公路信道模型来描绘城市环境的概念。正如前面所讨论的，无线传播信道模型必须重现路径损耗、阴影效应和小尺度衰落效果。作为至今第一个实际方法，我们建立一个简单的 V2V 城市信道模型。为了能够比较 YansWiFi 和 physimWiFi 模型，我们将不考虑在这个模型的频率选择性，也就是说，CIR 将只有一个路径。此外，由于这是 VANET 常见的情况，我们将考虑传输者和接收者之间的视距条件。

　　为了更准确地分析所使用的信道模型的效果，我们考虑了两个节点。第一个（N2）节点保持固定，距离第二个节点（N1）500m。第二个节点将数据传输给 N2，然后向 N2 移动，经过并移动到 500m 的距离（图 6.7），N2 以每秒 14m 的速度移动（≈50km/h）。

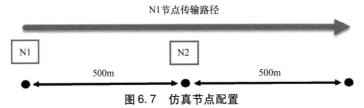

图 6.7　仿真节点配置

在ns-3中模拟真实的VANET信道 第6章

为了对路径损耗和阴影效应进行建模,我们参考了阿巴斯等人的文献[ABB 15]中关于V2V通信环境阴影衰落的模型并将其添加到YansWiFi模型和physimWiFi中。该模型考虑了两种类型的环境,即公路和城市,以及两个主要情况:LOS和OLOS。阻塞LOS(OLOS)是LOS路径完全充满或部分由另一个车辆占用下的情况[ABB 15]。这不同于非视距情况,例如当一个建筑物块的完全阻塞了LOS。

对于小尺度衰落,我们考虑了一条具有 $k=3$ 的LOS路径,并使用Jakes滤波器对多普勒扩展进行建模。仿真参数总结在表6.2中。

表6.2 简单的YansWiFi传播信道模型仿真参数

路径丢失和阴影	阴影衰落模型
小尺度衰落	One Rice Path + 杰克斯多普勒滤波器
数据包大小	256 字节
包间间隔	0.1s
数据速率	18Mb/s (16QAM, $R=3/4$)
传输功率	+20dBm
N1 和 N2 之间的最大距离	500m
仿真时间	90s

经过平均超过10个仿真,我们得到的PDR结果为YansWiFi是72%而physimWiFi是89%。这个观察到的差异来自于这样一个事实:YansWiFi认为如果接收功率超过阈值,就会接收到一个数据包(图6.8),而physimWiFi实现了完整的802.11p接收。当physimWiFi认为接收功率足够时,它会对数据包进行完全解码(图6.9),解码失败的原因有几个(例如信噪比随数据包持续时间波动)。在这种特殊情况下,即使接收功率高于必备阈值,数据包也会被丢弃。

在相同的信道模型下,我们可以发现YansWiFi的结果比physimWiFi降低15%。如果我们比较仿真的时间,我们得到2s的YansWiFi和22s的physimWiFi。这是预料之内的,因为physimWiFi实现了一个完整的IEEE802.11p物理层的OFDM样本。现在让我们更进一步,添加一个完整的多路径小尺度统计信道模型(图6.10)。

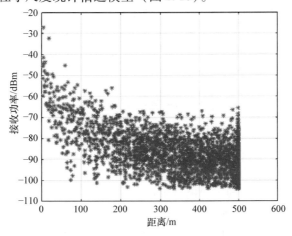

图6.8 YansWiFi接收功率与距离的关系(彩图见 www.iste.co.uk/hilt/transportation.zip)

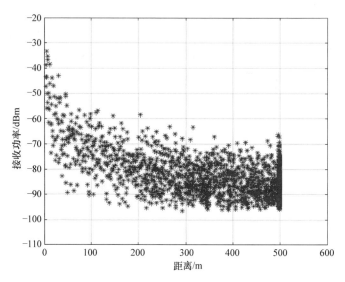

图 6.9 physimWiFi 接收功率随距离的变化（彩图见 www.iste.co.uk/hilt/transportation.zip）

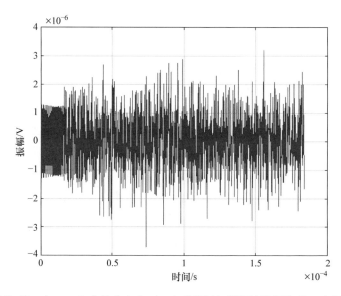

图 6.10 在 ns-3 中接收来自 physimWiFi 的 OFDM 数据包的一个例子
（彩图见 www.iste.co.uk/hilt/transportation.zip）

6.5.2 城市环境的规范化 VANET 信道模型

在接下来的部分中，我们将使用［ACO 07］中发布的一个信道模型。这些信道模型代表了典型的 VANET 环境，并被用作评估 IEEE802.11p 物理层的参考模型。这些模型是 physimWiFi 实现的一部分。值得注意的是，这些模型不可能与普通 ns-3 一起使用，因为 Yans-WiFi 模型不能对信号层下的物理层建模。仿真参数总结见表 6.3。下面这些模型需要相当高的计算时间。基于这个原因，我们实现了 ITU 的车辆 A 信道模型（［JAI 07］表 a.2.6.3），它不使用相同的计算方法来计算信道系数。两种信道模型在 PDR 方面给出了相似的结果。

然而，虽然使用 Acosta – Marum 信道模型进行仿真需要约 360min，国际电联的车辆 A 一个却只持续 6min（在英特尔酷睿 i72600k 平台测量）。这种巨大的差异主要是由于计算多普勒频谱所采用的方法。对于 ITU 模型，采用所谓的滤波方法得到，而对于 Acosta – Marum 信道，则采用耗时长的 IFFT 算法进行计算。这种方法是必要的，因为 VANET 多普勒频谱的形状与经典谱有很大的不同。

表 6.3　简单的 physimWiFi 传播信道模型仿真参数

路径丢失和阴影	阴影衰落模型
小尺度衰落	Acosta – Marum V2V Urban Canyon Oncoming or ITU Vehicular A
数据包大小	256 字节
包间间隔	0.1s
数据速率	6Mb/s（QPSK，$R=1/2$），18Mb/s（16QAM，$R=3/4$）
传输功率	+20dBm
N1 和 N2 之间的最大距离	500m
仿真时间	90s

除了 PDR 和计算时间，图 6.11 和图 6.12 显示了误码率作为信噪比的函数的数据速率选择（6Mb/s 和 18Mb/s）和考虑的两个信道模型。有几件有趣的事情值得注意。第一个是我们认识到所使用的不同调制的 BER 曲线的预期形状。physimWiFi 的实现真正仿真了一个完整的 802.11p 接收器。此外，我们还可以注意到，没有低于 8×10^{-4} 的 BER 值。这仅仅是因为卷积码的属性，当误码率低于这个值时，它会纠正所有的错误。考虑到 PDR 的结果，他们是非常相似的 18Mb/s 的情况。因此，两种信道模型都给出了大约 20% 的 PDR。然而，对于 QPSK 调制（6Mb/s），Acosta – Marum 信道模型给出了 20% 的 PDR，而 ITU Vehicular A 选择性较差，给出了 40% 的 PDR。这种差异可以用 Acosta – Marum 信道模型多普勒谱的特殊形状来解释。

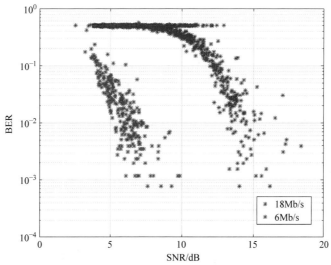

图 6.11　Acosta – Marum 的误码率与信噪比对比（彩图见 www.iste.co.uk/hilt/transportation.zip）

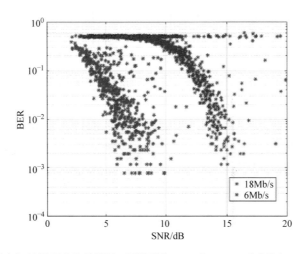

图 6.12　IUT 车辆的误码率和信噪比（彩图见 www.iste.co.uk/hilt/transportation.zip）

6.6　结论

信道传播建模是无线通信领域的一个广泛的研究课题。在这一领域，射线发射或射线跟踪传播仿真器得到了广泛的应用。这些工具要求高度精确地描述信道环境（建筑物、建筑元素、树木、广告围板等），以便准确地计算 CIR。他们可以准确地重现主要的传播机制，但需要高计算能力，因此排除了他们在无线网络仿真作为一个可使用的工具。因此，需要探索一种快速而有效的方式仿真信道传播。大中尺度效应（即路径损失和阴影）很容易通过确定性或统计模型来建模车辆环境（即城市、郊区和高速公路），当建模必须处理小尺度快衰落效应时，事情就变得更加复杂。

为了提供这些影响的统计和现实模型，需要从密集的测量活动中收集数据。当然，这很费时间，也很昂贵。这些活动是为了部署移动电话。如今，由此产生的模型是免费提供的。关于 VANET 仿真的信道模型，任务不是那么容易，因为遇到的情况是多种多样的。然而，大多数物理规范已经被一些研究工作所确定。剩下的主要问题是：在 ns 中考虑所有这些方面真的重要吗？

降低全射线发射传播仿真所需计算资源的一种方法是减少考虑的影响因素，只计算关键的传播元素。此外，关于传播信号的功率，最重要的需要考虑的特征之一是 LOS 或 NLOS 的情况。为了确定发射机和接收机之间的射线是否处于视线或非视线状态，我们使用了城市微蜂窝（UM）统计信道模型的简化版本。基于这两个要素，我们合并了简化的预计算射线发射模型和 UMLOS/NLOS 场景的测定信息，建立了一个半确定的传播模型。这种模型，被称为 UM – CRT，满足了高度的真实性和相当低的计算机功耗要求。这使得它适用于几十个节点的真实无线网络仿真，但不适用于一百多个节点的大型 VANET 仿真。

为了进一步缩短仿真时间⊖，我们探索了 ns – 3 仿真器的两个 802.11 模型。默认的 WiFi 机型叫作 YansWiFi[LAC06]。我们已经表明，它提供了相当好的现实水平和低计算时间，

⊖　对几平方千米范围内的 100 个节点进行几个小时的仿真。

但由于缺乏实际的物理层，因此在想要添加信道模型时会受到限制。此外，由 KIT[MIT 12] 提供的 physimWiFi 模型是针对 ns-3 的一个附加模块，它模拟了实际 802.11p 接收机的所有步骤，直到 OFDM 层。这个特性使得统计信道模型的集成变得容易。在 VANET 领域，最著名的是 Acosta-Marum 统计信道模型集[ACO 07]。IEEE 标准化阶段对 IEEE802.11p/wave 物理层进行了评估。在本章中，我们已经使用了其中的一个作为参考。观测到它需要很长的计算时间，主要是由于计算多普勒频谱的方法。为了减少处理时间，我们寻找一个替代的信道模型。我们发现的最佳候选方案是 ITU 的车辆 A 统计信道模型[JAI 07]。我们的评估表明，对于使用 16QAM 和 64QAM 数字调制的传输速率，在 PDR 和 BER 方面的结果与 Acosta-Marum 实现相似。关于仿真时间，相对于 Acosta-Marum 的 360min，车辆 A 的 6min 持续时间增益是显著的。对于较低的速率（即 BPSK 和 QPSK 调制），两种信道模型之间的差异为 20%（Acosta-Marum 信道的结果最差，即 PDR 为 20%）。最后，就无线网络而言（特别是 VANET），无线信道模型是必不可少的。与有线网络相反，特别是在高速 VANET 环境下测试新的路由算法时，用户最多只能期望 PDR 在 40% 左右。此外，特别是对于 VANET，通信链路的稳定时间可能短得多（约 10ms）。

6.7 附录 a：TheAbbasetal..ModelImplementation

本附录提供了 V2V 网络仿真器用于 YansWiFi 和 physimWiFi 模型的 Abbas[ABB 15] 路径损耗模型的源代码。在 ns-3 中集成此代码将在传播模型列表中添加一个新模型。列表中 A）为 YansWiFi 和 B）为 physimWiFi 机型。值得注意的是，阿巴斯 LOS 传播模型的参数已经从文本和表 2[ABB 15]中提取出来。

```
A)YansWifiChannelHelper wifiChannel;
wifiChannel.SetPropagationDelay("ns3::ConstantSpeedPropagationDelayMo
del");

// -- Setting a Abbas LOS propagation loss. Replaces Friis plus
// statistic shadowing in vehicular situation
wifiChannel.AddPropagationLoss ("ns3::TwoRandShadowingLineOfSight
PropagationLossModel",
 "Distance0", DoubleValue (10.0), // values based on reference paper
 "Distanceb", DoubleValue (104),
 "PathLoss0", DoubleValue (-63.9),
 "ExponentN1", DoubleValue (-1.81),
 "ExponentN2", DoubleValue (-2.85),
 "SigmaM1", DoubleValue (4.15),
 "SigmaM2", DoubleValue (4.15) );

// -- Setting Nakagami propagation loss for Rice
wifiChannel.AddPropagationLoss ("ns3::NakagamiPropagationLoss
Model",
 "Distance1", DoubleValue (0.0),
 "Distance2", DoubleValue (0.0),
 "m0", DoubleValue (0.0),
 "m1", DoubleValue (0.0),
 "m2", DoubleValue (5.76) );

B) PhySimWifiChannelHelper wifiChannel;
wifiChannel.SetPropagationDelay ("ns3::ConstantSpeedPropagation
DelayModel");
```

```cpp
// -- Setting dummy propagation loss - Mandatory in PhySim
wifiChannel.AddPropagationLoss ("ns3::PhySimPropagationLossModel");

// -- Setting Abbas loss propagation loss. Replaces Friis plus
// statistic shadowing in vehicular situation
wifiChannel.AddPropagationLoss ("ns3::PhySimTwoRandShadowingLine
OfSightPropagationLoss",
 "Distance0", DoubleValue (10.0), // values based on reference paper
 "Distanceb", DoubleValue (104.0),
 "PathLoss0", DoubleValue (-63.9),
 "Exponent1", DoubleValue (-1.81),
 "Exponent2", DoubleValue (-2.85),
 "Sigma1", DoubleValue (4.15),
 "Sigma2", DoubleValue (4.15) );

// Calculation of the norm Doppler
double nodeSpeed=10.0;
double lineOfSightDoppler = (nodeSpeed*5.9e9)/(0.3e9*10e6);

// -- Setting a Rice propagation loss
wifiChannel.AddPropagationLoss ("ns3::PhySimRicianPropagationLoss",
 "MinimumRelativeSpeed", DoubleValue (2.0),
 "LineOfSightPower", DoubleValue(7.0),
 "UseShortcut", BooleanValue (false),
 "LineOfSightDoppler", DoubleValue (lineOfSightDoppler) );

// -- Setting an vehicular channel propagation loss
wifiChannel.AddPropagationLoss("ns3::PhySimVehicularChannel
PropagationLoss",
 "ChannelProfile", EnumValue (V2V_URBAN_CANYON_ONCOMING),
 "MinimumRelativeSpeed", DoubleValue (2.0) );
```

This is the source code of the Abbas LOS propagation model for Yans C) and Physim D) WiFi models. It is important to note that Physim WiFi is currently available only for ns-3 version 3.15 and below.

```cpp
C) NS_OBJECT_ENSURE_REGISTERED (TwoRandShadowingLineOfSight
PropagationLossModel);
TypeId TwoRandShadowingLineOfSightPropagationLossModel::GetTypeId
(void)
{
 static TypeId tid=TypeId("ns3::TwoRandShadowingLineOfSight
 PropagationLossModel")
 .SetParent<PropagationLossModel> ()
 .AddConstructor<TwoRandShadowingLineOfSightPropagationLoss
   Model> ()
 .AddAttribute ("Distance0",
   "1st breakpoint distance d0.",
   DoubleValue (10.0),
   MakeDoubleAccessor (&TwoRandShadowingLineOfSightPropagation
   LossModel::m_distance0),
   MakeDoubleChecker<double> ())
 .AddAttribute ("Distanceb", "breakpoint distance",
   DoubleValue (104), // value based on reference paper
   MakeDoubleAccessor (&TwoRandShadowingLineOfSightPropagationLoss
   Model::m_distanceb),
   MakeDoubleChecker<double> ())
 .AddAttribute ("PathLoss0", "Free space path loss plus the
 accumulative antenna gain (PLf + Ga)",
   DoubleValue (-56.5),
   MakeDoubleAccessor(&TwoRandShadowingLineOfSightPropagation
   LossModel::m_pathLoss0),
   MakeDoubleChecker<double> ())
 .AddAttribute ("ExponentN1", "Path loss exponent until the
   breakpoint distance b",
   DoubleValue (-1.81),
   MakeDoubleAccessor(&TwoRandShadowingLineOfSightPropagation
```

```cpp
                    LossModel::m_exponentN1),
                    MakeDoubleChecker<double> ())
    .AddAttribute ("ExponentN2", "Path loss exponent after the
                    breakpoint distance b",
                    DoubleValue (-2.85),
                    MakeDoubleAccessor (&TwoRandShadowingLineOfSightPropagation
                    LossModel::m_exponentN2),
                    MakeDoubleChecker<double> ())
    .AddAttribute ("SigmaM1", "Standard deviation until the
                    breakpoint distance b",
                    DoubleValue (4.15),
                    MakeDoubleAccessor (&TwoRandShadowingLineOfSightPropagation
                    LossModel::m_sigmaM1),
                    MakeDoubleChecker<double> ())
    .AddAttribute ("SigmaM2", "Standard deviation after the
                    breakpoint distance b",
                    DoubleValue (4.15),
                    MakeDoubleAccessor (&TwoRandShadowingLineOfSightPropagation
                    LossModel::m_sigmaM2),
                    MakeDoubleChecker<double> ())
    .AddAttribute ("NormalRvM1", "Access to the underlying
                    NormalRandomVariable for M1",
                    StringValue ("ns3::NormalRandomVariable"), MakePointerAccessor
                    (&TwoRandShadowingLineOfSightPropagation
                    LossModel::m_normalRvM1),
                    MakePointerChecker<NormalRandomVariable> ())
    .AddAttribute ("NormalRvM2", "Access to the underlying
                    NormalRandomVariable for M2",
                    StringValue ("ns3::NormalRandomVariable"), MakePointerAccessor
                    (&TwoRandShadowingLineOfSightPropagation
                    LossModel::m_normalRvM2),
                    MakePointerChecker<NormalRandomVariable> ())
    ;
    return tid;
}

TwoRandShadowingLineOfSightPropagationLossModel::TwoRandShadowingLine
OfSightPropagationLossModel () {}

double TwoRandShadowingLineOfSightPropagationLossModel::DoCalcRx
Power (double txPowerDbm, Ptr<MobilityModel> a, Ptr<MobilityModel> b)
const
{
    double distance = a->GetDistanceFrom (b);
    double pathLoss ;

    if (distance < m_distance0) {
        // See paper p7 "there are only a few samples available for
        //d < 10 m, thus the validity range of the model is set to
        //d > 10 m and let d0 = 10 m"
        pathLoss = m_pathLoss0 + 10 * m_exponentN1 * log10
        (distance / m_distance0) + m_normalRvM1->GetValue (0,
        (m_sigmaM1 * m_sigmaM1));
    }
    else
        if (distance < m_distanceb) {
            pathLoss = m_pathLoss0 + 10 * m_exponentN1 * log10
            (distance / m_distance0) + m_normalRvM1->GetValue (0, (m_sigmaM1
* m_sigmaM1));
        }
        else {
            pathLoss = m_pathLoss0 + 10 * m_exponentN1 * log10
            (m_distanceb / m_distance0) + 10 * m_exponentN2 * log10
            (distance / m_distanceb) + m_normalRvM2->GetValue
            (0, (m_sigmaM2 * m_sigmaM2)) ;
        }
```

```
    NS_LOG_DEBUG ("TwoRandShadowingLineOfSightPropagation
    LossModel::DoCalcRxPower() pathLoss = " << pathLoss);

    return txPowerDbm + pathLoss;
}

int64_t
TwoRandShadowingLineOfSightPropagationLossModel::DoAssignStreams
(int64_t stream)
{
 m_normalRvM1->SetStream (stream);

 m_normalRvM2->SetStream (stream);
 return 2;
}

D) NS_OBJECT_ENSURE_REGISTERED (PhySimTwoRandShadowingLineOfSight
PropagationLoss);
TypeId PhySimTwoRandShadowingLineOfSightPropagation
Loss::GetTypeId (void)
{
 static TypeId tid = TypeId("ns3::PhySimTwoRandShadowing
 LineOfSightPropagationLoss")
 .SetParent<PhySimPropagationLossModel> ()
 .AddConstructor<PhySimTwoRandShadowingLineOfSight
 PropagationLoss> ()
 .AddAttribute ("Distance0", "1st breakpoint distance d0.",
   DoubleValue (10.0),
   MakeDoubleAccessor (&PhySimTwoRandShadowingLineOfSight
   PropagationLoss::m_distance0),
   MakeDoubleChecker<double> ())
 .AddAttribute ("Distanceb", "breakpoint distance",
   DoubleValue (104), // value given based on reference paper
   MakeDoubleAccessor (&PhySimTwoRandShadowingLineOfSight
   PropagationLoss::m_distanceb),
   MakeDoubleChecker<double> ())
 .AddAttribute ("PathLoss0", "Free space path loss plus the
   accumulative antenna gain (PLf + Ga)",
   DoubleValue (-72.3),
   MakeDoubleAccessor (&PhySimTwoRandShadowingLineOfSight
   PropagationLoss::m_pathLoss0),
   MakeDoubleChecker<double> ())
 .AddAttribute ("Exponent1", "Path loss exponent until the
   breakpoint distance b",
   DoubleValue (-1.81),
   MakeDoubleAccessor (&PhySimTwoRandShadowingLineOfSight
   PropagationLoss::m_exponentn1),
   MakeDoubleChecker<double> ())
 .AddAttribute ("Exponent2", "Path loss exponent after the
   breakpoint distance b",
   DoubleValue (-2.85),
   MakeDoubleAccessor (&PhySimTwoRandShadowingLineOfSight
   PropagationLoss::m_exponentn2),
   MakeDoubleChecker<double> ())
 .AddAttribute ("Sigma1", "Standard deviation until the
   breakpoint distance b",
   DoubleValue (6.67),
   MakeDoubleAccessor (&PhySimTwoRandShadowingLineOfSight
   PropagationLoss::SetSigma1, &PhySimTwoRandShadowingLineOfSight
   PropagationLoss::GetSigma1),
   MakeDoubleChecker<double> ())
 .AddAttribute ("Sigma2", "Standard deviation after the
   breakpoint distance b",
   DoubleValue (6.67),
   MakeDoubleAccessor (&PhySimTwoRandShadowingLineOfSight
```

```
    PropagationLoss::SetSigma2, &PhySimTwoRandShadowingLineOfSight
    PropagationLoss::GetSigma2),
    MakeDoubleChecker<double> ())
  ;
  return tid;
}

PhySimTwoRandShadowingLineOfSightPropagationLoss::PhySimTwoRand
ShadowingLineOfSightPropagationLoss () : PhySimPropagationLossModel
(), m_normalVariableSigma1 (0), m_normalVariableSigma2 (0) {}

PhySimTwoRandShadowingLineOfSightPropagationLoss::~PhySimTwoRandShado
wingLineOfSightPropagationLoss () {}

void PhySimTwoRandShadowingLineOfSight
PropagationLoss::DoCalcRxPower (Ptr<PhySimWifiPhyTag> tag,
Ptr<MobilityModel> a, Ptr<MobilityModel> b) const
{
  double distance = a->GetDistanceFrom (b);
  double pathLoss ;
  double randValue = 0 ;

  if (distance < m_distanceb) {
    randValue = m_normalVariableSigma1->GetValue () ;
    NS_LOG_DEBUG("randValue1 = " << randValue);
    ("PhySimTwoRandShadowingLineOfSightPropagationLoss::
    DoCalcRxPower m_normalVariableSigma1 = " << randValue);
    // See paper p7 "there are only a few samples available for
    //d < 10 m, thus the validity range of the model is set to
    //d > 10 m and let d0 = 10 m"
    pathLoss = m_pathLoss0 + 10 * m_exponentn1 * log10 (distance /
    m_distance0) + randValue ;

  }
  else {
    randValue = m_normalVariableSigma2->GetValue () ;
    NS_LOG_UNCOND("randValue2 = " << randValue);
    pathLoss = m_pathLoss0 + 10 * m_exponentn1 * log10 (m_distanceb
    / m_distance0) + 10 * m_exponentn2 * log10 (distance

    / m_distanceb) + randValue ;
  }
  itpp::cvec input = tag->GetRxedSamples ();
  itpp::cvec output = input * sqrt (pow (10, pathLoss / 10.0));
  tag->SetPathLoss (pathLoss);
  tag->SetRxSamples (output);
}
```

6.8 参考文献

[ABB 15] ABBAS T., SJÖBERG K., KAREDAL J. et al., "A measurement based shadow fading model for vehicle-to-vehicle network simulations", *International Journal of Antennas and Propagation*, vol. 2015, Article ID 190607, 2015.

[ACO 07] ACOSTA-MARUM G., INGGRAM M.A., "Six time- and frequency- selective empirical channel models for vehicular wireless LANs", *IEEE Vehicular Technology Magazine*, vol. 2, no. 4, pp. 4–11, December 2007.

[AKH 15] AKHTAR N., ERGEN S.C., OZKASAP O., "Vehicle mobility and communication channel models for realistic and efficient highway VANET simulation", *IEEE Transactions on Vehicular Technology*, vol. 64, no. 1, pp. 248–262, January 2015.

[AND 06] ANDEL T.R., YASINSAC A., "On the credibility of MANET simulations", *Computer*, vol. 39, no 7, pp. 48–54, 2006.

[BAU 05] BAUM D.S., SALO J., DEL GALDO G. *et al.*, "An interim channel model for beyond-3G systems", *Proceeding of IEEE VTC'05*, Stockholm, pp. 3132–3136, May 2005.

[BEN 12] BENIN J., NOWATKOWSKI M., OWEN H., "Vehicular network simulation propagation loss model parameter standardization in ns-3 and beyond", *Southeastcon, 2012 Proceedings of IEEE*, IEEE., pp. 1–5, March 2012.

[BOB 15] BOBAN M., VIRIYASITAVAT W., "Channel Models for Vehicular Communications", in CAMPOLO C., MOLINARO A., SCOPIGNO R. (eds), *Vehicular ad hoc Networks*, Springer, 2015.

[CAM 15] CAMPOLO C., *Vehicular Ad hoc Networks*, Chapter 12, Springer, 2015.

[ESC 01] ESCARIEU F., POUSSET Y., AVENEAU L. *et al.*, "Outdoor and indoor channel characterization by a 3D simulation software" *Proceedings of the 12th International Symposium on Personal, Indoor and Mobile Radio Communications (PIMRC'01)*, Boston, pp. B105–B111, October 2001.

[HAM 09] HAMIDOUCHE W., VAUZELLE R., OLIVIER C. *et al.*, "Impact of realistic MIMO physical layer on video transmission over mobile ad hoc network", *Proceedings of the IEEE 20th Personal, Indoor and Mobile Radio Communications Symposium (PIMRC '09)*, Tokyo, pp. 187–191, September 2009.

[IEE 13] IEEE 1609, "Family of standards for Wireless Access in Vehicular Environments (WAVE)", U.S. Department of Transportation, April 13, 2013.

[IT 13] *IT++* Library of Mathematical, Signal Processing and Communication Classes and Functions, http://itpp.sourceforge.net/4.3.1/, 2013.

[JAI 07] JAIN R., "Channel Models: a Tutorial", *WiMAX forum AATG*, pp. 1–6, February 2007.

[KAR 09] KAREDAL J. TUFVESSON F., CZINK N. *et al.*, "A geometry-based stochastic MIMO model for vehicle-to-vehicle communications", *IEEE Transactions. Wireless Communications*, vol. 8, no. 7, pp. 3646–3657, July 2009.

[LAC 06] LACAGE M., HENDERSON T.R., "Yet another network simulator", *Proceeding from the 2006 workshop on ns-2: the IP network simulator*, ACM, p. 12, 2006.

[LED 12] LEDY J., BOEGLEN H., POUSSARD A.-M. *et al.*, "A semi-deterministic channel model for VANETs simulations", *Hindawi International Journal of Vehicular Technology*, vol. 2012, Article ID 492105, 2012.

[MIT 12] MITTAG J., available at: https://dsn.tm.kit.edu/ns3-physim.php, 2012.

[NS 02] The ns-2 discrete event simulator targeted at networking research, available at: http://nsnam.sourceforge.net/wiki/index.php/Main_Page, 2002.

[NS 03] The ns-3 discrete-event network simulator for Internet systems, available at: https://www.nsnam.org, 2003.

[PAS 16] PASCHALIDIS P. NUCKELT J., MAHLER K. *et al.*, "Investigation of MPC correlation and angular characteristics in the vehicular urban intersection channel using channel sounding and ray tracing", *IEEE Transactions on Vehicular Technology*, vol. 65, no. 8, pp. 5874–5886, August 2016.

[SEN 08] SEN I., MATOLAK D., "Vehicle-to-vehicle channel models for the 5-GHz band", *IEEE Transactions on Intelligent Transportation Systems*, vol. 9, no. 2, pp. 235–245, June 2008.

[TRO 04] TROYA CHINCHILLA A., "Synchronization and Channel Estimation in OFDM: Algorithms for Efficient Implementation of WLAN Systems", PhD Thesis, Brandenburgischen Technischen Universität Cottbus, 2004.

第7章 车网联评估系统——面向交通与通信的真实协同仿真

7.1 引言

车网联技术使得车与车、车与路侧设施之间可以实现无线通信，自动驾驶车辆技术可以感知驾驶环境，从而实现在有限甚至没有人工干预的情况下对车辆的控制。这些技术共同提供了一个平台，用于创建各种应用程序，以解决现实世界中有关如何通过下一代智能交通系统（ITS）协助和改善交通移动性、安全性和环境友好性的问题。由于最初市场渗透率的有限性、新兴技术的不成熟以及不可知的人类行为反馈，我们认为现实仿真是测试、开发和评估这些新技术各个组成部分的一种功能强大且经济高效的方法。

传统的交通仿真着重于微观道路行为、车辆之间的简单交互以及与交通基础设施的交互。通信通常被认为是理想的或出于建模目的而被粗略地简化了。在许多情况下，通信效果是使用详细的车辆轨迹进行后处理的结果，并且不会影响交通仿真。这种方法的主要局限性在于，仿真车辆无法根据接收到的数据包或无线接收特性进行调整。这使得在精细的时间尺度上集成交通和通信仿真对于大型仿真成为一个挑战。此外，为了评估新技术的影响，特别是要严格满足实时性的要求，用于交通仿真的现实无线通信模型变得越来越必要。例如，在使用IEEE802.11p标准的频率范围（5850～5925MHz）内，专用短程通信（DSRC）的物理模型尚未得到广泛认可。此频谱由FCC分配，并且已经开发了包括IEEE802.11p（物理和MAC层），IEEE1609.1-4（上部协议）和SAEJ2735/2945.1（应用层，针对车辆应用）的标准以支持ITS[KEN 11]。要考虑的变量不计其数，包括通信频率、车辆运动、天线安装和类型、传输速度、交通密度、环境类型（从城市到高速公路）、天气等。目前存在几种能够对无线网络进行真实建模的高级无线网络仿真器，但是这些仿真器并非为仿真交通而设计。

尽管专家之间就5.8～5.9GHz DSRC信道的缺乏实际测量和研究以表征的问题达成共识，但最近的研究进展带来了简化包括上述大量参数模型的可能性。RDE（由美国DOT提供数据资源）已被创建为运输数据共享系统，用于存储来自多个车辆探测器的实时数据，以支持开发、测试和演示出行应用和相关车辆研究。在本章中，我们以SPMD数据为研究对象，该数据集可以提供美国密歇根州安阿伯市约3000辆车的运动学、地理空间和连接性信息。这样的数据能否简化交通仿真中无线通信的实际建模问题？

在本章中，我们描述了互联车辆评估系统（CONVAS），该系统将交通仿真器与通信仿真器灵活地集成在一起，为协同仿真交通系统的应用程序提供了理想的平台。它的通信模型可以在诸如城市、住宅区和高速公路等交通场景中应用并根据实际测量值（例如从密歇根州 SPMD 测试台）进行调整。我们主张描述现实世界中的无线信道，该描述包括现有数据和校准程序中的不确定性因素。平台可用于测试、验证和评估各种交通流以及通信条件下的车辆通信。

本章内容组成如下：7.2 节回顾了交通和无线通信的协同仿真的相关研究，现有的信道模型以及当前挑战。7.3 节概述了 CONVAS 协同仿真平台及其两个主要组件，包括交通仿真模块和通信仿真模块。7.4 节测试了现有的可选信道模型，包括我们提出的参数随机仿真模型方法 Lognormal - Nakagami。7.5 节讨论了所使用的实际数据以及针对不同场景调整上述信道模型参数的过程，并且与密歇根安全试点模型部署数据捕获协议达成一致。7.6 节介绍了互联车辆应用程序在 CONVAS 的实现，即智能两难区域规避应用程序，它通过使用信号相位和定时（SPaT）消息解决了两难困境的规避问题。7.7 节讨论了针对通信和应用程序组件在 CONVAS 应用的总体结果。最后，7.8 节总结了这项工作的主要成果和未来的研究思路。

7.2 相关研究

随着互联汽车技术的进步以及监管和标准化组织所定义的新标准的颁布，许多文献中也已经进行了有效的工作，使得该技术可以对应用程序进行测试。这些工作中的一个共同点是将道路交通仿真器和网络仿真器进行集成，在两个范围内提供真实模型。但是仿真器之间的互连的方式会极大地影响被评估的互连车辆（CV）应用程序的真实性。

互连两个仿真器的一种方法是执行道路交通仿真并将其结果（即移动性轨迹）导出到网络仿真器。这种方法的示例可以在文献 [BLU 04, KAI 11] 中找到。然而，在文献 [SOM 08b] 中已经表明，该建模方法没有考虑车辆间通信对驾驶行为的影响。例如，它无法显示车辆根据它在车辆网络中接收到的交通信息来改变其路径或车道以避免拥堵的过程。因此，这种方法不适合对互连车辆应用的性能进行深入评估。

可表示流量和网络精细交互的协同仿真器的例子有 Veins[SOM 11b]、TRANS[PIO 08]、NC-TUns[WAN 09]、iTETRIS[RON 13]、MOVES[BON 08] 和 MSIE[LOC 05]。特别是，Veins 支持使用两个社区（分别为 OMNeT + + 和 SUMO）建立良好的仿真器来进行耦合的网络和道路交通仿真。通过用通信模块扩展每个仿真器，从而使其能通过 TCP 连接交换命令和跟踪移动性，实现协同仿真。从通信仿真的角度来看，OMNeT + + 默认信道模型扩展了针对两线干扰[SOM 11c]和建筑物的信号衰减[SOM 11a]的传播模型，这些模型已在不同场景下的车辆实验中得到验证。

另一个值得考虑的协同仿真器是 iTETRIS。它的体系结构包括一个独特的模块，iCS 设施，它与三个定义明确的环境相连接：①iAPP 或应用程序；②作为网络仿真器的 ns - 3；③作为交通仿真器的 SUMO。iTETRIS 在 ns - 3 中实现了四种不同的接入技术：ETSIISTG5A、WiMAX、UMTS 和 DVB - H。此外，ns - 3 的默认传播模型已扩展了城市和公路场景，这些场景由公开文献 [CHE 07, WIN 07] 提供。

然而，尽管仿真器之间允许紧密链接，但是针对真实数据验证所提出的模型也仅针对小部分车辆和路边设备。即使使用了广泛接受的仿真工具（例如 ns - 3 或 OPNET），也需要校准和扩展现成的网络和传播模型，以使其适应关注的标准和特殊的车辆环境。除此之外，在 iTETRIS 和 MSIE 的情况下，特定应用程序的建模仅对最终用户明确可见，但在其中也使用了现成的网络仿真器版本。

相关的研究领域的重点是评估车辆与车辆以及车辆与基础设施之间通信和测量的移动性模型，以便确认 DSRC 信道的理论特征。许多关于车辆通信的信道模型的研究都集中在使用 Nakagami 模型上，该模型在理论上已经得到了很好的发展。尽管如此，目前尚无关于 V2V 的通用信道模型，研究人员通常采用满足各种约束条件的模型组合，例如短距离与长距离以及视距（LOS）与非视距（NLOS）。我们缺乏实际测量的数据，这与信道模型所包含的大量研究形成了对比。DSRC 的 5.9GHz 频带存在许多干扰因素，因此很难收敛于一个标准模型。其中一些干扰是雷达、固定卫星服务、同一频带的业余使用以及 5850MHz 以下和 5925MHz 以上相邻频带的使用所导致的。在同一频带上的工业、科学和医学操作是 5850 ~ 5875MHz 部分中的其他干扰源。目前正在评估这一部分频谱，以便与基于 IEEE802.11ac 标准[CHA 15]的 WiFi 设备共享。

表 7.1 总结了在车辆网络中应用的最相关的新模型和参数。为了求解模型和参数，在不同环境中的一些车辆以及路边设施单元上进行了现场试验。这些模型通过路径损耗指数 α 解释了整个距离上的信号衰减。有时表示为双斜率模型，即反映了不同的 α 值随距离变化的情况。大型衰落和小型衰落使用对数正态分布阴影模型的标准偏差 σ 和 Nakagami 模型中的伽马分布形状 m 表示。除此之外，PL_0 代表加到总数上的附加恒定损耗，它是在距发射机很近的距离 d_0 处测得的。

同时，其他作者为他们的传播模型试探性地定义或选择了参数。在文献［HAF 13］中，作者提出了一种分析性移动性模型。使用 Nakagami 传播模型，考虑发射机与接收机之间的距离以及速度和车辆密度的情况，分析了这种模型通过 DSRC 进行广播的性能。

表 7.1 通用传播模型的参数选择

环境	模型	d_0/m	PL_0/dB	α	σ	m	参考文献
城市	自由空间	—	—	2.2	—	—	[SOM 11c]
"自由空间"高速公路	自由空间	—	—	2	—	—	[EEN 09]
城市 LOS	自由空间	—	—	2.7 ~ 5	—	—	[EEN 09]
城市 NLOS	自由空间	—	—	3 ~ 5	—	—	[EEN 09]
"户外"高速公路	对数正态阴影	—	—	2	4 ~ 12	—	[EEN 09]
城市	距离对数	30	80	2.02 ~ 2.03	—	—	[ROI 14]
郊区	对数正态阴影	—	—	2.56	4.0	—	[KAR 07]
高速公路	对数正态阴影	10	63.3	1.77	3.1	—	[KAR 11]
城市	对数正态阴影	10	62	1.68	1.7	—	[KAR 11]
	对数正态阴影	10	64.6	1.59	2.1	—	[KAR 11]
郊区	Nakagami	—	—	2.1 ~ 3.8	—	0.16 ~ 5.8	[ISL 13]
	Nakagami	—	—	2.2 ~ 2.4	—	1	[BAG 12]

如上所述，文献中存在各种各样的传播模型和参数是由于广泛领域中真实场景试验的数据缺乏所导致的。在文献［DRE 14］中，作者列出了有关现实数据收集的三项相关工作：

①由受过专业指导的驾驶人在受控环境中进行的 simTD 德国项目[STU 10]；②正在进行的 CAMP（避免碰撞度量标准合作伙伴关系）项目[LUK 12]，其数据尚未公开；③SPMD（安全试验模型部署）[MIC 12]，其数据可从密歇根州进行的实验中轻松获得。SPMD 在该列表中脱颖而出，它似乎可以更准确地捕获现实世界中的驾驶人行为，因为实验是由在密歇根州安阿伯市和周围地区的普通驾驶人参与完成的。

尽管车辆环境下的传播模型已经有了大量的尝试，但是学术界尚未以相同的方式探索 ITS 应用。不过 iTETRIS 展示了两个应用程序，可以说明该平台的功能和潜力。这些应用包括可实现交通拥堵而无需固定基础设施传感器检测的协同交通拥堵检测（CoTEC），以及用于在检测到高交通密度时允许私家车使用公交专用道的协同公交车道管理。

7.3 CONVAS 协同仿真平台

CONVAS 是一个平台，可使用交通仿真和通信仿真来测试和评估互联车辆、自动控制和自动驾驶技术，该平台强调使用市售工具、现有通信协议和标准。CONVAS 平台框架由两种类型的仿真器组成：交通仿真（例如 Vissim 微观交通仿真系统）和通信仿真（例如 ns-3 或 OPNET 模型）。CONVAS 的关键点是两个仿真器的紧密集成，如此一来交通仿真器中未来的事件会受到通信仿真器中先前事件的影响，反之亦然。协同仿真的分辨率由可配置参数 Δt 决定，Δt 表示每个仿真器分别运行的时间段（例如 100ms）。

Vissim 交通仿真创建并增添由车辆和基础设施元素组成的给定交通场景，定义仿真环境中所有车辆的控制逻辑和驾驶人行为参数，交换交通控制的事件和状态，并确保在仿真世界中的车辆运动能够复现现实世界中车辆的地面运动。Vissim 是一个基于时间的仿真系统，它以恒定的仿真步长 Δt 进行更新。

通信仿真由离散事件网络仿真器驱动，该仿真器为大型有线和无线网络提供高保真数据包传输建模和详细的分析功能。它应该使 CV 应用程序开发人员能够评估实际通信问题（例如接收功率、信噪比、路径损耗、信道利用率、数据包错误和数据包延迟等）对车网联和基于基础设施的应用所造成的影响。对于 V2X 应用，我们对使用最新的无线协议（例如基于 WiFi 的 DSRC，LTE 和 WiMAX）的网络建模感兴趣。我们考虑了两种选择：Riverbed-Communications 的 OPNETModeler 和 ns-3。对于 OPNET，该无线模型已由大量相关研究机构广泛测试。另外，开源替代品 ns-3 包括了详细的 DSRC 模型，该模型可以实现 802.11p 和 WAVE1609 协议。

仿真的细节包括需要仿真的应用、通信参数（例如传播模型或传输功率）、交通密度、驾驶人的资料以及其他交通参数等，都在应用测试环境（ATE）中配置。目前，CONVAS 具有支持 Vissim 进行交通仿真的接口以及支持 OPNETModeler 和 ns-3 进行网络仿真的接口，实施细节如下：

仿真的初始化定义了可以在整个仿真过程中传输信息的所有静态和移动节点。每个节点都是唯一可识别的，并且在交通和通信仿真器中是已知的。对于每个节点，都指定了诸如节点类型（静态或移动）、初始位置、天线特性（功率、方向、方向图等）等信息。交通仿真器传递给通信仿真器如下信息：①在最近的 Δt 周期内传输新信息的节点集，对于每个这样的节点，发送包的数量、类型以及有效载荷的大小（即传输的信息数量）；②每个移动节点的当前位置和在持续时间 Δt 上的航向。假定每个移动节点的轨迹是线性的,并且在两点之间的速度相同。通信仿真器传输给交通仿真器的信息如下:相对于当前间隔、接收到的数据包的类型以及接收到的数据包的时间。

它们的集成遵循客户端-服务器模型,其中交通仿真环境(TSE 即 Vissim)是服务器,而通信仿真环境(CSE 即 ns-3 或 OPNET)充当客户端,更多的细节在[SON 17]中有介绍。具体地说,我们将 TCP 套接字直接实现到 VissimAPI 和每个网络仿真器中。仿真开始时,服务器将处于监听模式,等待来自 CSE 的套接字连接。建立连接后,每个仿真时间步长都会通过套接字进行数据交换。

7.4 实际 DSRC 信道模型

车载通信中的无线介质具有独特性:发射机和接收机都是可移动的,它们的相对运动会产生多普勒频移现象,即存在大型金属物体在不断移动(其他汽车),天线放置在较低的高度,并且信道在统计上是不平稳的,甚至是随机的。由于车载通信对环境的强烈依赖以及车辆环境状况的动态性,我们有必要对几种感兴趣的场景进行区分,例如城市、住宅和公路。

具体来说,我们对在交叉路口或道路上的以下 3 个典型场景中的通信仿真感兴趣:①城市场景,该场景拥有街道(包含两到四个车道)、十字路口或人行道,它们的一侧或多侧都由大型建筑物包围;②住宅/郊区场景,该场景包含住宅两车道街道和住宅区中的交叉路口,其特征是尺寸较小,可能为蜿蜒形状,沿着街道分布有树木与房屋;③高速公路场景,该场景为较宽的主干道,每个方向有 2 条或 3 条车道,两侧是大片开放空间或森林。

在车载无线通信的仿真中,选用的传播模型起着重要作用,因为在确定是否接收到数据包时,接收功率至关重要。为了更真实地对无线介质进行仿真,我们对无线电波传播过程中的大规模效应和小规模效应进行了区分。大规模效应包括反射、衍射和散射。当电磁波遇到与空气具有不同折射率的介质时,就会发生反射。在模型中,反射通常被转换为路径损耗指数。衍射是惠更斯原理所解释的现象,该原理指出波前的每个点都充当后续波前的波源,使得波能在边缘或孔周围传播。这种效应可以用刀锋衍射模型来建模,该模型可以用于在仿真波在山丘和大型建筑物上传播。当波遇到与波长相当的物体(几十厘米量级)时,就会发生散射,这种现象将导致波在所有方向上的传播。因此散射后接收到的信号比仅仅通过反射或衍射后接收到的信号更强。上述的场景①和③,拥有很强的大规模效应,我们在建模时需要考虑这一点。

小规模效应包括衰减。在接收端,存在原始信号的多个版本叠加。它们可能会反射和衍射,并随时间和相位差而到达。这些多路径波之间相互干扰,会导致信号质量的大波动,而时间或接收机位置的变化很小。这种相对运动会导致频率调制,因为每个多路径都会有不同的多普勒频移(由于接收机和发射机之间的相对速度,信号的感知频率发生变化)。V2V 频道往往比传统的移动电台频道显示出更高的多普勒扩展。在上述的场景②的建模上,我们需要考虑小规模效应。

OPNET 模型机配备了几种传播模型:Freespace 模型、Longley-Rice 模型、forest 模型、CCIR 模型、HATA 模型以及 Walfisch-Ikegami 模型[RIV 16]。ns-3 类似地提供了以下信道模型:fris、双射线地面传播、对数-距离模型、Nakagami 模型、Range 模型等。大多数模型都局限于特定的频率和距离范围，或者根本不适合车辆环境。

7.4.1小节将介绍我们如何在现有渠道模型的基础上，根据真实数据创建和调整我们的信道模型。首先描述所使用的信道模型，它是Lognormal – Nakagami模型的组合，接着展示如何使用真实数据来调整生成的Lognormal – Nakagami信道模型的参数。

7.4.1 CONVAS 传播模型

我们已经创建并调整了特定的信道模型以扩展可用的标准选项并且结合了运输环境的特性。建立了考虑建筑物引起的信号衰减或光线追踪的确定性模型，可以非常精确地估计路径损耗和其他信号的衰减效应。然而，它的实现将带来巨大的开销并且增加仿真的时长。路径损耗算法需要在每个包的基础上对每一对Tx和Rx天线执行。在光线追踪时，由于通信的广播性质，需要对从光源向每个接收机发射的所有光线进行建模。因此，潜在接收机的规模将随着车辆数的二次方和路径数的乘积倍率增大。另一方面，随机模型提供的结果虽不够精确但足够可靠，以便换取快速执行和简单实现。在车辆通信仿真中，最为广泛接受的随机模型是Nakagami模型。Rician分布模型是在有散射体的情况下用一个更强的视距传播来仿真衰落，而瑞利分布则用来仿真非视距传播的密集散射体。Nakagami分布是更一般的模型，可以表示Rician、Rayleigh或比Rayleigh更严重的衰减，这取决于模型的参数，因此能够描述广泛的衰减情况。

我们基于Lognormal – Nakagami传播模型扩展了用于车载通信的ns – 3谐波分量，该模型考虑了无线信号的真实的阴影效应和多径衰落效应，这些效应是车辆通信环境中信号衰减的主要影响成分见文献［EEN 09］。新的传播模型是两个已经存在的模型的组合：Lognormalshadowing和Nakagami模型。它分两步计算接收功率。首先见文献［MEC 11］，我们考虑了阴影效应，其中距离发射机x处的接收功率用对数距离规则计算：

$$P_r^{LogNorm}(x) = P_t - \left[PL(d_0) + 10\alpha \lg\left(\frac{x}{d_0}\right) + X_\sigma\right]$$

其中，α是路径损耗因子；$PL(d_0)$是传输距离（$x = d_0$）测量的路径损耗；σ是表示高斯噪声正常的零均值随机变量x的标准差。功率灵敏度的单位是dBm，路径损耗灵敏度的单位是dB。其次，我们使用基于Nakagami分布建模的多径衰落效应，以获得最终接收的信号功率。

$$P_r(x,m) = Gamma\left[m, \frac{P_r^{LogNorm}(x)}{m}\right]$$

其中，m控制伽马分布的形状参数。功率的单位是W。基于这两个方程中的参数，我们可以仿真不同类型的场景，例如城市、郊区和公路的参数。这些场景的参数已经根据真实世界的数据分别进行了调整（见7.4.2小节）。

总的来说，该模型的参数集Θ如下：①PL_0为在距发射机近距离处测得的路径损耗；②d_0为接近PL_0的发射机的参考距离；③路径损耗指数α随环境的变化而显著变化；④正常和零均值随机变量X的标准偏差σ表示阴影波动；⑤Nakagami模型中伽马形状参数m表示小尺度衰落效应的强度。

因此，我们的Lognormal – Nakagami模型的参数设置为

$$\Theta^{Lognormal-Nakagami} = \{PL_0, d_0, \alpha, \sigma, m\}$$

7.4.2 基于真实数据的模型参数调整

参数 Θ 的特定组合会显著影响最终信号接收的特性,从而影响 CV 应用程序性能指标。相关文献提供了许多针对不同环境的参数设置的示例,但使用的设置并不总是与实际数据匹配。此外,这些参数的选择以及模型的规格都有很大的差异。7.2 节介绍了其他文献中使用的模型、方案和参数设置。我们的方法是优化模型参数,以便为所概述的场景拟合实际测量值(见 7.5 节)。通过改变参数集,我们能够使用一个优等的模型来仿真所有情况。

现在,我们将研究重点转向基于实际测量值调整 Lognormal – Nakagami 模型参数的准则。联网车辆应用中最重要的问题是确保消息成功传递。应用的成功执行可确保传递足够的信息,以关闭车辆控制回路(人为或不在回路中)且影响车辆的行驶方式。用于得到 DSRC 无线信道可靠性的典型措施包括平均数据包延迟(APD)、连续数据包丢弃(CPD)和数据包传输率(PDR)[BAI 06]。PDR 在这里很重要,它表示为 $p_r(x)$,被定义为在距离发送方 x 处的接收方在广播后成功接收到数据包的概率。我们将使用根据实际数据估算的 PDR 曲线,以了解感兴趣的场景下发射机和接收机之间距离为 x 的结果。我们的优化标准将Lognormal – Nakagami 模型 M 所得到的 PDR $p_r^M(x, \Theta^M)$ 与根据距离函数测得的 PDR $p_r^{Real}(x)$ 之间的绝对差的积分最小化:

$$f(\Theta) = \int_0^R |p_r^M(x, \Theta^M) - p_r^{Real}(x)| \mathrm{d}x$$

$$\Theta^* = argmin_\Theta f(\Theta)$$

其中,R 为传播的范围。

我们使用仿真退火算法(SA,一种用于迭代改进的简单随机技术)对参数集 Θ 进行全局优化[KIR 83]。SA 通过对可接受设置的搜索空间进行采样,从而反复遍历一个可提高次优参数设置的马尔可夫链。

7.5 信道模型调整

7.5.1 密歇根 SPMD 数据集

CONVAS 信道模型是根据密歇根州安全试验模型部署(SPMD)[MIC 12]期间收集的数据进行调整的,该研究计划采用日常驾驶过程中驾驶人在现实世界中使用的 CV 安全技术、应用和系统。SPMD 数据收集于测试站点,这些站点周围拥有多种真实的交通模式,它们位于密歇根州安阿伯市,且从西南角的麦地那到东北角的奥本跨越 4000mile^2(1mile^2 = 2.59 × 10^{6}m^2),大约有 3000 辆装有 V2V 通信设备的汽车。

在现场测试中,以 10Hz 的频率发送基本安全消息(BSM)。大约有 75% 的车辆仅具有传输功能,其余车辆可以 10Hz 的速率传输、接收和记录信息。具有记录功能的车辆记录了两个不同的数据库。简而言之,它们拥有以下信息供我们分析使用(未考虑其他细节):①DAS1 – DataRV 记录了每个接收到的 BSM 的条目:车辆 ID、行程 ID、接收时间、发射机的位置坐标;②DAS1 – DataWSU 以 10Hz 的频率记录车辆 ID、行程 ID、接收时间和发射机的位置坐标。

我们分别选择了对应于三种不同场景的数据：城市、高速公路和住宅/郊区。通过将车辆的位置坐标映射到可识别的地理区域来完成选择，这些地理区域的特征与感兴趣的场景相匹配（图 7.1）。

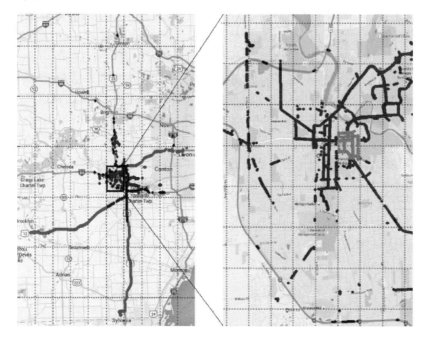

图 7.1　位于密歇根州安阿伯市的 SPMD 数据收集区域（左），并放大到市区（右）。其中高速公路、住宅/郊区和城市区域的数据分别用红色、蓝色和绿色标记
（彩图见 www.iste.co.uk/hilt/transportation.zip）

7.5.2　PDR 估计

我们的主要目标是获得每种情况在 Tx–Rx 距离上的数据包传输率（PDR）曲线。两个数据库中记录的数据使我们能够计算所有成功接收的距离。对于每个距离，我们还记录接收时间、接收机和发送机 ID、行程 ID 及接收机的位置坐标。

对于接收失败的距离实例，只能进行估计。为此，我们分别考虑了任意两辆车之间的各种交互作用。交互作用由作为接收方的两个车辆 ID 和行程 ID 所定义，其中在交互过程中未接收到的数据包的最大连续间隙不能超过 60s。这段时间等于沿着 200m 街区以低速 10～15mile/h 的城市平均速度行驶的时间，或是在一个城市红绿灯处停车的时间，或是以更高的平均速度（30～40mile/h）行驶在较长的住宅路段（500m）所花费的时间，或者一个郊区红绿灯路口停车的时间。对于每一次交互，我们确定接收到的第一个和最后一个数据包，并根据未接收到数据包时的时间间隔来评估丢失的数据包。预计每 100ms 接收一次数据包。每当时间间隔超过此值时，我们就会基于接收间隔内（100ms 内）从上一个接收到的数据包到下一个接收到的数据包的距离，通过插值法来估计丢失数据包的距离。例如，图 7.2 展示了在城市地区的 536 个交互案例中的 8 个交互示例。注意，在许多情况下，例如当两辆车在相对方向行驶时，这两种车辆会在更远的距离开始进行交互，然后会聚并进一步离开。

根据上述过程应用的实际结果，我们获得了每个感兴趣区域接收数据包的分布和丢失数

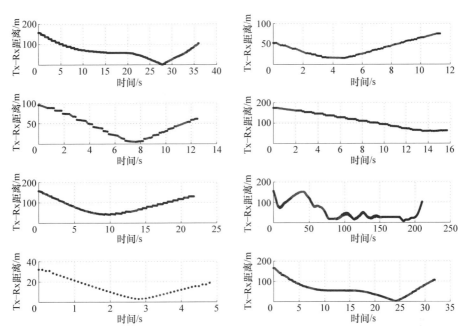

图 7.2 在 SPMD 数据集的市区中发现的 Tx – Rx 交互示例，其中收到的数据包为蓝色，估计的丢失数据包为红色。此例中允许对丢失的包的交互距离进行估计（彩图见 www.iste.co.uk/hilt/transportation.zip）

据包数量的下限。我们仅考虑 0~500m 范围内的距离，因为 DSRC 的一般传输范围是 $R = 250~300m$[QIN 04, SHO 09]。考虑到这一点和前面给出的两辆车之间无线通信交互的定义以及信道模型，对于城市场景将考虑 250m 的长度范围，对于住宅场景将考虑 500m 的长度范围内。图 7.3 展示了城市场景下的 536 次交互以及和住宅/郊区场景下的 1123 次交互的分布，分别收到 128162 和 237395 个数据包。选定的高速公路区域仅包含几次交互，因此没有提供足够的统计数据为高速公路场景做进一步分析。

可以注意到，随着距离的增加，丢失的数据包数量反而减少。按常理，这个数字应该增加。但根据我们的计算假设，对于任何一次交互，在第一个接收到的数据包之前不存在数据包，而接收到数据包之后也不存在丢失，因此较大距离丢失的数据包的数量很可能被严重低估。这种情况通常发生在长距离而不是短距离之下。$p_r^{Real}(x)$ 估计的置信度对短距离而言很高，在这种情况下存在超过 30 万个数据包。当距离接近传输范围时，置信度逐渐减小，接收到的数据包的数量少于相应数量的 0.5%。这些实际统计数据还表明，对于 SPMD 中的数据，$p_r^{Real}(x)$ 的估计仅对于短距离才是准确的。

最后，我们获得 PDR 作为距离函数，由下式给出：

$$p_r^{Real}(x) = \frac{N_r(x)}{N_r(x) + \hat{N}_l(x)}$$

式中，$N_r(x)$ 和 $\hat{N}_l(x)$ 分别表示接收到的数据包数量和丢失数据包数量的估计值，与发送方的距离为 x；$p_r^{Real}(x)$ 表示一个积极的数据包接收速率，在短距离范围时这个速率接近真实值。

图 7.4 代表了城市和住宅/郊区场景中的 PDR，这些场景在 SPMD 中有足够的记录数据。

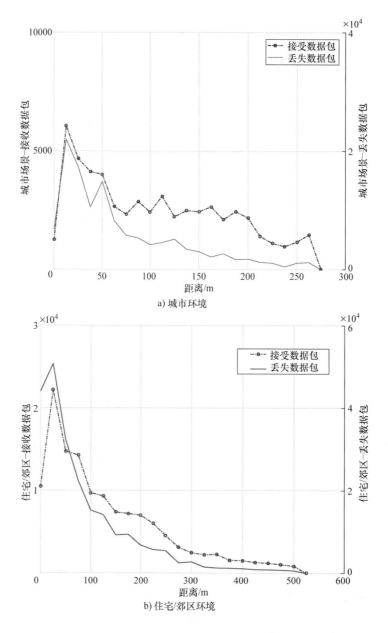

图 7.3 在 SPMD 数据中，接收数据包和丢失数据包随距离的分布
(彩图见 www.iste.co.uk/hilt/transportation.zip)

7.5.3 模型调整

我们根据安全试验台数据定义的特定真实场景对实际数据进行了匹配[MIC 12]。每个场景的参数将根据其他文献的研究进行初始化，并通过仿真退火算法进行进一步优化。值得注意的是，我们使用了 10m 的固定值作为参考距离 d_0，且假设 SPMD 传输功率阈值为 23dBm，接收功率阈值为 −88dBm。图 7.4 显示了上述参数全局优化后获得的最佳解。

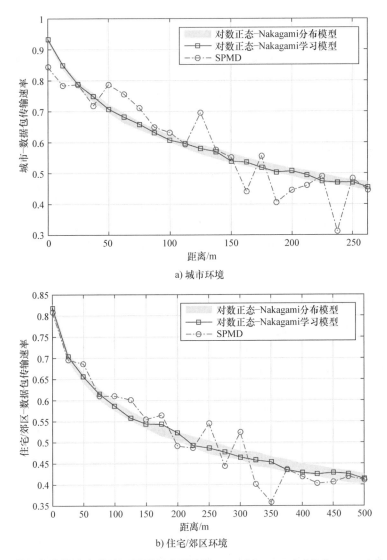

图 7.4 数据包传输速率估计（PDR）（彩图见 www.iste.co.uk/hilt/transportation.zip）

表 7.2 中针对感兴趣的场景给出的参数 Θ 的相应值已在 ns-3 中采用 Lognormal-Nakagami 传播模型，以便进一步应用于城市，住宅/郊区和高速公路等各场景的应用协同仿真实验。将其与表 7.1 中所列的文献常用参数比较，我们可以观察到 PL_0 和 σ 的值要高得多，这说明 SPMD 数据集的传播条件相较之前研究更恶劣。同时，伽玛分布的形状参数 $m>1$，可以推断出两种情况下的都存在 Rician 衰落，这意味着视距的设置占据主导位置。总之，在住宅/郊区场景中，发射机和接收机之间的信号传播是一种视距和非视距的混合传播。

表 7.2 根据 SPMD 数据对 Lognormal-Nakagami 模型所作出的参数调整，分别对城市、住宅/郊区和高速公路场景进行了匹配

环境	d_0/m	PL_0/dB	α	σ	m
城市	10	89.96	1.50	15.26	2.06
住宅/郊区	10	94.97	1.08	16.05	2.14
高速公路	10	63.3	1.77	3.1	—

图 7.4 还为每种城市和住宅/郊区场景提供了经过 SPMD 数据学习后的 Lognormal - Nakagami 模型，以及一个根据概率质量函数集合提供的随机模型，每个距离区间都对应一个该模型，叫作分布模型。后者是通过蒙特卡罗仿真得到，使用的是经过学习优化后的 Lognormal - Nakagami 模型参数。分布模型可以根据新的实际测量值进行更新，并插入到通信仿真中，可以更好地捕捉用于训练的真实数据的不确定性因素。

7.6 车网联应用

无线通信的质量将影响到大规模联网和自动驾驶车辆（CV/AV）应用的性能。这可以在 CONVAS 中进行研究，且不需要进行耗费大量工作量和成本的实际部署。使用 CONVAS 建模的应用实例包括前向碰撞预警、协同自适应巡航控制以及智能信号交叉口控制。在本章中，我们用一个名为智能两难区规避（IDZA）[SON 17] 的应用程序来描述和展示结果，以验证 CONVAS 平台可用于测试应用程序。

7.6.1 智能两难区规避

此应用程序的目标是向驾驶人自动提供警告，甚至实现自动控制车辆，以解决在交通灯从绿色变为黄色时，是冒着被追尾的风险进行制动，还是冒着碰撞或交通罚单的风险加速驶过路口的决策问题。在信号路口这段必须作出决定的区域称为两难区（DZ）。当然，两难区的范围取决于行驶速度以及交叉口的几何结构。

从技术上讲，IDZA 旨在通过使用当前车辆状态以及交叉口的信号相位时间（SPaT）消息，为连接网联自动驾驶车辆提供纵向控制，以避免陷入两难区。该应用程序在位于车载单元（OBU）内，根据收到 SPaT 的消息结合它自身瞬时速度判断它是否位于 DZ 中，如果是将会接合车辆的油门。

7.6.2 在 CONVAS 中实现智能两难区规避

IDZA 的建模和实现的详细信息在文献[SON 17]中提供。利用 IDZA 应用程序在 Vissim 环境中进行建模，它依赖于路侧设备单元，该单元位于信号交叉口一角并能够广播 SPaT 消息。无线通信模型针对网络中所有配备 OBU 的车辆在每个时间步长仿真消息延迟和接收。在收到消息后，车辆将确定是否在 DZ 中，并根据需要动态调整加速或减速，以防止自己进入 DZ 中，而前车则继续以当前速度行驶。该应用程序可以在 100ms 内控制车速。该模型考虑了检测到潜在 DZ 时从手动驾驶切换到自动驾驶的延迟。

该应用程序为激活 IDZA（手动或自动）需要满足以下条件：①车速必须高于最小速度阈值；②车辆必须正在靠近且不能超过最短停止时间的阈值；③车辆必须接近相位的绿色指示，该指示用于避开 DZ。停用条件（自动手动）为：①所需的加速度超出了适用范围；②车辆无法接受 SPaT 消息。

此外，在自动到手动的过渡期间，车辆控制采用了前一时间步长的加速度。如果车辆一直处于加速模式，则控制以零加速返回到巡航模式。如果车辆一直处于减速模式，则控制在过渡期间继续以相同的加速度减速。如果在规定的时间内开始自动纵向控制，则取消自动到手动的过渡。若满足所有条件，且加速和减速选项均可行，则算法根据当前对黄灯开始时停止门限值进行估计,选择距离 DZ 更近的边缘。

7.6.3 智能两难区规避的评价指标

当预测车辆位于 DZ 中时,IDZA 利用车辆运动学来得出到达 DZ 的第一个或第二个边缘所需的加速度,从而计算出消除 DZ 所需的加速度,并将其作为黄灯开始前剩余相位时间(根据其 SPaT 消息)、车辆速度以及到停止杆的距离(来自雷达传感器)的函数。随着黄灯的开始,车辆接着可以选择加速 2.5s,或者减速 5.5s。

可能的性能指标包括:①陷入困境的车辆比率;②停车时间的分布;③从第一次接收开始的平均接收损耗。这些指标在 7.7 节中将会被持续关注。

7.7 实验结果

7.7.1 CONVAS 设置

协同仿真实验的目的是演示 CONVAS 的使用,并评估无线通信对应用程序性能的影响。CONVAS 初始化可设置 CSE(例如 OPNET 或 ns-3),TSE(例如 Vissim)和应用程序参数。表 7.3 列出了用于无线仿真(OPNET 或 ns-3)的设置参数。

表 7.3 无线仿真参数

参数	例子	单位	描述
数据包生成窗口	10	ms	在生成新的应用层数据包之前均匀分配最大等待时间 [0,窗口]
Rx/Tx 附加时延	15	ms	处理过程中加入 Rx/Tx 应用层数据包的时延
数据速率	12e6	Mb/s	MAC 层数据速率
Tx 功率	0.199	W	PHY 传输功率
Rx 功率阈值	-88	dBm	PHY 功率灵敏度
最小频率	5855	MHz	信道最小频率
带宽	10	MHz	信道带宽
调制	OFDM	—	调制方案
数据包长度	40	B	BSM 第一部分标准长度

以下参数定义 IDZA 应用程序设置:

1)从 DZ 自动化过渡到手动驾驶的延迟为 1s(满足停用条件时)。
2)最低速度阈值为 35mile/h。
3)到达停车线的最短时间为 10s。
4)两难区时间阈值为 2.5 或 5.5s。

因此,只有在满足以下条件时,应用程序才从驱动程序进行控制:

1)车辆正接近为避开 DZ 而指定的绿色阶段。
2)车辆已收到 SPaT 消息。
3)车速大于 35mile/h。
4)到达停车线的时间少于 10s。

5）计算出的加速度在可承受值±2m/s²之内。

6）计算出的加速度相较速度依赖的加速度更小。车辆的加速性能也会随车速而降低。我们采用了线性递减的加速度曲线，使用从文献[LON 00]中报告的方程式来计算最大允许的速度以来的加速度。

7）前一个通信间隙对应的目前车头时距至少有2s。

我们在Vissim中建立了一个独立的信号交叉口测试平台，并进行了八相位固定信号配时。所有车辆靠近速度均被设置为55mile/h。IDZA设置为在所有阶段均处于活动状态。图7.5显示了交叉路口的几何形状和布局。

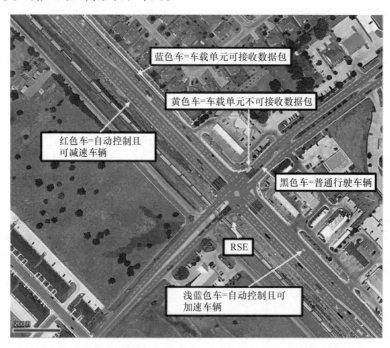

图7.5　IDZA的信号交叉路口。黑色车辆未配备DSRC。黄色车辆不具有接收功能，需要手动驾驶。红色车辆具有接收功能且自动减速。蓝色车辆有接收功能，但为手动驾驶的。浅蓝色车辆具有接受功能且自动加速（彩图见www.iste.co.uk/hilt/transportation.zip）

7.7.2　协同仿真结果

我们针对以下场景进行了实验：交叉路口每小时有2500辆车；主要街道上的交通量占总流量的75%；装有DSRC的车辆的比例可设置为25%或75%；不同的通信条件可设置为理想情况以及几种不同传输范围、功率、精度的通信情况；IDZA控制可设置为有或无。在协同仿真运行期间，我们记录了网络统计的数据和从配备OBU的车辆的行驶轨迹，这个轨迹从达到激活控制标准的那一刻开始直到黄灯出现。如此便可以在仪表板可视化通信和应用程序的统计信息。接下来我们将会介绍示例结果。

图7.6为城市场景和住宅/郊区场景的接收功率分布图。由图7.6可知住宅/郊区的接收功率比城市场景要紧凑得多。这是我们Lognormal–Nakagami模型中每个参数的综合作用的结果，较高的σ值会产生更多的扩展接收功率。

车网联评估系统——面向交通与通信的真实协同仿真   第 7 章

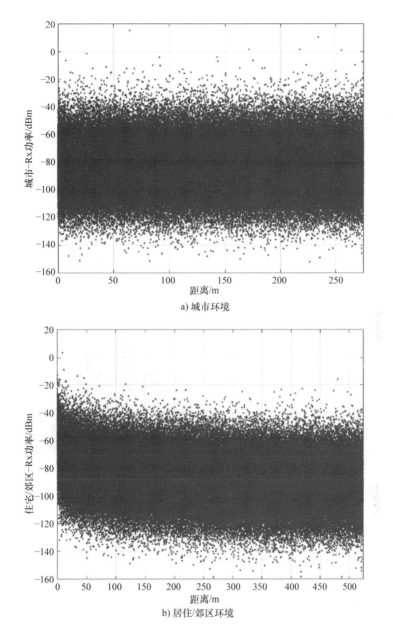

图 7.6　Lognormal – Nakagami 模型的接收功率和接收器灵敏度（红色）
（彩图见 www. iste. co. uk/hilt/transportation. zip）

图 7.7 显示了在一段时间内一个仿真实例中存在的车辆数量以及网络中随时间推移接收到的数据包数量，需要注意的是图 7.7a 和 b 之间存在明显的相关性。

在应用层，从黄灯开始时到车辆停止的实际时间表示了车辆是否被困在 DZ 中。进行的过程中还会记录一些数据属性，包括车速、靠近阶段、阶段指示、实际加速度、计划加速度、前间距以及 SPaT 的接收状态。为了评估 IDZA 控制的总体性能，使用了 CONVAS 的日志数据，它由车辆出现在危险区域的困境率给出。我们在各种条件下进行了实验，这些条件

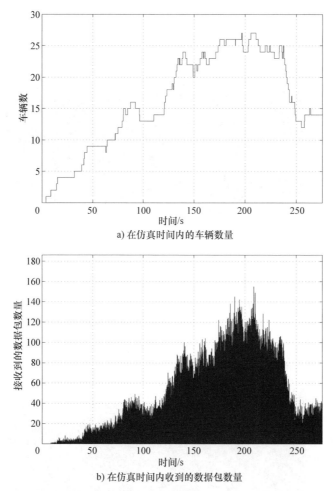

图 7.7 IDZA 协同仿真（彩图见 www.iste.co.uk/hilt/transportation.zip）

包括了 DSRC 的不同渗透率（例如 25%~30% 或 70%~75%），交通量（例如每小时 5000 辆车进入十字路口），通信模型（稍后介绍）以及环境（城市、住宅等）。实验结果在各个模型之间是一致的，并且显示了应用程序性能对无线通信接收速率具有关键的依赖性。图 7.8 展示的是数十次实验汇总的多个小时的合计结果。

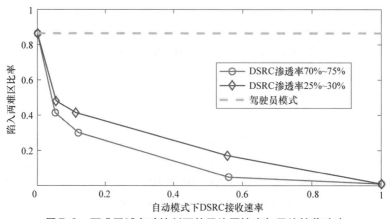

图 7.8 两难区域自动控制下的平均困境率与平均接收速率

图7.9 和图7.10 分别展示了车辆靠近停车线时成功消除两难区以及不成功消除两难区的统计数据。每个图包含三个曲线图，展示了车辆到达停车线的时间、速度和加速度与 x 轴上黄灯距离时间的变化。当黄灯距离时间为零时，交通灯从绿色变为黄色，若之前的时间为负值将直接导致信号灯变化。不同曲线代表使用不同通信模型和自动控制策略时的结果，有如下几种：①关闭其 DZ 控制算法的模式；②ns-3 中三种不同的 lognormal-Nakagami 模型场景，包括郊区、城市、高速公路。信道模型根据实际测量进行调整。如果距离黄灯时间为零时到达停车线的时间超出 $[2.5, 5.5]$ s 间隔，认为车辆将成功避免 DZ。

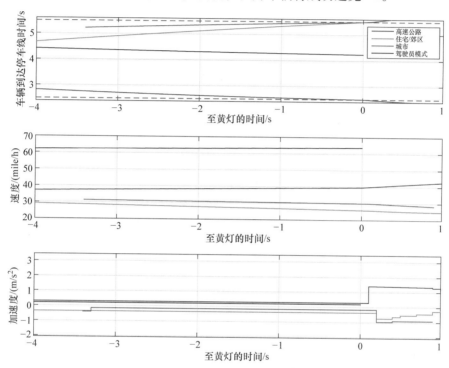

图7.9 在各种通信模式下成功地自动避免 DZ 的例子
（彩图见 www.iste.co.uk/hilt/transportation.zip）

如图7.9（中图）所示，在驾驶人模型中，车辆保持其 65mile/h 的速度，最终锁定在 DZ 中，而在其他情况下，基于 DSRC 和雷达输入的自动化控制最终将会使车辆更快或更慢（加速度作为时间函数显示在底部曲线图中），以避免 DZ。特别的是，运行在住宅/郊区的车辆在信号灯从绿色变为黄色时会发生故障，并至少有 5.5s 的预计时间到达停车线。在图7.10 中，车辆控制装置在所有情况下都无法消除车辆的两难区，因为控制激活的 DZ 预测时间和靠近过程中的间歇性数据接收丢失，无法给算法提供控制车辆所需的时间。不同通信条件下车辆轨迹的变化，强调了无线通信对自动控制结果影响的重要性。

表7.4 总结了在进行全面统计分析时为每个仿真场景收集的一些关键性能指标。请注意，Vissim 中默认的用于控制车辆驾驶人的模型是 Wiedermann 模型。而我们的 IDZA 自主驾驶模型依赖于无线通信，可以接收来自路侧设施的 Spat 消息。Nakagami 模型是无线通信模型的简化版本，在固定的 gamma 形状参数 $m=3$ 时，接收概率仅取决于两个关键参数——距离和传输范围。Nakagami 中的 500 和 1000 代表传输范围分别为 500in 或 1000in 的普通 Nak-

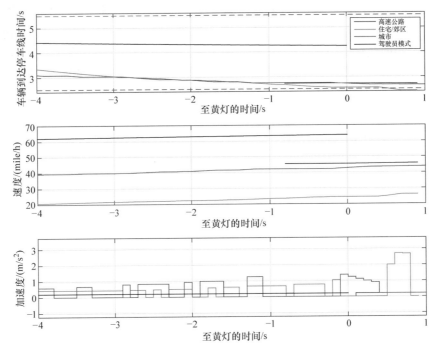

图 7.10 DZ 避免失败的示例（彩图见 www.iste.co.uk/hilt/transportation.zip）

agami 信道模型[KIL 09]。我们对 ns-3 模型进行了更为复杂和真实的补充，考虑到了信号阴影以及衰落等影响因素。此外，我们的模型实现了完整的 WAVE 协议栈，并提供了关于数据包接收时间的实际信息，这对于应用的安全实现具有重要意义。相比之下，Nakagami 模型不仿真 WAVE 协议栈，不指示接收时间，只确认数据包的接收。

表 7.4 IDZA 仿真场景和性能总结

配备 DSRC 车的比例	控制	模型	IDZA 接收比例（%）	陷入两难区比例（%）
25%~30%	驾驶员模式	—	—	88.2
25%~30%	IDZA	Nakagami 1000ft	86.3	23.5
25%~30%	IDZA	Nakagami 500ft	37.2	33.3
25%~30%	IDZA	住宅区 ns-3	41.0	11.0
25%~30%	IDZA	市区 ns-3	48.2	5.6
70%~75%	驾驶员模式	—	—	85.6
70%~75%	IDZA	Nakagami 1000ft	85.6	42.5
70%~75%	IDZA	Nakagami 500ft	42.5	42.5
70%~75%	IDZA	住宅区 ns-3	30.1	12.2
70%~75%	IDZA	市区 ns-3	41.4	5.3

7.8 结论

ITS 的核心是通过无线通信连接车辆，除此之外，智能手机、背包和自行车等非车载设备也可以结合通信技术与车辆交换数据。这些技术的应用正在现实世界中蓬勃发展，它们可以提高行人和车辆的安全性，还可以辅助现代交通管理系统或结合自动驾驶来改善交通流。大规模的仿真对于理解交通的安全性和机动性应用中的关键因素具有巨大的价值。

在本项工作中，我们基于接收的数据包速率对 V2V 和 I2V 通信仿真进行指导，这是评估 CV 应用程序成功与否的关键因素。我们的目标是利用最大的可用数据集展示真实环境中的信息接收情况，数据来自密歇根州测试平台。我们使用基于现实的宏观测量进行传播设置以评估应用程序，即使用的是实际接收数据包而不是信号功率、干扰或其他低等级的测量。实验的结果为当前车辆信道模型的解释（从理论和实践的角度而言）提供了令人惊讶的观点。例如，城市地区短距离的接收率事实上为 50%～60%，该信息导致了我们传播模型参数的调整与先前研究中看到的设置有很大不同。同样，我们的模型并未在丢包中明确包含拥堵成分，而是隐含地考虑了城市场景中高密度车辆的影响。我们的结果并不像在现实世界中的其他测试那样乐观。例如，在文献[AHM 14]中，NHTSA CAMP 的合作伙伴证明了车辆大部分时间在行驶距离上的有效平均 PER 低于 10%。这个数据转化为 PDR 将接近 90%，远高于我们从 SPMD 数据获得的 PDR。尽管 CAMP 研究人员使用了与 BSM 相同的 10Hz 传输方案，但实验仅仅在八辆车中进行，而且它们始终保持着相同的编队队形，并且提出的 PER 是所有测试场景中得到的结果的累加值，这些测试场景包括山区、城市、高速公路和主要/本地道路。

通信特性和质量将对网联自动驾驶汽车的应用程序性能产生重大影响，尤其是在实现我们的 CV 应用程序中所示的安全功能时。例如，数据包的接收将会影响上下文信息的及时性，即正在运行的应用程序可以获得存在的其他车辆、交通灯等数据。因此，如本章所述，使用包含随机性的模型对通信进行仿真在网联自动驾驶汽车技术的精确建模至关重要。其他研究已经有了多个用于 VANET 的协同仿真器，但是随着仿真的进行，并非所有的系统仿真器都进行了有效的信息、命令交换。CONVAS 是一种深层互连的协同仿真器，可提供更好的仿真平台，以协助研究人员对 CV 应用程序进行测试。首先将最新的通信仿真工具与基于实际测量结果进行参数校正后的传播模型集成在一起，然后通过具有可以指定特定车辆行为的交通仿真工具对各种应用进行建模、从而实现高度仿真。

目前学界已经对物理层的干扰、衰减和堵塞有了更深入的理解。然而，由于大量实际测量的缺乏，以及现有测量使用了各种不同的软硬件配置，导致无法得到结论。由于各种基于现实研究结果具有较大差异，用来说明现实世界中获得的数据和测量结果是有必要进行严格验证的。这项研究可以扩展到考虑驱动或自适应信号控制领域，在这种情况下，两难区的避免与交通安全性密切相关。未来工作的另一个方向是在 CONVAS 中验证大量的 CV 应用程序，而随着更多的可用实际测量数据，可以对信道模型进行学习和更新。当具有较大穿透能力的带宽利用率增加时，需要对无线介质的拥塞进行建模。毫无疑问，我们可以使用跨层信道，但是我们目前没有针对这种高利用率因素的测量数据。最后，在大规模交通场景下优化 CONVAS 仿真性能也是一项具有意义的工作。

7.9　致谢

这项工作由美国联邦公路管理局（FHWA）的探索性高级研究计划（EARP）资助——

批准号 DTFH6114C00003。感谢 Juan Aparicio 在传播模型方面的早期工作和在该领域的讨论，感谢 Apoorba Bibek 的联合仿真测试。

7.10 参考文献

[AHM 14] AHMED-ZAID F., KRISHNAN H., VLADIMEROU V. et al., Vehicle-to-vehicle safety system and vehicle build for safety pilot (V2V-SP), Final Report Volume 2 of 2, Performance Testing – DRAFT, Crash Avoidance Metrics Partnership, NHTSA, 2014.

[BAG 12] BAGUENA M., CALAFATE C.T., CANO J. et al., "Towards realistic vehicular network simulation models", *Wireless Days (WD)*, pp. 1–3, 2012.

[BAI 06] BAI F., KRISHNAN H., "Reliability analysis of DSRC wireless communication for vehicle safety applications", *IEEE Intelligent Transportation Systems Conference*, pp. 355–362, 2006.

[BLU 04] BLUM J., ESKANDARIAN A., HOFFMAN L., "Challenges of intervehicle ad hoc networks", *IEEE Transactions on Intelligent Transportation Systems*, vol. 5, no. 4, pp. 347–351, 2004.

[BON 02] BONNESON J., MIDDLETON D., ZIMMERMAN K. et al., Intelligent detection-control system for rural signalized intersections, Technical Report FHWA/TX-03/4022-2, Texas Transportation Institute, August 2002.

[BON 08] BONONI L., DI FELICE M., D'ANGELO G. et al., "MoVES: a framework for parallel and distributed simulation of wireless vehicular ad hoc networks", *Computer Networks*, vol. 52, no. 1, pp. 155–179, 2008.

[CHA 15] CHACHICH A., FESSMANN V., ARNOLD J. et al., "DSRC-Unlicensed Device Test plan, USDOT Intelligent Transportation Systems – Joint Program Office", available at: http://www.its.dot.gov/connected_vehicle/pdf/DSRC_TestPlanv3.5.3.pdf, 2015.

[CHE 07] CHENG L., HENTY B.E., STANCIL D.D. et al., "Mobile vehicle-to-vehicle narrow-band channel measurement and characterization of the 5.9 GHz dedicated short range communication (DSRC) frequency band", *IEEE Journal on Selected Areas in Communications*, vol. 25, no. 8, pp. 1501–1516, 2007.

[DRE 14] DRESSLER F., HARTENSTEIN H., ALTINTAS O. et al., "Inter-vehicle communication: Quo vadis", *IEEE Communications Magazine*, vol. 52, no. 6, pp. 170–177, 2014.

[EEN 09] EENENNAAM E.M.V., A Survey of Propagation Models Used in Vehicular Ad Hoc Network (VANET) Research, Faculty of EEMCS, University of Twente, 2009.

[HAF 13] HAFEEZ K.A., ZHAO L., MA B. et al., "Performance analysis and enhancement of the DSRC for VANET's safety applications", *IEEE Transactions on Vehicular Technology*, vol. 62, no. 7, pp. 3069–3083, 2013.

[HWU 88] HWUANG C.R., "Simulated annealing: theory and applications", *Acta Applicandae Mathematicae*, vol. 12, no. 1, pp. 108–111, 1988.

[ISL 13] ISLAM T., HU Y., ONUR E. et al., "Realistic simulation of IEEE 802.11 p channel in mobile vehicle to vehicle communication", *Microwave Techniques (COMITE) Conference*, pp. 156–161, 2013.

[KAI 11] KAISSER F., GRANSART C., KASSAB M. et al., A Framework to Simulate VANET Scenarios with SUMO, University Lille Nord de France, 2011.

[KAR 07] KARNADI F.K., MO Z.H., LAN K.C., "Rapid generation of realistic mobility models for VANET", *Wireless Communications and Networking Conference*, pp. 2506–2511, 2007.

[KAR 11] KAREDAL J., CZINK N., PAIER A. *et al.*, "Path loss modeling for vehicle-to-vehicle communications", *Vehicular Technology, IEEE Transactions*, pp. 323–328, 2011.

[KEN 11] KENNEY J.B., "Dedicated Short-Range Communications (DSRC) standards in the United States", *Proceedings of the IEEE*, vol. 99, no. 7, pp. 1162–1182, 2011.

[KIL 09] KILLAT M., HARTENSTEIN H., "An empirical model for probability of packet reception in vehicular ad hoc networks", *EURASIP Journal on Wireless Communications and Networking*, vol. 2009, no. 1, p. 721301, 2009.

[KIR 83] KIRKPATRICK S., GELATT C.D., VECCHI M.P., "Optimization by simulated annealing", *Science*, vol. 220, no. 4598, pp. 671–680, 1983.

[LEE 15] LEE J., PARK B.B., "Investigating communications performance for automated vehicle-based intersection control under connected vehicle environment", *IEEE Intelligent Vehicles Symposium (IV)*, Seoul, 2015.

[LOC 05] LOCHERT C., BARTHELS A., CERVANTES A. *et al.*, "Multiple simulator interlinking environment for IVC", *2nd ACM International Workshop on Vehicular Ad Hoc Networks (VANET 2005)*, Cologne, pp. 87–88, 2005.

[LON 00] LONG G., "Acceleration characteristics of starting vehicles", *Transportation Research Record*, vol. 1737, pp. 58–70, 2000.

[LUK 12] LUKUC M., *V2V Interoperability Project*, US DOT ITS Connected Vehicle Workshop, Chicago, September 2012.

[MEC 11] MECKLENBRAUKER C.F., MOLISCH A.F., KAREDAL J. *et al.*, "Vehicular channel characterization and its implications for wireless system design and performance", *Proceedings of the IEEE*, vol. 99, pp. 1189–1212, 2011.

[MIC 12] MICHIGAN SAFETY PILOT MODEL DEPLOYMENT, available at: https://www.its-rde.net/data/showds?dataEnvironmentNumber=10018, 2012.

[NS 15] NS-3 MODEL LIBRARY, Release ns-3.24 (September 2015), available at: https://www.nsnam.org/docs/models/ns-3-model-library.pdf, 2015.

[NS 16] NS-3 NETWORK SIMULATOR, available at: https://www.nsnam.org/, accessed on 25 February 2016.

[PIO 08] PIORKOWSKI M., RAYA M., LUGO A. *et al.*, "TraNS: realistic joint traffic and network simulator for VANETs", *ACM SIGMOBILE Mobile Computing and Communications Review*, vol. 12, no. 1, pp. 31–33, 2008.

[QIN 04] QING X., MAK T., KO J. *et al.*, "Vehicle-to-vehicle safety messaging in DSRC", *Proceedings of the 1st ACM International Workshop on Vehicular Ad Hoc Networks*, pp. 19–28, 2004.

[RIV 16] RIVERBED (OPNET) MODELER, available at: http://www.riverbed.com/products/steelcentral/steelcentral-riverbed-modeler.html, 2016.

[ROI 14] ROIVAINEN A., JAYASINGHE P., MEINILA J. *et al.*, "Vehicle-to-vehicle radio channel characterization in urban environment at 2.3 GHz and 5.25 GHz", *IEEE 25th Annual International Symposium on Personal, Indoor, and Mobile Radio Communication (PIMRC)*, pp. 63–67, 2014.

[RON 13] RONDINONE M., MANEROS J., KRAJZEWICZ D. *et al.*, "iTETRIS: a modular simulation platform for the large scale evaluation of cooperative ITS applications", *Simulation Modelling Practice and Theory*, vol. 34, 2013.

[SHO 09] SHOREY R., WEIMERSKIRCH A., JIANG D. et al., "Characterization of DSRC performance as a function of transmit power", *Proceedings of the Sixth International Workshop on Vehicular Ad Hoc Networks (VANET)*, Beijing, ACM, pp. 63–68, 2009.

[SOM 08a] SOMMER C., YAO Z., GERMAN R. et al., "Simulating the influence of IVC on road traffic using bidirectionally coupled simulators", *IEEE INFOCOM Workshops 2008*, Phoenix, pp. 1–6, 2008.

[SOM 08b] SOMMER C., YAO Z., GERMAN R. et al., "On the need for bidirectional coupling of road traffic microsimulation and network simulation", *Proceedings of 9th ACM International Symposium on Mobile Ad Hoc Networking and Computing (Mobihoc 2008): 1st ACM International Workshop on Mobility Models for Networking Research*, pp. 41–48, 2008.

[SOM 11a] SOMMER C., DRESSLER F., "Using the right two-ray model? A measurement based evaluation of PHY models in VANETs", *Proceedings of ACM MobiCom*, pp. 1–3, 2011.

[SOM 11b] SOMMER C., GERMAN R., DRESSLER F., "Bidirectionally coupled network and road traffic simulation for improved IVC analysis", *IEEE Transactions on Mobile Computing*, vol. 10, no. 1, pp. 3–15, 2011.

[SOM 11c] SOMMER C., ECKHOFF D., GERMAN R. et al., "A computationally inexpensive empirical model of IEEE 802.11 p radio shadowing in urban environments", *Wireless On-Demand Network Systems and Services (WONS), Eighth International Conference*, pp. 84–90, 2011.

[SON 17] SONGCHITRUKSA P., SUNKARI S., UGALDE I. et al., "Interlinking Vissim and ns-3 for Connected-Vehicle Simulation: Case Study of Intelligent Dilemma Zone Avoidance" *Journal of the Transportation Research Board*, 2017.

[STU 10] STUBING H., BECHLER M., HEUSSNER D. et al., "simTD: A Car-to-X system architecture for field operational tests", *IEEE Communications Magazine*, vol. 48, no. 5, pp. 148–154, 2010.

[WAN 09] WANG S.Y., CHOU C.L., "NCTUns tool for wireless vehicular communication network researches", *Simulation Modelling Practice and Theory*, vol. 17, no. 7, pp. 1211–1226, 2009.

[WIN 07] WINNER consortium, D1.1.2, WINNER II channel models, WINNER European Research project Public Deliverable, 2007.

第 8 章

ITS 仿真中的高速道路交通建模

8.1 引言

未来的智能交通系统（ITS）将会非常依赖于新的数据传输技术，这些技术会使得车辆成为通信枢纽，在这些实现 ITS 的技术中，实现 V2V 的技术是最重要的。他们希望将车辆互联互通，形成一个完全分布式的自组织网络，为当前的移动通信体系结构提供重要的补充，该体系基于一种可以集中所有数据交换的无线电接入设备。实际上，即将到来的 5G 网络将会把传统的蜂窝网络和 V2V 通信技术整合为一个统一的框架，这将使得用户可以同时享受这两种技术的优势。具体来说，V2V 通信有望支持需要快速、无状态、多播传输的服务，例如避免碰撞、协同意识或本地数据分发。

经过多年的研究和发展，V2V 通信的部署已经近在眼前：IEEE 802.11 – 20121，IEEE 16092，OSI CALM – M53、ETSI ITS – G54 等标准已经完成，美国原计划到 2017 年所有新生产的车辆上都配有无线接口[MAS 14]。广泛的现场测试也在进行中：具有代表性的是德国 simTD 计划和美国密歇根州的安娜堡安全驾驶测试。

但是，受大规模实验的成本和复杂性影响，计算机仿真仍然是评估基于 V2V 通信的网络手段的首选方法。因此，可靠的仿真对于车载环境的网络协议和算法的评估至关重要。在此背景下，关于道路交通合理建模的重要性已经被反复证明[FIO 08, BAI 09, UPP 14]。此外，除了要求可靠性，仿真同样要求可重复性：这就使得道路交通数据集的公开可用性变得和真实性一样重要[JOE 12]。

在本章中，我们重点介绍在基于 V2V 通信技术的公路车辆网络仿真中的道路交通表达。在 8.2 节中，我们回顾了用于网络仿真的公路道路交通建模的各种开放存取方法。在 8.3 节中，我们回顾了一种原始的基于测量微调的运动模型。在 8.4 节中，我们根据实际案例（即西班牙马德里市郊的高速公路路段）研究在即时车辆网络连通性方面引入的各种方法进行了比较。结果表明，基于测量微调的模型会在移动性表示中产生一定程度的细节，这对于在常规网络设置下进行可靠的仿真是必不可少的。在 8.5 节中，我们将利用这种模型来推导高速公路车辆网络连接的基本特性，这些基本特性在不同的道路交通场景中均能保持。在 8.6 节中，我们讨论了我们研究的意义来总结本章。

8.2 道路交通模型

由于道路交通建模对车辆网络仿真具有公认的显著影响，人们在提高网络仿真中使用的道路交通轨迹的真实性方面做出了巨大努力。

第一种方法是记录车辆的真实运动，通常是通过 GPS 记录车辆的位置。然后，可以在仿真中重现这些运动轨迹，以重现实际的道路交通。但是，这类数据集仅限于特定的车辆，例如出租车[HUA 07]或公共汽车[DOE 10]；从 V2V 通信技术的规模和渗透性来看，这显然限制了它们可以支持的网络研究范围。此外，目前尚没有我们在本章中考虑的特定于高速公路环境的真实世界的车辆机动性数据集。

车辆合成轨迹的生成是道路交通建模的基于事实的标准方法。在这里，我们要特别注意城市道路交通：在此情况下，轨迹生成过程依赖于微观道路交通仿真模型，例如 SUMO[KRA 12]或 VanetMobiSimas。模型的输入有：①真实道路的拓扑结构，这些拓扑结构应当描述了所考虑场景中所有街道的布局和特征（例如方向、车道数、限速、信号系统）；②从问卷调查[UPP 14, RAN 03]或路边检测器[COD 15]得来的 OD 矩阵，此矩阵描述了城市环境中车辆的宏观流动规律。使用上述方法便可得到一系列数据集，例如 Zurich[RAN 03]、Cologne[UPP 14]或 Luxembourg[COD 15]。

但是，城市交通不能与高速公路交通相提并论。城市交通的特点是车辆以低速或中速行驶，并且经常穿越由交通灯控制的交叉路口或环形交叉路口。而高速公路交通具有高速和频繁超车的特点。在高速公路交通的背景下，车辆合成运动模型需要具备下面三个基本组成部分：

1）高速公路场景。这是对于要仿真的高速路段的描述，包含路段跨度、车道数、每条车道的限速以及是否存在进出口匝道。

2）交通输入。交通输入是所考虑高速路段开始时的车流到达特征，它表达了每条车道上车辆的到达间隔及其初始速度。

3）运动模型。运动模型是仿真路段上车辆行驶行为的数学表达。该模型通常是微观的，也就是说该模型根据周围环境来决定每辆车的加速和减速。

关于以上三部分如何实现的研究文献，互相之间的观点大相径庭。有些建议采用汇总的数据来描述车流，而有些则使用了详细、精确到车的交通计数数据。有些采用了驾驶行为的随机模型，而有些采用了复杂的微观模型。许多研究都忽略了进出口匝道的存在，而另外一些将匝道纳入考虑。接下来，我们提出了一组有限的原型模型来契合文献中的大多数模型。具体来说，我们将重点放在交通输入和运动模型上，因为它们没有特定环境的限制，并且可以在不同的高速公路场景中使用。稍后，我们将在 8.4.1 小节中详细介绍我们考虑的特定高速场景。

8.2.1 交通输入

所有的交通输入都不外乎两种有效方法。一种是真实的交通输入，这要求车辆根据一些真实的交通计数仿真高速公路段。此类交通计数应提供有关每辆车辆实际过境的信息，并包括诸如车道、精确（例如 ms 级）时间戳、速度以及可能的车辆长度或类型之类的数据。收集这样的高精度数据具有一定的挑战性：通常，实际生活中的数据是通过感应线圈、红外计数器或摄像头得来的,这些设备是用来统计宏观交通数据的,因为收集此类信息的交通部门通常是对道路上行驶的车辆数量、平均速度或重型车比例等信息感兴趣,利用这些信息来检测交通情况的主要变化。而收集微观的数据则意味着更改设备的设置,以便他们记录每一辆经过车辆的信息。

另一种是合成交通输入,它使用概率分布来建模到达车辆的时间间隔或空间间隔。我们可以使用这种分布,在高速路段的仿真中生成输入的车流。文献中采用了许多不同的分布,包括从确定性模型[AKH 15,FEL 14]、指数模型[KHA 08]和对数正态到达模型[WIS 07],到混合分布的生成模型[GRA 14]。

也有一些介于两种方法之间的方法。具体来说就是,合成的交通输入可以根据真实的交通数据进行训练。我们可以用真实的交通数据来推测车辆到达间隔服从的实际分布模型,然后用理论分布模型来拟合实际分布模型。由于实际的到达间隔不可能是恒定的(考虑例如高峰时段或通宵交通情况),这样一个过程是在持续时间 w [BAI 09,MON 12] 的不连续时间窗口中重复进行的。显然,时间窗口 w 越短,输入就越精确,但建模所需的理论分布模型就越多。

根据以上分类,我们考虑了五种输入。在下文中,real 表示真实交通数据输入,车辆将根据自身的实际车道、时间戳和速度进入仿真。通过 synthetic-w,我们定义了四种不同的合成输入。在这里,w 是一个时间窗口,间隔分别为 5min、10min、15min、30min,在一个时间窗口中,交通数据将会被汇总统计。synthetic-w 的时间间隔服从如下指数分布:

$$f_w(t) = \lambda_w e^{-\lambda_w t}$$

其中 $\lambda_w = N_w/w$ 是单位时间中的平均车辆数。在合成输入中,起始车道被随机选择,车辆以一定速度驶入车道,该速度服从如下均匀分布:

$$f_w(s) = u(S_w^{\min}, S_w^{\max})$$

具体来说,$S_w^{\min} = 0.9\,\bar{S}_w$,$S_w^{\max} = 1.1\,\bar{S}_w$,$\bar{S}_w$ 是窗口 w 中车流的平均速度。为了与文献[BAI 09]中的常规做法保持一致,我们从测量数据中训练了 synthetic-w 模型的 λ_w 和 S_w 参数。

8.2.2 移动模型

高速路车辆仿真文献中采用的移动模型多种多样。它们的范围从简单的恒定速度表示[YOU 08,BAI 09]到复杂的专用实现[AKH 15,FEL 14]。我们测试了以下代表性方法:

非结构化方法只是为进入仿真高速公路路段的每辆车分配速度,并允许每辆车在整个路段以恒定速度行驶。速度通常从均匀概率分布[YOU 08]中产生,并且可以使用实际测量值[BAI 09]进行校准。第二种更接近现实的选择,也是我们在研究中采用的选择。在任何情况下,该模型都明显忽略了车辆之间的所有相互作用,并可能导致它们在运动过程中重叠。但是,它是一种计算成本低廉的方法,已在车辆网络研究中广泛采用。

SUMO 方法利用 SUMO 工具(即事实上的标准开源软件)来仿真车辆移动性[KRA 12]。SUMO 实现了微观的汽车跟驰和换道模型。前者是克劳斯(Krauss)的模型[KRA 97],该模型根据与前车的距离、当前速度、安全距离或加减速来调节每辆车的加速度。后者是 Krajzewicz 的模型[KRA 09],该模型可让车辆作出超车和换道决策,同时考虑附近不同车道上的车辆的位置和速度。这些模型提供了一些更复杂且更真实的方法来表示每辆车在交通流中的运动。重要的一点是,几乎所有依赖 SUMO 进行仿真的工作都采用了 Krauss 和 Krajzewicz 的模型进行标准参数化。

8.3 基于测量微调的模型

除了在 8.2.2 小节中概述的运动模型外，我们还考虑了原始的基于测量数据的微调运动模型。该模型首先在文献［GRA 16］中提出，分别利用 IDM[TRE 00] 和 MOBIL[TRE 02] 微观表示了汽车的跟驰和换道行为。尽管 IDM 和 MOBIL 在车辆网络文献中被广泛采用，但它们始终一成不变地使用其默认设置。不同于传统模型，我们在此处介绍的移动模型可以对 IDM 和 MOBIL 参数进行精确的调整，以更好地仿真高速公路上的实际驾驶行为。

表 8.1 IDM 和 MOBIL 参数设置

模型	参数	意义	参数值
IDM	a	最大加速度	1m/s^2
IDM	b	最大的绝对减速度	2.5m/s^2
IDM	$v_i^{\max}$	最大期望速度	$\sim f_V(v)$
IDM	Δx^{safe}	最小间距	1m
IDM	Δt_i^{safe}	最小安全间隔时间	$\sim f_T(\Delta t)$
MOBIL	p	礼让因子	0.5
MOBIL	a_L	偏加速度（左）	0m/s^2
MOBIL	a_R	偏加速度（右）	0.2m/s^2
MOBIL	k	滞后因子阈值	0.3

表 8.1 总结了模型采用的校准。具体来说，原始模型[TRE 00,TRE 02]中采用的默认值对于加速度 a、减速度 b、礼让因子 p 和前保险杠到后保险杠最小距离 Δx^{safe} 都有较好表现。其他参数必须调整，以避免合成道路交通[GRA 16]中的不稳定，如下所述。

最大期望速度。可以同时将车辆引入仿真中，并以实际交通计数数据集定义的速度进行仿真。但是，我们还需要配置它们的最大期望速度 $v_i^{\max}$，即，如果在高速公路上没有其他车辆，车辆 i 会保持的速度。

我们知道，在自由流动条件下从实际交通量测得的速度可以替代期望速度。实际上，自由流动表明完全没有道路交通拥堵：处于自由流动状态的车辆几乎没有相互作用，并且以近似于最大期望速度的速度行驶。因此，可以提取目标公路情景中每个车道的自由流速分布：图 8.1a~c 中显示了在 8.4.1 小节中介绍的公路情景下的概率密度函数（PDF）。不同的车道具有不同的 PDF，因为在不同车道上行驶的驾驶人往往具有不同的最大期望速度。有趣的是，同一条高速公路的不同车道上的分布不同，因为速度更快的驾驶人倾向于留在最左边的车道上。此外，所有的 PDF 都具有高斯形状，其拟合的理论分布由图 8.1 中的实线表示。

上面提到的 PDF 允许我们将最大期望速度建模为高斯分布的随机变量，其平均值 $\mu_{h,l}$ 和标准偏差 $\sigma_{h,l}$ 取决于所考虑的高速公路 h 和车道 l。实际上，这还不够：由于在同一车道上行驶的驾驶人并不完全相同，因此我们按每辆车的基础调整最终的 $v_i^{\max}$ 分布：

$$f_V(v) = \begin{cases} 0 & v < v_i^0 \\ \dfrac{\sqrt{2}exp(-(v-\mu_{h,l})^2/2\sigma_{h,l}^2)}{\sigma_{h,l}\sqrt{\pi}\{1+erf[(v_i^0-\mu_{h,l})/\sqrt{2}\sigma_{h,l}]\}} & v \geq v_i^0 \end{cases} \quad (8.1)$$

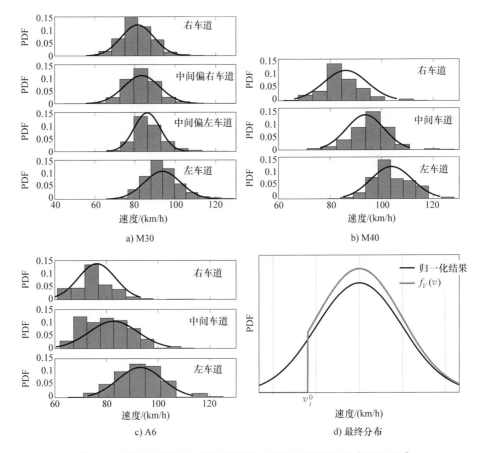

图 8.1 最大期望速度 $v_i^{\max}$ 的计算,图片来源于文献 [GRA 16]

(彩图见 www.iste.co.uk/hilt/transportation.zip)

a) ~ c) 为分别在 M30、M40 和 A6 的每个车道上的自由流速的经验分布和拟合分布

d) 为每辆车拟合分布截断和归一化的示例,来使得大于初始速度 v_i^0 的值才可以考虑为 $v_i^{\max}$

式 (8.1) 表明在车辆 i 真实数据中记录的初始速度 v_i^0 处截断了高斯分布,并将其重新归一化。图 8.1d 提供了一个图形示例。i 的初始速度即 v_i^0 变为 $v_i^{\max}$ 的下限:这确保了车辆 i 的最大期望速度不会低于其初始 v_i^0,避免实际测量结果相矛盾。

最短安全时间。最小安全车头时距 $\Delta t_{h,l}^{\text{safe}}$ 在实际情况下会有所不同,范围从 0.9s[NHT 01] 到 3s[WHI 14]。在本文提出的运动模型中,我们从道路交通测量结果中,按车辆得出其取值。

具体而言,在实际交通中,车辆之间的到达时间可以直接与 $\Delta t_{h,l}^{\text{safe}}$ 值相关。但是,这仅在道路交通非常密集且车辆间距实际接近安全距离时才成立。更严谨地,根据交通流理论,高速公路 h 车道 l 上的交通密度 ρ 可以表示为:

$$\rho_{h,l} = \frac{1}{L + \Delta t_{h,l}^{\text{safe}} v_{h,l}} \tag{8.2}$$

式中,L 是车辆的平均长度;$v_{h,l}$ 是平均速度;$\Delta t_{h,l}^{\text{safe}}$ 是平均安全车头时距[CHO 14]。

由式 (8.2),我们可以计算出车流量 $q_{h,l} = \rho_{h,l} v_{h,l}$,可以得出下式:

$$\Delta t_{h,l}^{\text{safe}} = \frac{1}{q_{h,l}} - \frac{L}{v_{h,l}} \quad (8.3)$$

式（8.3）将 $\Delta t_{h,l}^{\text{safe}}$ 与最大值流量 $q_{h,l}$ 和平均速度 $v_{h,l}$ 直接相关。最大流量 $q_{h,l}$ 可以利用真实的交通数据，通过确定在所有车道上发生速度故障的时间段来求得。平均速度 $v_{h,l}$ 是自由流条件下车辆的平均速度，L 是平均车辆长度。

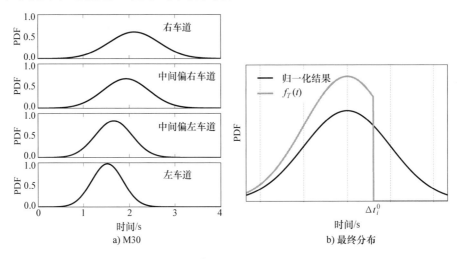

图 8.2 最小安全时距 $\Delta t_{h,l}^{\text{safe}}$ 的计算，图片来自于文献 [GRA 16]

a) 根据交通流量数据集中包含的实验流量，速度和到达信息，推断出 M30 每个车道上典型安全时间的参考分布

b) 参考分布的每辆车截断和归一化的示例，使得在考虑 $\Delta t_{h,l}^{\text{safe}}$ 时，仅考虑小于初始到达间隔时间 Δt_i^0 的值

然后，将安全时距的参考高斯分布指定为计算出的平均 $\Delta t_{h,l}^{\text{safe}}$。可以设置标准差 $\sigma_{h,l}$，以使记录在实际交通计数数据集中的最小到达间隔时间代表分布的 0.99 分位数，即 3 倍标准差。图 8.2a 中提供了针对 8.4.1 小节中详述的一种参考公路情景的最终每车道分布的示例：我们注意到，针对所有车道从右到左获得的 $\Delta t_{h,l}^{\text{safe}}$ 值分别为（2.11s、1.93s、1.66s 和 1.52s）与文献 [TRE 00，WHI 14，NHT 01] 中的一致。

最后一步，类似最大期望速度的计算，每个车辆的分布应从与车道相关的参考分布确定。在这种情况下，最终的 $\Delta t_{h,l}^{\text{safe}}$ 分布由下式给出：

$$f_T(\Delta t) = \begin{cases} \dfrac{\sqrt{2}exp(-(\Delta t - \Delta t_{h,l}^{\text{safe}})^2/2\sigma_{h,l}^2)}{\sigma_{h,l}\sqrt{\pi}[1 + erf((\Delta t_i^0 - \Delta t_{h,l}^{\text{safe}})/\sqrt{2}\sigma_{h,l})]} & t \leq \Delta t_i^0 \\ 0 & t > \Delta t_i^0 \end{cases} \quad (8.4)$$

其中 Δt_i^0 是真实交通数据集中记录的车辆 i 的初始到达间隔。如图 8.2b 所示，式（8.4）允许 Δt_i^0 成为 $\Delta t_{h,l}^{\text{safe}}$ 的上限。这样可确保没有任何到达间隔时间小于其最小安全时间间隔的车辆进入仿真。

换道偏好和滞后阈值。在我们的高速公路场景中，默认的 MOBIL 设置会导致结果偏向左车道，从而造成不切实际的交通拥堵。我们开展了一项全面研究，以确定右（a_R）和左（a_L）换道偏好以及换道滞后阈值因子（k）的组合，以允许在不同车道上进行准平稳交通。这种进出通道的一致性在 $a_R = 0.2\text{m/s}^2$，$a_L = 0\text{m/s}^2$ 和 $k = 0.3$ 时得以实现。有趣的是，在车道间没有明确界限时，换道更偏向于右侧，这更加符合西班牙的道路法规。

由以上所有微调产生的运动模型在下面表示为 IDM。通过该模型生成的合成公路交通流量的软件实现和示例数据集已向研究社区开放。

8.4 道路交通模型的比较分析

本节将对之前介绍的合成公路交通产生的不同策略进行比较评估。我们测试了 real、synthetic $-w$ 输入和非结构化、UMO 和 IDM 运动模型的不同组合。更准确地说,我们考虑了 8.4.1 小节中详细介绍的参考高速公路情况,并根据 8.4.2 小节中介绍的度量标准研究了各种方法对基于 V2V 通信的车载网络的连接性的影响。我们在 8.4.3 小节中概述了该方法的结果。

8.4.1 案例研究

在比较评估中考虑的高速公路情景是西班牙马德里市区附近的高速公路情景。为了研究,马德里市议会在 M30、M40 和 A6 上收集了微观的真实交通流量计数。该数据以 100ms 的时间精度描述了各个车辆的行驶(包括车辆速度和类型),并涵盖了从非常稀疏的夜间交通到高峰时段交通拥堵的各种交通状况。

这个真实的测量数据应用于 8.2 节和 8.3 节中介绍的不同的交通输入和运动模型。在 real 输入中采用上述真实数据,而在 unstructured 输入中,初始速度是通过拟合在该真实数据上的概率分布而得来的。在 IDM 运动模型中,如 8.3 节所述计算目标速度和后续车辆之间的最小间隔。

除高速公路设置外,对车辆网络的可靠研究还需要正确表示 RF 信号传播模型。实际上,这种模型确定了车辆是否能够通过 V2V 技术进行通信。因此,考虑到传输功率设置为 20dBm,接收信号强度阈值为 -91dBm 和可靠性为 0.99,我们采用了最新的传播模型[ABB 15]中的 V2V 通信距离。当附近的车辆挡住视线时,还会通过额外的路径损耗来考虑由于附近车辆造成的阴影效应。

8.4.2 连通性指标

我们的研究是基于与协议无关,而关注车载网络的即时连接性指标方法开展的。度量标准描述了车辆网络的全局结构,并测量了其连通性或分散程度。它们的形式如下。

在每个时刻 t,我们将网络表示为无向图 $G(V(t),E(t))$。集合 $V(t)=\{v_i(t)\}$ 中的每个顶点在时间 t 代表到网络中的车辆 i,集合 $E(t)=\{e_{ij}(t)\}$ 中的每个边连接 $v_i(t)$ 和 $v_j(t)$,代表在时间 t 车辆 i 和 j 之间存在 V2V 通信链路。我们还用 $N(t)=\|V(t)\|$ 表示图中顶点的数量,即场景中在时间 t 的车辆数量。

让我们定义一个分量 $C_m(t)=G(V_m(t),E_m(t))$ 作为 $G(V(t),E(t))$ 的子图,其中 $V_m(t)\subset V(t)$ 包括在时间 t 处,可以通过直接或多跳通信相互链接所有顶点。同理,定义 $E_m(t)=\{e_{ij}(t)|v_i(t),v_j(t)\in V_m(t)\}\subseteq E(t)$。我们将 $S_m(t)=\|V_m(t)\|$ 表示分量 $C_m(t)$ 的大小。由于节点按定义不相交,因此 $C(t)=\|\{C_m(t)\}\|$ 是在时间 t 出现在网络中的节点数。每个时刻网络中节点的数量和大小将成为我们的网络连接指标。

节点可用性和节点稳定性指标研究了网络中出现的大型连接节点,这特别有趣,因为它

们可提供大量的多跳通信机会。特别地，这两个度量关注于这种大节点的存在和大节点的时间波动。我们将网络中在时间 t 出现的最大节点称为 $C_{max}(t) = G(V_{max}(t), E_{max}(t)) = C_{max}(t) | m = \arg \max S_n(t)$。同时，$S_{max}(t) = // V_{max}(t) //$ 是同一时刻最大节点的大小。$S_{max}(t)/N(t)$ 在每个瞬间的归一化值将是我们研究节点可用性的参考指标，而其时间变化将被用于分析节点的稳定性。更准确地说，通过 $S_{max}(t)$ 的相关图来评估组件的稳定性：通过将 $S_{max}(t)$ 时间序列划分为时间窗口，并为每个窗口计算不同延迟下的时间自相关，可以得出相关图。

在本章的其余部分，为简洁起见，我们将删除时间符号，并将所有度量标准引用到通用时间点。因此，我们将使用 N 表示网络中的顶点数，使用 C 表示节点数，使用 S_{max} 表示最大节点大小。

8.4.3 研究结果

我们首先评估运动模型建模对全局网络连接性的影响，以节点可用性表示，即 S_{max} 与 N 之比。图 8.3 描绘了平滑的散点图，这些散点图描绘了不同交通输入和运动模型的组合。所有图都将度量标准显示为道路交通密度的函数，单位为每公里车辆数。我们重点介绍了各图之间的显著差异。

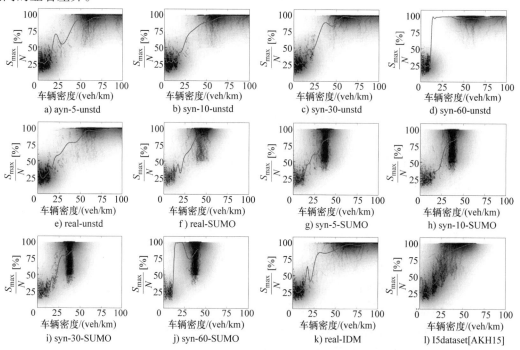

图 8.3 可用性与车辆密度 N 的关系，图片来自文献 [GRA 15]
（红线表示平均值，彩图见 www.iste.co.uk/hilt/transportation.zip）

首先，参数 w（以 min 为单位）显著影响连接性和可用性指标，比较图 8.3a、b 和图 8.3c 可以得出上述结论。在图 8.3d 中，使用 $w = 60$ 的合成交通，会在不连接（约 20% 的可用性）阶段和完全连接（约 100% 的可用性）阶段之间突然过渡。当将合成交通与微观运动结合起来时，存在类似的情况，参见图 8.3g 和图 8.3j 之间的显著差异。我们得出的结论是，非常粗糙的宏观交通输入可能导致在实际交通中发生的状态改变以及与之相关的连接性和可用性状态信息的丢失。然而，w 通常是由数据提供者确定的不可配置的参数，这些数据提供者通常出于统计目的仅对流量的宏观汇总感兴趣。

其次，使用 SUMO 似乎会导致观察到的指标出现问题。所有使用 SUMO 对车辆运动进行建模的图都表明，运动生成器无法将所有车辆插入仿真中。从图 8.3f 和图 8.3g~j 可以清楚地看出，unstructured 和 IDM 的峰值交通密度达到每公里 70 辆车，而 SUMO 从未超过每公里 40 辆车。这是一个参数化问题：Krauss 模型的默认设置不允许容纳现实世界中观察到的较大流量，这迫使 SUMO 推迟车辆的插入，直到 Krauss 模型的安全要求得到满足。反过来，这会影响网络连接性和可用性。

这些结果证明，使用经过验证的车辆运动微观模型不足以获得真实的道路交通状况：模型的参数化极为重要，不当的设置会导致仿真结果有偏差。显然，这并不是 Krauss 模型本身的问题。为了证明这一点，我们还显示了使用文献［AKH 15］中描述的移动性数据集获得的连通性和可用性指标，该数据集是使用具有自定（但未公开）的参数的 SUMO 生成的。图 8.3l 显示了与 unstructured 和 IDM 获得的趋势相似的趋势。

第三，有趣的发现是，采用一个非常简单的恒速仿真器，以合成的（但足够详细）交通流作为输入，所产生的网络连通性和可用性效果与复杂模型产生的效果相当。图 8.3a、e 和图 8.3k 显示了这种效果。

第四，我们强调，文献［AKH 15］中的公路交通数据集描述了不同情况下的交通，即美国加利福尼亚州的州际公路 5（I5）。但是，连通性和可用性散点图和均值曲线与我们在西班牙的参考方案相同。该结果表明我们研究结果具有一般有效性，以适用于不同的高速公路环境。

图 8.4 中的 S_{max} 相关图显示了网络中最大连接节点的时间变化：他们代表了节点稳定性

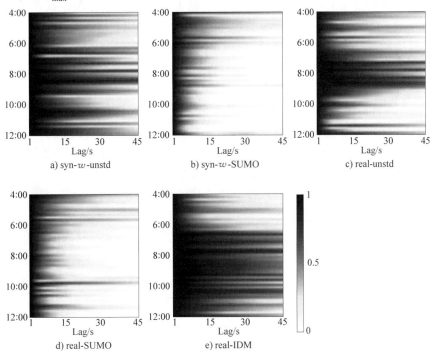

图 8.4　S_{max}/N 相关图（图片来自［GRA 15］）

指标。为了简洁起见，并且由于 w 似乎没有影响节点的稳定性，所以在这里，我们仅显示结果的子集。还有，由于我们之前已经讨论过的最大密度问题，图 8.4b 和图 8.4d 中的 SUMO 显示出非常不同的趋势。但是，这里的重要结果是：unstructured 的运动模型显示出明显的局限性。图 8.4a 和图 8.4c 证明了这些模型中所缺乏的车辆之间的相互作用是如何导致其相关图与图 8.4e 中通过 IDM 获得的相关图不同。在后一种模型中，驾驶员被迫根据周围的道路交通状况调整速度，这会导致一些常见的现象，例如同步交通；反过来，整体速度的降低和车辆的排队显著提高了连接节点的使用寿命。

我们得出的结论是，微观运动模型的简单表示不会影响整个网络的度量标准，但与实际情况相比，连接的节点在时间上的稳定性会显著降低。

8.5 高速公路车辆网络的基本特性

在本节中，我们将利用 8.4 节中评估的最贴近实际高速公路交通表示形式，即根据实际数据调整的 IDM 运动模型，得出高速公路环境中车辆连通性的关键特性。具体而言，我们研究了可以解释车辆网络连通性波动的一般规律，该规律是两个系统参数的函数——V2V 通信范围 R，道路交通密度 N。

图 8.5 描绘了 C 和 S_{max} 与 N 的关系。每个图都引用了不同的 R，并显示了 M30 高速公路情景中记录的平均行为（黑色实线）以及该平均值附近的分散点（0.05~0.95 分位数范围，为浅灰色区域）。垂直虚线大致分隔了 N 的范围，分别对应于稀疏的通宵交通，典型的自由流交通和同步拥堵交通。

C 和 S_{max} 的变化都与 N 有关。在底部图中，最大的节点大小与 N 呈明显的正相关。顶部图中，节点数量的曲线显示的是倾斜的钟形。从图 8.5 可以看出，在任何 R 下，N 中都有清晰的三个阶段的连通性（三相连通性）。三个阶段或行为区域如下：

1）N 值较低时，S_{max} 趋于 1，C 随着 N 线性增长：网络非常稀疏，增加车辆数量仅意味着增加更多的独立的节点，即单个节点。

2）一旦达到第一个临界 N 阈值（由图 8.5 中最左边的红色虚线垂直线"A"表示），便会出现第二种行为。即 S_{max} 随着 N 超线性增长，而 C 随着 N 超线性下降。原因是，除了临界的车辆密度以外，新车还倾向于结合现有的节点，甚至将它们连接至更大的节点上。

3）在到达第二个 N 阈值（图 8.5 中最右边的红色虚线垂直线"B"）之后，是第三个行为区域。此时，$S_{max} \sim N$，$C \sim 1$，即整个车辆网络完全连接形成一个节点，该节点的大小与高速公路段上的车辆数量相等。

在不同的通信范围 R 值下，上面提到的行为是不变的。但是，较大的 R 值可能极大地影响触发阶段变化的临界 N 阈值。

M30 曲线在均值附近显示一个适中的 0.05~0.95 分位数间隔，这一事实使我们可以得出这样的理论：考虑单个的道路交通参数，即文中的 N，足以在典型工作日遇到的所有情况下正确地表征车辆的连通性。

此观察结果有趣的推论是，其他因素（例如白天/夜间、星期几、车道数量、速度限制或坡道的存在）仅导致连通性的微小变化。这种观察结果也适用于实际的道路交通状况（即自由流到同步或堵塞的交通流会导致例如主要速度等的变化），这些情况对连通性阶段的过渡不是决定性的。

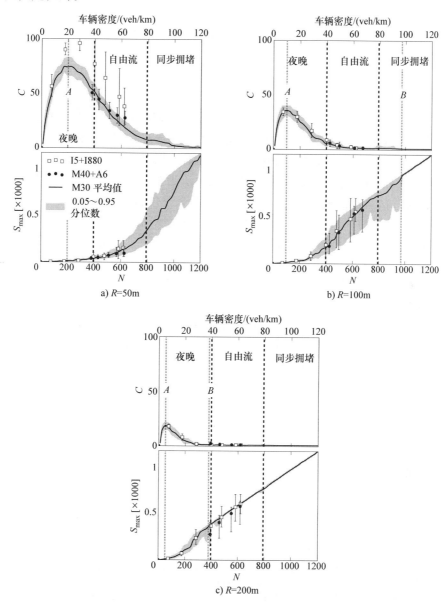

图 8.5 对于不同的 R 值、C 和 S_{max} 在 M30,M40,A6,I5 和 I880 数据集下,与节点数 N 的关系(彩图见 www.iste.co.uk/hilt/transportation.zip)

图 8.5 还包括在 M40 和 A6 高速公路情景中记录的 C 和 S_{max}(在图形中以实心圆表示),以及在 I5 和 I880 高速公路情景(空方块)中记录的 C 和 S_{max}。后者对应于文献[AKH 15]中考虑的高速公路环境,其中来自美国高速公路性能测量系统(PeMS)的测量数据被输入到经过适当校准的 SUMO 仿真器中,以生成合成道路交通。对于 M40、A6、I5 和 I880 情景,点表示 C 和 S_{max} 平均值,误差线定义为 0.05 和 0.95 分位数。我们注意到,M40、A6、I5 和 I880 的大多数点都非常接近在 M30 情况下观察到的平均行为,并且它们的 0.05~0.95 分位数范围倾向于与 M30 吻合。因此,我们得出结论,对于我们考虑的所有高速公路场景,

N 中的三相连通性都相同。

此外，在所有此类情况下，R 对网络连通性的影响都是相同的。这些观察再次使我们推测三相连通性定律对于高速公路环境中的车辆网络可能具有普适性。

8.6 结论

8.4 节中的结果表明，对于一个可信合理的道路交通网络仿真来说，基于真实数据微调的专用高速公路运动模型如 IDM，是非常有必要的。如果没有满足这样的要求，在基于 V2V 通信的连接中会出现错误，这种错误可能会影响到整个网络方案。

令人惊讶的是，由于其运动模型默认设置的不适当参数化，即使是最先进的运动仿真器（如 SUMO）也无法直接使用。同样，所有车辆以恒定速度行驶的 unstructured 仿真器只适用仅依赖于大型节点连通性的网络（例如以 Best–Effort 策略进行数据广播和收集），当仿真中需要考虑更精细的车辆网络动态性能时（例如协同运行和避免碰撞），这种方法就会导致结果失真。我们还注意到，当合成数据不是以过大的时间窗口 w 汇总的时候（过大的 w 会导致真实交通状态变化情况下数据丢失），其也可以用来仿真。

8.5 节中后续的讨论使我们得出的结论是，公路车辆网络的拓扑结构是由两个主要因素驱动的，即 V2V 通信范围和交通密度。更准确地说，这种相互依赖性是通过不变的三相关系，将连接性和道路交通密度（不要与交通状态混淆）关联起来的。

总之，这些结果有助于阐明车辆网络拓扑的基本动力学，并对车载自适应网络方案的设计和性能评估具有明确的指导意义。

8.7 参考文献

[ABB 15] ABBAS T., SJÖBERG K., KAREDAL J. et al., "A measurement based shadow fading model for vehicle-to-vehicle network simulations", *International Journal of Antennas and Propagation*, Article ID 190607, 2015.

[AKH 15] AKHTAR N., ERGEN S.C., OZKASAP O., "Vehicle mobility and communication channel models for realistic and efficient highway VANET simulation", *IEEE Transactions on Vehicular Technology*, vol. 64, no. 1, pp. 248–262, 2015.

[BAI 09] BAI F., KRISHNAMACHARI B., "Spatio-temporal variations of vehicle traffic in VANETs", *Proceedings of the Sixth ACM International Workshop on VehiculAr InterNETworking – VANET '09*, pp. 43–52, 2009.

[CHO 14] CHO S., CRUZ R., RAO R. et al., "Time-gap based traffic model for vehicular traffic flow", *2014 IEEE 79th Vehicular Technology Conference (VTC Spring)*, pp. 1–5, May 2014.

[COD 15] CODECA L., FRANK R., ENGEL T., "Luxembourg SUMO Traffic (LuST) Scenario: 24 hours of mobility for vehicular networking research", *Vehicular Networking Conference (VNC), 2015 IEEE*, pp. 1–8, December 2015.

[DOE 10] DOERING M., PÖGEL T., PÖTTNER W.-B. et al., "A new mobility trace for realistic large-scale simulation of bus-based DTNs", *Proceedings of the 5th ACM Workshop on Challenged Networks – CHANTS '10*, pp. 71–74, 2010.

[FEL 14] FELICE M.D., BAIOCCHI A., CUOMO F. et al., "Traffic monitoring and incident detection through VANETs", *2014 11th Annual Conference on Wireless On-demand Network Systems and Services (WONS)*, pp. 122–129, April 2014.

[FIO 08] FIORE M., HÄRRI J., "The networking shape of vehicular mobility", *Proceedings of the 9th ACM International Symposium on Mobile Ad Hoc Networking and Computing – MobiHoc '08*, pp. 261–272, 2008.

[GRA 14] GRAMAGLIA M., FIORE M., CALDERON M., "Measurement-based modeling of interarrivals for the simulation of highway vehicular networks", *IEEE Communications Letters*, vol. 18, no. 12, pp. 2181–2184, 2014.

[GRA 15] GRAMAGLIA M., FIORE M., "On the level of detail of synthetic highway traffic necessary to vehicular networking studies", *Vehicular Networking Conference (VNC), 2015 IEEE*, pp. 17–24, December 2015.

[GRA 16] GRAMAGLIA M., TRULLOLS-CRUCES O., NABOULSI D. et al., "Mobility and connectivity in highway vehicular networks: a case study in Madrid", *Computer Communications*, vol. 78, pp. 28–44, 2016.

[HÄR 11] HÄRRI J., FIORE M., FILALI F. et al., "Vehicular mobility simulation with VanetMobiSim", *Simulation*, vol. 87, no. 4, pp. 275–300, 2011.

[HUA 07] HUANG H.-Y., LUO P.-E., LI M. et al., "Performance evaluation of SUVnet with real-time traffic data", *IEEE Transactions on Vehicular Technology*, vol. 56, no. 6, pp. 3381–3396, 2007.

[JOE 12] JOERER S., SOMMER C., DRESSLER F., "Toward reproducibility and comparability of IVC simulation studies: a literature survey", *IEEE Communications Magazine*, vol. 50, no. 10, pp. 82–88, 2012.

[KHA 08] KHABAZIAN M., ALI M.K.M., "A performance modeling of connectivity in vehicular ad hoc networks", *IEEE Transactions on Vehicular Technology*, vol. 57, no. 4, pp. 2440–2450, 2008.

[KRA 97] KRAUSS S., WAGNER P., GAWRON C., "Metastable states in a microscopic model of traffic flow", *Physical Review E*, vol. 55, pp. 5597–5602, 1997.

[KRA 09] KRAJZEWICZ D., "Kombination von taktischen und strategischen Einflüssen in einer mikroskopischen Verkehrsflusssimulation", *Fahrermodellierung in Wissenschaft und Wirtschaft*, pp. 104–115, 2009.

[KRA 12] KRAJZEWICZ D., ERDMANN J., BEHRISCH M. et al., "Recent development and applications of SUMO – simulation of urban mobility", *International Journal on Advances in Systems and Measurements*, vol. 5, no. 3, 2012.

[MAS 14] MASON J., LAWDER D., "Obama backs highway fund fix, touts 'talking' cars", *The New York Times*, Reuters, 2014, Accessed 6 September 2014.

[MON 12] MONTEIRO R., SARGENTO S., VIRIYASITAVAT W. et al., "Improving VANET protocols via network science", *2012 IEEE Vehicular Networking Conference (VNC)*, pp. 17–24, November 2012.

[NHT 01] NHTSA, "Distance behaviour on motorways with regard to active safety – a comparison between adaptive-cruise-control (ACC) and driver", *ESV*, 2001.

[RAN 03] RANEY B., CETIN N., VÖLLMY A. et al., "An agent-based microsimulation model of Swiss travel: first results", *Networks and Spatial Economics*, vol. 3, no. 1, pp. 23–41, 2003.

[TRE 00] TREIBER M., HENNECKE A., HELBING D., "Congested traffic states in empirical observations and microscopic simulations", *Physical Review E*, vol. 62, pp. 1805–1824, 2000.

[TRE 02] TREIBER M., HELBING D., "Realistische Mikrosimulation von Strassenverkehr mit einem einfachen Modell", *Arbeitsgemeinschaft Simulation (ASIM)*, Rostock, September 2002.

[UPP 14] UPPOOR S., TRULLOLS-CRUCES O., FIORE M. *et al.*, "Generation and analysis of a large-scale urban vehicular mobility dataset", *IEEE Transactions on Mobile Computing*, vol. 13, no. 5, pp. 1061–1075, 2014.

[WHI 14] WHITE J., "2014 Rules of the road", *CyberDrive Illinois*, 2014.

[WIS 07] WISITPONGPHAN N., BAI F., MUDALIGE P. *et al.*, "Routing in sparse vehicular ad hoc wireless networks", *IEEE Journal on Selected Areas in Communications*, vol. 25, no. 8, pp. 1538–1556, 2007.

[YOU 08] YOUSEFI S., ALTMAN E., EL-AZOUZI R. *et al.*, "Analytical model for connectivity in vehicular ad hoc networks", *IEEE Transactions on Vehicular Technology*, vol. 57, no. 6, pp. 3341–3356, 2008.

第9章

F-ETX：一种针对车联网的评价标准

9.1 引言

由于其固有特性（包括自组织性、延展性、移动性和传输信道质量时变性），车辆自组织网络（VANET）解决了特定问题。车辆按照交通参与方式在道路网络上行驶，并且不依赖于有限的电池容量。V2V通信依靠彼此协作建立无线网络。由于车辆根据交通模式以很大的速度跨距行驶，其网络拓扑具有潜在的高动态特性。道路环境（例如城市、郊区和高速公路）在传输信道的干扰中起到关键作用。

分布式应用程序需要节点协作，但其受到连接性与可靠性问题的限制。路由协议部分解决了这些问题，可使用多跳中继技术确保端到端的通信。为此，路由协议计算并共享直接邻域上的本地信息，以确定端到端的最佳路径。路由协议的一个相关挑战是要选择最佳类型的估计器，以获取本地链路上的可靠信息。实际上，就端到端延迟和数据包传递比率而言，路由性能取决于所选路径的可靠性。传统的跳跃数度量标准将路径成本与到达目的地所需的（节点）跳跃数量相关联。然而，德库托等[DEC 03b]已经证明这种方法在无线网络中效率极低。

链路质量估计器（LQE）的开发是为了解决与跳跃数度量标准有关的固有限制。这一估计器考虑到信号质量或链路的损耗与动态，以评估其质量。如文献[BAC 12]中所述，LQE必须满足四个要求：①能耗；②准确度；③反应性；④评估的稳定性。但是，要使LQE适用于车载网络，必须考虑额外要求。第一个要求涉及节点的移动性支持，因为车辆可能会根据速度限制和交通模式改变其速度。至于信号干扰，环境会影响传输信道质量。最后，Zamalloa和Krishnamachari[ZAM 07]证明，链路质量可被分为连接、过渡和断开三部分。在连接部分，链接具有高数据包接收率的可能性很高。在断开部分，链路具有较低数据包接收率的可能性很高。过渡部分是一个中间区域，其特征是链路质量不稳定。对于LQE而言，主要的挑战是无论当前区域如何，都必须准确评估链路质量。

为了构建全面的样本并评估链路质量，当前的估计器会维持一个存储所接收的数据包的估计窗口。Carpa等在文献[CER 05a]中处理了相关问题以评估数据包接收率（PRR）。他们确定若PRR较高或较低，则窗口可以具有较小的尺寸，但在其他情况下则需要较大的尺寸。但是，当前的估算器会保持固定的估算窗口大小，而不考虑PRR，并且若链路质量位于过渡区域中，则其无法提供可靠评估结果。结果是，当前的 LQE 在车联网中的效用有限。为解决车联网中链路评估的问题，快速预期传输计数（F-ETX）估计器[BIN 15b]得以开发。与当前估计器不同，它根据丢包发生率使用动态窗口大小适配。从实验中，我们已经观察到这种估计仅提供质量的快照。然而，因为比较彼此间链路时未考虑质量趋势，以上改良仍然是不够的。图 9.1 显示了一些链路的质量情况。如果链路选择机制依赖于短期估计，它将在第 80 和 90s 之间连续切换可用链路中的最佳者。相反，当一条链路上升（链路 2），另一条下降时（链路 1），长期估计可突出显示链路质量趋势。我们认为文献［BAC 10b］［REN 11］中提出的多估计器方法更好。因此，F-ETX 扩充了三个附加评估器来评估链路的不同特征，以评价链路质量并确定链路状态[BIN 15a]。我们还开发了一个框架以将 F-ETX 集成到路由协议中。本章详细介绍了 F-ETX 指标。本章包含窗口估计的理论分析，并显示其与质量评估的关系，并对包括窗口管理算法和多估计器在内的 F-ETX 设计进行了描述，并概述了将度量标准集成到路由协议中的框架。最后，本章通过实际仿真证明了其有用性。

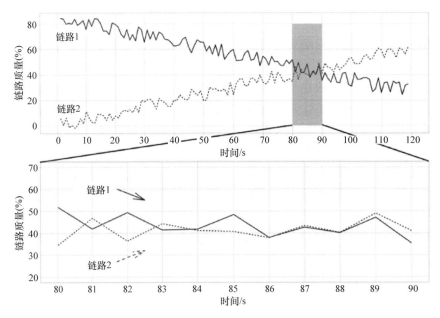

图 9.1　链路选择问题

在 9.2 节中，概述与 LQE 相关的文献。在 9.3 节中，通过考虑其对反应性和估计器精确性的影响来进行评估分析。在 9.4 节中，详述 F-ETX 度量标准，包括用于管理窗口大小和每个估计器的几个算法，并概述了将度量标准集成到路由协议中的框架。在 9.5 节中，说明仿真设置。在 9.6 节中，详述其结果。

9.2　链路质量估计器

链路监控和测量是评估无线链路质量的基本组成部分。该信息被多个算法使用，例如进行路线决策和群组构造，以建立对邻域的丰富认识。与该主题相关的文献已经得到了充分研究，并且开发了几种估计器。本节总结了这些文献并介绍了主要的挑战。LQE 可被分为两类：①基于硬件；②基于软件。

9.2.1 基于硬件的 LQE

基于硬件的估计器利用硬件在物理层进行的测量评估链路质量。由于测量是由硬件执行的，因此在接收到数据包后立即评估质量，无需花费特定成本。这样的估计器通过对接收到的数据包执行测量来评估链路质量。普遍认为，来自与 PRR 相关的基于硬件的估计器的评估是合适的度量标准。估计器可被分为两种类型：利用信号特性的传统度量和新一代的估计器，这类估计器从直接序列扩频（DSSS）和正交频分复用（OFDM）技术的解码过程中检索信息。

9.2.1.1 基于信号属性的估计器

第一个是基于输入帧功率接收测量的接收信号强度指示器（RSSI）。实践经验表明，当链接具有良好质量时，RSSI 可以提供准确的估计[SRI 06]。Srinivasan 等 [SRI 06] 研究表明，高于 RSSI 阈值（-87dBm）时，PRR 始终很高（99%）。在文献 [SRI 10] 中，同一作者观测到 PRR 的标准差在短时间内是很低的。如果 RSSI 在噪声水平附近变动，则它可以将良好链接变为不良链接。简单地了解 RSSI 值并不能确定相关 PRR 值，因为它们之间没有足够的相关性。第二个是信噪比（SNR）。对于给定的调制方案，可以使用 SNR 计算误码率，这一方法可被外推至数据包错误率与 PRR[ZAM 07]。与指示信号和噪声功率总和的 RSSI 不同，SNR 指示器确定与环境噪声相比下信号的强度。因此，SNR 比 RSSI 指标更好。然而，实验表明与上述 PRR 的相关性是完全不可忽略的。Lai 等人[LAI 03]在发现链接具有中等链接质量时会降低其使用率。IEEE 802.15.4[IEE 16]中引入了链路质量指标（LQI），用于低速无线网络。Liu et Cerpa[LIU 14]领导的实验工作表明，与 RSSI 和 SNR 相比，由 LQI 提供的评估具有最佳匹配性。但在过渡区域中，简单地读取 LQI 不足以确定 PRR，因为它的方差十分重要。Boano 等[BOA 09]提出使用方差来区分链路好坏。

9.2.1.2 基于事件的解码

Heinzer 等[HEI 12]开发了一种用于处理 DSSS 解码过程的度量，以测量每个符号的芯片错误（CEPS）。但是，此度量给出的评价与 PRR 之间的相关性可通过线性拟合来给出。为克服此缺点设计了一种被称为 BLITZ 的新式度量，该度量也被用于处理 DSSS 解码过程[SPU 13]。与在有效负载上执行的 CEPS 不同，BLITZ 依靠于用于同步发送方和接收方的帧前导码的测量。实验结果表明，与其他指标相比，BLITZ 的性能更好，但实验环境仅限于同一冲突域中的简单发送器和接收器。Gabteni 等[GAB 14]开发了一种链路状态指示器（Link State Forwarding Indicator，LSFI），用于分析 OFDM 接收过程的解码错误，可以预测未来的链接中断。

9.2.2 基于软件的估计器

基于软件的估计器从上层检索信息，例如 MAC 和 Net，以确定是否接收到预期的数据包。这些估计器通常分为三类：①基于 PRR；②基于 RNP；③基于 Score。

9.2.2.1 基于 PRR 的估计器

这种类型的估计器基于连续的 PRR 测量来确定链路质量。传统方法为监视和采样链接上的流量维持了一个窗口。Cerpa 等[CER 05a]提出如果链接的 PRR 较低或较高，维持较小的窗口。另一方面，必须使用较大的窗口监视具有中等 PRR 的链接，以提高估计准确性。Woo 和 Culler[WOO 03] 设计了 WMEWMA 技术以平滑 PRR 估计。该技术基于 EWMA 过滤器，该过滤器使用了指数加权以赋予最新或最旧的数据更多重要性。由于使用下行链路的流量评估链路质量，这些估计器具有相同的缺点。实际上，它们不能考虑上行链路的损耗。这就是建议使用基于 RNP 的估计器的原因。

9.2.2.2 基于 RNP 的估计器

基于 RNP 的估计器同时观测下行链路和上行链路，以评估链路质量。Cerpa 等提出使用 RNP（必需的数据包传输数）估计器来计算传送数据包所需的平均传输次数［CER 05b］。该协议要求使用 ARQ（自动重复请求）技术来计算失败和成功传输的次数。预期传输计数（ETX）度量标准是由 De Couto 等人设计的[DEC 03a]，并且考虑了传输率（由成功接收的已发送数据包的平均数计算得出）和反向传输率（由成功接收的 ACK 平均数计算得出）来评估链路质量。与使用数据流量（被动方法）的 RNP 不同，ETX 必须使用主动监测技术来监测链路。

9.2.2.3 基于 Score 的估计器

基于 Score 的估计器组合了多个估计器，以评估链接质量并确定链接状态。Baccour 等[BAC 10]基于多估计器方法设计了一种名为 F-LQE 的混合度量，每一估计器都评估数据包的传输率、链路不对称级别、链路稳定性和信道质量。这些估计器遵循模糊逻辑方法汇总为单个度量。此外，他们在集合树协议（CTP）路由协议中执行了 F-LQE，并证明了其在无线传感器网络中的有效性[BAC 15]。Renner 等人提出的整体数据包统计量（HoPS）指标[REN 11]合并了四个估计器，即短期、长期、绝对偏差和趋势估计。然而，此滤波器使用中的一个固有问题限制了估计器的灵敏性。它还具有需要大量流量来训练估计器，因此增加了链路状态变化的检测时间。

9.2.3 讨论

传统的基于硬件的估计器会测量信号质量，以确定即将到来的数据包的接收状态。由于与 PRR 的相关性不可去除，实验已证明了此类度量无法提供精确的链路质量。由成功接收的数据包中计算得出的结果是，这些评估量可能由于为考虑丢失的数据包而高估了链路质量。即使它比传统方法更准确，它们也需要从特定无线电芯片中检索到的信息。

另一方面，基于软件的估计器按照应用的视角即成功数据包接收率或发送的数据包，来评估链路质量。与基于硬件的估计器不同，基于软件的估计器（尤其是基于 RNP 的估计器）能够评价链路的两部分（上行链路和下行链路）以确保其更可靠。实验工作证实了这一发现。作为结果，路由协议已经很好地使用了这种估计器。此外，基于 Score 的指标可提供多方面的评价以获得可靠的链路质量。表 9.1 总结了这种最新技术。

9.3 传统评估技术的分析

在本节中，我们将注意力集中在实现过程和计算技术上，从而解决与基于 RNP 的估计器的估计窗口有关的问题。这为我们了解和分析当前评估技术的性能奠定了基础。本节只考虑主动流量监控，其中节点通过广播探测数据包来监测邻域链路。

由于基于 RNP 的估计器会评估链路的两端,因此质量评估依赖于两个信息源。实际上,类似 ETX 的估算器计算两个比率:① d_f 计算邻域成功接收到的数据包数量;② d_r 计算从邻域收到的数据包数量。图 9.2 显示了 ETX 类的估计器的链路监测方案。几种统计接收数据包数量的技术被保留下来。其中有两种必须考虑,这两种技术是 9.3.2 小节的主要研究目的。

表 9.1 LQE 回顾

类型	类别	名称	技术	位置	链路
H	信号性质	RSSI	信号强度	接收器	←
H	信号性质	SNR	信号噪声比率	接收器	←
H	信号性质	LQI	理想星形布局信号与接收信号间误差	接收器	←
H	解码事件	CEPS,BLITZ	DSSS 解码过程	接收器	←
H	解码事件	LSFI	OFDM 解码过程	接收器	←
S	基于 RNP	PRR	平均数	接收器	←
S	基于 RNP	RNP	平均数	发送器	↔
S	基于 RNP	ETX	平均数	接收器	↔
S	基于 Score	F – LQE	模糊逻辑	接收器	←
S	基于 Score	HoPS	启发算法	接收器	←

图 9.2 链路监测方案

9.3.1 窗口类型

为监控链接并执行测量,估计器使用窗口机制。这产生了发送和接收流量的代表性样本。根据文献 [DEC 03a] 和 [QUA 11],样本可从时间或顺序信息中构建。

9.3.1.1 时间类型

时间信息由 De Couto 等人提出[DEC 03a]。d_f 比率是根据邻域接收到的探测数据包的数量计算得出的。为此,节点必须定期交换从邻域收到的数据包数量。下式详细说明了 d_f 比率的计算:

$$r(t) = \frac{Count(t-w,t)}{\dfrac{w}{t}} \tag{9.1}$$

$Count(t-w,t)$ 是对在 w 周期内接收到的探测数据包进行计数的函数,而 w/t 是应该接收的探测数据包的数量。d_f 比率的时效性取决于决定样本尺寸的固定时间段。这种方法的

主要缺点是 d_f 比率的交换。如果探测包丢失，则接收器无法确定其探测包是否已成功发送。因此，即使已成功接收到传输数据包，它也假定其丢失。由于 d_f 比率是通过发送的探测数据包定期交换的，节点无法交换其当前值。实际上，节点发送的 d_f 比率对应于上次交换的数据而不是当前的数据。

9.3.1.2 顺序类型

相反，顺序信息为确定比率提供了可承受的解决方案。为此，序列号被当作 ID 使用，专门分配给探测数据包。文献［QUA 11］中有一种新颖的方法，该方法实际上是在"更好移动自组织网络（BATMAN）"路由协议中实现的。所提出的方法通过更改重发策略来避免 d_f 比率的交换，在重发策略中，仅由发射器节点负责比率的计算。这是由 $d_f \times d_r$ 表示成功接收和确认传输比率的假设计算得出的。根据图 9.3，每个探测包都由接收器重新发送，以使探测包的始发者计算出传输比率。

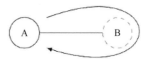

图 9.3　d_f 比率的新式评估

因为关于两项比率的信息是在当前周期内获取的，使用这种方法，节点能够评估当前的链路质量，另一方面，因为必须转发每个探测包，传输的数量增加了。而重传政策可确保避免无限传输。探测数据包必须包含三个特定字段：创建探测数据包的节点地址（AddrOrign），上一个转发器的地址（AddrPrev）和序列号（SN）。重传策略在算法 1 中进行了描述：

Algorithm 1 Retransmission policy

INPUT: packet: received packet
INPUT: node_addr : receiver's address
　if packet.AddrOrig = packet.AddrPrev then
　　　Computedr()
　　　packet.AddrPrev ← node_addr
　　　SendPacket(packet)
　else if packet.AddrOrig = node_addr then
　　　Computedf()
　　　DropPacket(packet)
　else
　　　DropPacket(packet)
　end if

9.3.2　窗口分析

在本节中，我们解决窗口大小影响收敛时间和估计器的准确性问题。我们将注意力集中在顺序窗口，并定期填充探测数据包。窗口的填充取决于其大小和发送周期。然而，降低发送周期时长会对网络性能产生负面影响，因为这会减少分配给数据的带宽。因此，改变窗口收敛时间的唯一方法是调整其大小。

窗口大小影响填充窗口的时间，因此它决定了何时宣告连接质量最高或检测到中断。在本节中，我们研究依赖于窗口机制的计算技术。我们将注意力集中在 ETX 所使用的评估技术上，并展示了这种方法的优点和其局限性。ETX 评估的质量同时考虑了 d_f 和 d_r 比率，并将其以 $\frac{1}{d_f \times d_r}$ 的形式计算。图 9.4 显示了均值滤波器对收敛时间的影响，该时间用来声明具有最高质量的链接。较大的尺寸表明宣布最高质量链接的时间较长，因为这会增加填充窗口的时间。关于叠加密度函数，我们观察到带有更大窗口尺寸的估计器能够用更多参数值评估链路质量。然而，分布函数更多地位于左侧，这意味着所获得的描述低质量（<50）的值更多。

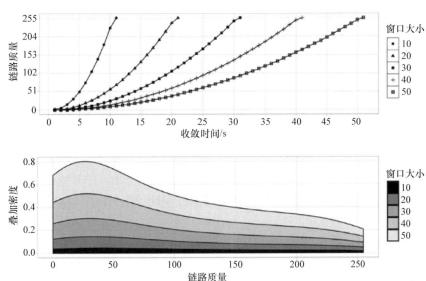

图 9.4　ETX：链路生成研究

窗口大小还决定将链接评估为最优质量所需的观测次数。由于它确定了样本的观测次数，因此也会影响估计精度。我们将每次尝试传输视为伯努利试验。因此，数据包的接收状态可被描述为二进制值，以表示其成功接收或丢失。样本可以描述为二进制字节，其长度为样本大小。确定估计精度可以通过组合分析来完成。由于 ETX 使用均值滤波器来计算两项比率，因此不考虑排位，并可以将样本视为允许重复的组合。令 n 描述二进制接收状态，k 描述样本大小，组合的总数由下式描述：

$$C_k^{n+k-1} = \frac{(n+k-1)!}{k!\,(n-1)!}$$
$$C_k^{k+1} = k+1 \tag{9.2}$$

窗口尺寸较大时，ETX 可以用比小窗口尺寸更多的值来评估链接质量。然而，如图 9.4 所示，这会增加估计器的收敛时间。在密度函数图上，我们还观察到估计值的不等式分布，其中大多数位于左侧（最低值）。因此，由于 ETX 使用固定的窗口尺寸，它不能同时具有反应性和准确性。

9.4　F‑ETX 度量标准

为了开发可信的链路质量估计器，研究者们已经做了许多工作。它们中的大多数已在无线传感器网络（WSN）中开发和测试。在 9.3 节中，我们已经观察到，对于估计器而言，静态窗口大小意味着在准确性和反应性之间的权衡。在移动环境中，它们的有效性受到限制，因为其不能处理链接寿命的短跨度。此外，移动节点可能会以特定的移动模式在不同的环境中演变，从而导致对无线信道无法预测的干扰。

一种名为 F‑ETX 的新式度量已被提出，以解决移动网络中链路质量评估的问题。该度量标准由 4 个评价量组成，每个评价量都评估链接的特定功能，并允许进行多方面评估。该度量能够评估链路质量并确定链路状态,以预防未来的事故,例如链路中断。F-ETX 通过使用(窗口)尺寸动态管理,避免了将静态窗口大小用于流量监测的相关问题。我们认为丢包是与降低或扩展窗口尺寸相关的事件。为此,该度量标准拥有两种用于管理窗口大小的算法,每个算法都分配给特定的工作:减小尺寸和增大尺寸。

9.4.1 窗口管理算法

LQE 的一个相关难题是要在未知的动态环境中提供快速准确的评估。如上一节所述,当前的解决方案意味着进行权衡。F-ETX 通过对窗口尺寸加入动态管理,处理了全部最新技术中所有建议的评价量。它的主要想法是自动调整估计器的准确性和反应性。与丢包有关的信息已被保留为与实现窗口尺寸拟合最相关的信息。为此,F-ETX 应用了两种严格的算法:第一个致力于减小窗口大小,以提高估计器的反应性;第二个能够扩展窗口大小,以提高评估准确性。

9.4.1.1 窗口尺寸减小算法

随着窗口尺寸的降低,该算法能够提高估计器的反应性,但也会降低评估准确性。最重要的功能之一是尽可能快地检测链路中断。令一个数据包 $p \in P$ 为观测数据包的有限整体,例如 $P = \{p_0, p_1, p_2, \cdots, p_{n-1}\}$,其中 n 为观测次数。每个观察到的数据包 p 都被根据其接收状态进行标记,例如标记 $L \in [0,1]$,其中 $L \leftarrow 0$ 表示丢失,$L \leftarrow 1$ 表示接收。接收和丢失的数据包数量 a 与 $\bar{a}$ 按下式计算:

$$n = a + \bar{a}$$

$$a = \sum_{i=1}^{n} L_i \tag{9.3}$$

$$\bar{a} = n - \sum_{i=1}^{n} L_i \tag{9.4}$$

因此,窗口大小 n 随丢失的数据包数量增加而减少,关键想法是根据丢包率增加减小(窗口尺寸)的进程。如果数据包丢失是零星的,则 n 会稍微减少,否则 n 会显著减少。实现此算法需要一些额外的考虑。为了支持通过窗口机制进行的流量监视,数据包必须包含序列号才能被识别。由于 F-ETX 基于主动监视,因此发送周期用于确定数据包是否可以声明为已接收或丢失。图 9.5 显示了一个研究案例,其中最后一个预期数据包丢失了(序列号 $N\#8$)。

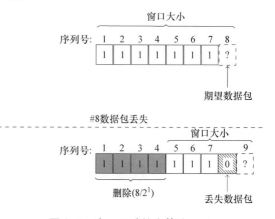

图 9.5 窗口尺寸缩小算法图示

9.4.1.2 窗口尺寸增大算法

以下算法能够扩展窗口大小,以提高评估准确性。在丢包之后以及收到新数据包的同时触发。该算法分两个步骤进行。第一步是恢复阶段,在该阶段,算法为每个新接收的数据包扩展窗口尺寸。其目标是在丢包之前恢复初始窗口大小。第二步是链路稳定性检测,在这一步中算法对窗口的扩展进行探索。该算法尝试根据链路稳定性扩展窗口,以实现更准确的评估。在恢复阶段和链路稳定性检测阶段间的切换由阈值 T_h 触发。它的值被设定为第一个丢包前的窗口大小。直到窗口大小小于 T_h 为止，对于每个新接收到的数据包，窗口大小增加 1。实际上，算法会尝试恢复中断之前最后一个窗口的尺寸。在之后的恢复阶段，如算法 2 中所述，根据专用计数器 C，增大或移动窗口（W）（向左）：

Algorithm 2 Window size growing during the recovery phase

if $C \geqslant \frac{W_n}{2}$ then
　　$W \leftarrow W$ increased by 1
　　$C \leftarrow 0$
else
　　$W \leftarrow W$ Slid by 1
　　$C \leftarrow C + 1$
end if

窗口减小算法试图通过减小紧密窗口对的大小以最早检测到中断。当链接恢复时，第二种算法尝试恢复上一次中断之前的初始窗口大小。在达到初始大小后，该算法会针对窗口大小的增加进行探索。在此阶段，窗口大小逐渐增加，直到达到最大窗口尺寸。

9.4.2 多重评估方法

链路质量评估旨在找到最高吞吐量的链路。Renner 等[REN 11]指出了这种比较链接的方法的问题（图 9.1）。此外，Renner 等和 Baccour 等提出了一种能够评估链路的多个功能的度量标准。这些方法是为 WSN 开发的，不具备在移动网络中部署所需的能力。即使使用先前的算法来提高反应性和链路质量评估的准确性，这样的工作仍然不够。这就是 F-ETX 使用了 4 个估计器的原因，2 个专用于链路质量评估，其余 2 个专用于确定链路状态。

9.4.2.1 链路质量

成功接收和释放消息的预期概率为 $d_f \times d_r$。如果我们将数据包传输视为伯努利试验（成功或失败），则链路质量（X^{LQ}）估算值确定如下：

$$X^{LQ} = \frac{1}{(1-d_f)(1-d_r)} \tag{9.5}$$

9.4.2.2 链路质量趋势

该指标通过计算当 X_t^{LQ} 和先前估计 X_{t-1}^{LQ} 之间的变化来跟踪链路质量的进程。为了提供长期估计，可使用 EWMA 滤波器对该结果进行平均：

$$\Delta_t^{LQ} = X_t^{LQ} - X_{t-1}^{LQ}$$
$$X_t^{Trend} = \beta \Delta_t^{LQ} + (1-\beta) X_{t-1}^{Trend} \tag{9.6}$$

系数 β 影响估计器的灵敏度。建议选择较小的 β 值以实现长期估算。注意，两个连续的空值 X^{LQ} 表示中断，此时重置链路质量趋势估计器。

9.4.2.3 链路稳定性评价

我们观察到，对窗口内容的精细分析提供了链接稳定性信息。让一个二进制状态 [0, 1] 表示一个窗口中期望数据包的接收状态。我们将 W_{max} 表示为最大窗口大小，将 W_n 表示为当前窗口大小，将 W_i 表示为窗口中的第 i 个元素。计算 d_f 和 d_r 概率的窗口分别表示为 W^{d_f} 和 W^{d_r}。链路稳定性指标使用 EWMA 滤波器计算，其中考虑了绝对值 Ξ 和相对稳定性 ξ：

$$\Xi = \frac{\sum_{i=1}^{W_n^{d_f}} W_i^{d_f} + \sum_{i=1}^{W_n^{d_r}} W_i^{d_r}}{2W_{max}}$$

$$\xi = \frac{\sum_{i=1}^{W_t^{d_f}} W_t^{d_f} + \sum_{i=1}^{W_t^{d_r}} W_t^{d_r}}{W_n^{d_f} + W_n^{d_r}}$$

$$x_t^{Stab} = \Xi_t \gamma + (1-\gamma)\xi_t \tag{9.7}$$

根据最大窗口大小（固定值）计算出的绝对估计值（Ξ）表示链路稳定性的绝对水平。根据当前窗口大小（动态值）计算出的相对估计值（ξ）表示相对稳定性。该第三估计器给出了根据当前窗口大小的链路稳定性水平。该信息是有意义的，因为对于相同的绝对值，相关链路评价会考虑到最近发生的损失进行附加评估。绝对信息和相对信息都适合评估链路稳定性，必须以同样的重要性考虑它们。因此，我们建议将 γ 值固定为 0.5。

9.4.2.4 单向链接级别

最后一个估计器处理双向链接变为单向的检测。具有 ASL 估计器的 F-LQE 等当前方法可跟踪上行链路和下行链路接收速率之间的差异。如果链路的寿命短或丢包率很高，则这种方法将变得无效。在这种情况下，窗口训练不足，无法给出可靠的估计。我们的方法通过测量上下行接收比率的变化来突破此限制。这使其与窗口大小无关，并且不需要任何训练时间。令 W 为窗口，W_n^t 为其在时间 t 的大小。窗口 W 在时间内提供的接收比率的变化被表示为 Δ_t^{Win}，该指标由下式给出：

$$\Delta_t^{Win} = \sum_{i=1}^{W_n^t} W_i + \sum_{i=1}^{W_n^{t-1}} W_i$$

$$X_t^{ULL} = X_{t-1}^{ULL} \lambda + (1-\lambda)\phi(\Delta_t^{d_f}, \Delta_t^{d_r})$$

$$with \phi(x,y) = \begin{cases} -1 & x<0 \wedge y>0 \\ 1 & x>0 \wedge y<0 \\ 0 & else \end{cases} \tag{9.8}$$

为了给出一种趋势，我们建议将 λ 值固定为较高的值。如果评估结果是负的，一条链路可能会变成单向的（例如具有不同功率水平的节点）。

9.4.3 路由集成框架

在本节中，我们描述了旨在将所有估计器集成到路由协议中的框架。每个估计器都会评估链接的特定属性，以提供有关其质量和状态的信息。这是解决路由协议问题的关键概念。当前度量使用 F-LQE[BAC 10] 和 HoPS[REN 11] 之类的多重估计器进行计分的质量链接估计，以便提供单个值。即使 Baccour 等[BAC 15] 已在 CTP 路由协议中实现了 F-LQE，也没有好的办法来计算一种单个估计，其最终可包含估计器所提供的所有评估。

为解决此问题，我们提出了一个框架，其将每个估计值集成到路由过程中。实际上，每个估计器都与路由表相关联，以指示链接质量并通知链接状态事件的发生。基于主动监测，在接收到探测数据包之后计算每个估计值。之后，将其评估分配给路由表中的关联条目。所提出的路由框架如图 9.6 所示，其中包括路由协议和我们的度量标准。

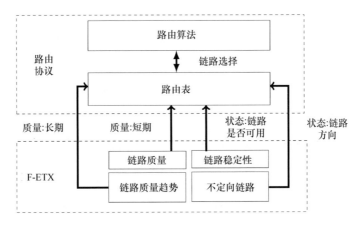

图9.6 路由框架

由于我们将路由表视为度量标准与外行协议间的中间部分,因此每条信息都存储在路由表的关联条目中。之后,路由算法根据其质量和状态选择最佳链路。因此,我们需要定义如何评估质量以及在路由表中存储哪种状态。此外,我们详细介绍了路由算法如何解读存储在路由表中的信息。

9.4.3.1 本地链接评估

如之前所指出的,F-ETX包括四个估计器,即短期链路质量、长期链路质量、稳定性估计器和单向链路指示符。

如图9.1所示,当两个链接质量接近但趋势相反时,这就成为一个主要问题。我们提出了一种新颖的链接质量评估方法,将短期和长期两者融合在一起:

$$链接质量 = X^{LQ} + X^{Trend} \tag{9.9}$$

同时考虑短期和长期估计,可以根据其当前趋势对短期估计的结果进行修正。如果一对链路的链路质量很接近,则该度量可以根据其度量选择最佳链路质量趋势。

稳定性指示器确定链路是否适合支持数据传输。此信息用于将路由入口声明为启用或禁用。实际上,即使质量不为空,空值估计也会将路由入口标记为禁用。因此,我们的估计器也会指示链路稳定性的两种可能状态:

$X^{Stab}=0$:禁用路由入口。

$X^{Stab}>0$:启用路由入口。

单向链路指示器检测到瞬态损耗,从而将双向链路变成单向链路。此外,可以通过直接观察 d_r 比率来检测持久性单向链路,该比率指示邻域重传的数据包的数量。因此,我们的指标能够检测链接的单向属性:

U_p:持久单向链接;

U_t:暂时单向链接.

9.4.3.2 实践中的路由

当接收到数据包时,路由算法负责通过选择最佳链路将数据包发送到目的地。此选择过程是通过在路由表中选择相应的入口来执行的。这就是协议根据链路质量($X^{LQ}+X^{Trend}$)为每个目标节点排列最佳潜在邻域的原因。然后,协议检查稳定性指示符以确定路由是否被声明为可用或禁用。在禁用情况下，算法将选择下一条路线并重新开始相同的方法。最后，协议检查链接是否是单向的。在瞬态的情况下，将选择此路径，否则路由算法将寻找另一条路径。

9.5 仿真设置

我们将 F-ETX 指标的性能分为两轮进行调查。首先，我们在 F-ETX 和两个当前的多重估计器 F-LQE 和 HoPS 之间进行性能评估。在第二轮调查中，如果将 F-ETX 用作主要指标，我们将观察其对路由性能的影响。为了进行此研究，我们定义了两种情况，包括实际的迁移模式和实际的信号传播环境，并使用 ns-3[RIL 10] 进行了仿真。

9.5.1 第一种情况

第一种情况用于 F-ETX，F-LQE 和 HoPS 的性能评估。在这种情况下，使用曼哈顿移动模型 4×4 的 $500m \times 500m$ 市区内有 40 辆汽车行驶。为了仿真高速交通流量，我们将车辆的平均速度设置为 30km/h。由文献［BEN 12］，我们固定了通道传播参数，其中"三对数距离损耗"模型为遮蔽模型，"瑞利"模型为快速衰落模型，以重现现实的城市渠道传播环境。表 9.2 详细列出了信号传播参数。

表 9.2 信号传播参数

PHY 参数	
Tx/Rx 功率/dBm	0
天线增益/dB	0
电力监测阈值	-96
MAC 参数	
标准	802.11g
模式	OFDM 6 Mb/s
适应速率	ARF
传播损耗参数	
三相距离	—
指数 0	2.5
指数 1	5
指数 2	10
距离 0	1
距离 1	75
距离 2	114
Nakagami-mrayleight	$m=1$

9.5.2 第二种情况

第二种情况被用于观察 F-ETX 对路由性能的影响。在这种情况下，在曼哈顿移动模型

4×4 的 $1 km^2$ 城市区域中，有 50 辆汽车行驶。我们将车辆的平均速度设置为 50km/h，并将最小速度限制为 30km/h。与第一种情况一样，表 9.2 中详细介绍了信号传播参数，并详述了传播环境。

9.6 仿真结果

现在我们描述通过实验获得的结果。如前所述，我们在现实的城市环境中测试以上方法，并探索了 F－ETX 度量的每个估计器的性能及其对路由性能的影响。

9.6.1 多重估计器性能

我们调查了 F－ETX 所有估计器的性能和稳定性。为此，我们比较了估计器的性能和当前指标，即 F－LQE[BAC 10] 和 HoPS[REN 11]，我们根据它们设置每个估计器的参数。我们将 F－LQE 的参数固定如下，并将用于计算数据包传输率的 WMEWMA 过滤器的系数设置为 0.6。要评估链路质量和链路稳定性，需要将 PRR 的历史记录设置为 30。最小历史记录应保持为 5 PRR，直到达到 30。对于 HoPS，我们将参数设置如下，其系数分别设置为 0.9 和 0.997，且对于新的链接，其短期和长期估计被初始化为 50%。最后，对于 F－ETX，我们通过将名为 λ、β 和 γ 的伴随估计分别设置为 0.9、0.1 和 0.5 来确定 EWMA 滤波器的参数。

我们的主要目标是通过观察估计器的追踪波动能力、准确性和稳定性来评估估计器的敏感度。当实现了时间评估和统计评估后，通过时间实验，观察估计器的表现，以便对其估计链接属性的能力有一个总体了解，且对估计器进行了统计评估，以衡量其预测属性。

9.6.1.1 时间评估

我们观察到快速的速度穿越，其中节点能够在 4s 内进行通信。图 9.7 显示了第一种情况的结果。

就 d_r 和 d_f 的分布而论，节点能够在几秒钟内通信（6~10s，从而可以观察到由于大尺度衰落（瑞利）效应导致的随机损失）。根据数据包历史记录计算出的 PRR 声明链路在 15s 处中断，但其实际中断发生在 11s 处。

关于 F－LQE，图 9.7b 显示了评估链路质量和链路稳定性估计（SF）的平滑 PRR（SPRR）。图 9.7c 显示了链路估计器（ASL）的单向性级别。SPRR 遵循具有平滑趋势的相应 PRR（图 9.7）轨迹，但是估计器显然没有足够的反应性，检测到中断太晚。这是源于 EWMA 过滤器提供的稳定性比估计器的反应性强。SF 估计器检测到链路质量在 11s 处发生变化，因为链路已中断。然而，估计器指示的变化并不反映中断情况，而仅表示链路质量的微小变化。最后，可以使用更重要的指标清楚地检测到中断。关于 ASL 指标，d_r 和 d_f 分布的变化会引入轻微波动，表明具有不对称链接的可能性很小。

关于 HoPS 的估计器（图 9.7d 和图 9.7e），我们观察到其短期估计的收敛时间很慢。当链路中断时，估计器仍将链接质量声明为未中断。但是长期估计器所表明的下降趋势是正确的。因此，EWMA 滤波器可以很好地用于长期估计，但不适用于会使评估变得平滑的短期估计。同样，链路质量趋势和变化指示器受短期和长期估计的长期反应性影响，且在发生中断时反应过慢。

F－ETX 的估计器如图 9.7f 和图 9.7g 所示。与其他 LQE 相比，F－ETX 比其他 LQE 具有更快的反应，并声明链接在13s之前中断。趋势估计通过连续的负值表明链路质量下降。链路稳定性估计器证明了这一点，这表明链路的稳定性处于低水平，并有所降低。我们还观察到，稳定性估计器比链路质量估计器更早宣布链路中断（12s）。关于单向指示符，它给出一个正值（在10s处），表明链路可以是单向的。

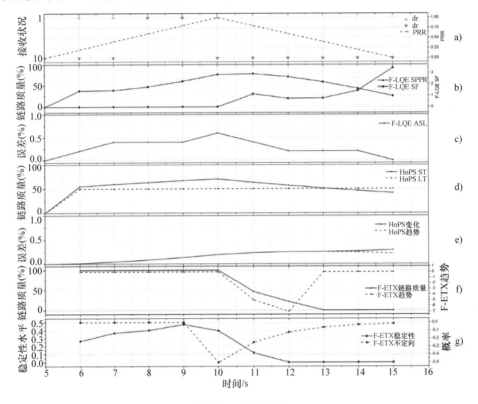

图9.7 快速穿越

9.6.1.2 统计分析

尽管之前的评估提供了有关LQE优势和劣势的详细信息，我们通过对场景中所有可用链接的统计分析来扩展评估。

我们已经观察到，F-ETX的链路质量估计器比F-LQE和HoPS具有更快的反应性。在此统计研究中，我们专注于与基于5个数据包历史记录的PRR解决方案相比，此估计器如何预测中断。图9.8a显示，F-ETX显然是在PRR解决方案之前预测中断的最佳解决方案。由于它基于动态窗口尺寸，因此该指标更具反应性，并且跟踪链接状态的变化非常好。另外，与仅评估下行链路的PRR解决方案不同，F-ETX评估两个链路方向。

其余的统计分析是通过平均绝对误差（MAE）进行的，该均值测量了预测估计值和当前结果的大小。数值越低表示预测越好，均值越大表示预测与当前值之间的误差越大。链接质量趋势是确定链接质量当前过程的额外信息。图9.8b显示了HoPS和F-ETX的链路质量趋势。我们发现，与HoPS相比，估算器具有更好地给出链路质量趋势的能力，即使它们都是基于链路质量估算器并使用EWMA滤波器进行计算。跟踪链路质量过程的能力依赖于短期链路质量估计器的能力。由于使用EWMA过滤器会影响HoPS-LT，因此HoPS-ST会滞

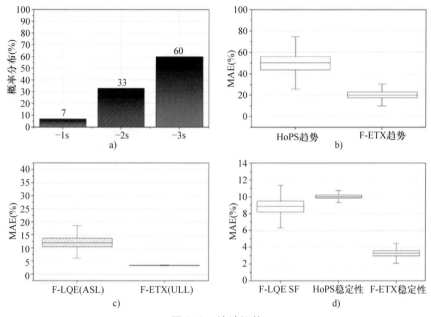

图 9.8 统计评估

后。另一方面，来自 F-ETX 的链路质量估计器具有反应快但不稳定的特点。因此，与 HoPS-LT 高估趋势相比，使用 EWMA 可以得到更好的长期估计，从而使估计稳定。

图 9.8c 展示了 F-LQE 和 F-ETX 的单向链路估计器。在仿真过程中，会出现任一有效的单向链接。当存在高传播干扰时，ASL 估算通常会使上下行链路的接收率单个读数不同。我们的指示器根据上行和下行之间的变化选用另一种策略。因此，此估计对干扰估计更具稳定性，并提供了有关双向链路变为单向的潜质的更准确信息。

跟踪链路稳定性是检测和区分瞬态和持久性链路的必要特征。我们在图 9.8d 中比较了由这些估计器观察到的基于传递和前向比率的当前变化所给出的值的变化。与其他方法相比，F-ETX 估计器的 MAE 最低。因为 HoPS 指示符仅跟踪 HoP ST 和 LT 估计之间的变化，所以它实际上与链路稳定性无关。对于 F-LQE，评估是基于 PRR 历史记录生成连续误差预测。

9.6.2 路由协议性能

我们对将 F-ETX 度量标准用作指标时的影响进行调查，开发了仿真模型来追溯 BATMAN（主动路由）协议。我们已经在路由协议中实现了 F-ETX 标准，并定义了主要指标，将修改后协议的性能与 OLSR（最佳链路状态路由协议）和 AODV（按需临时距离矢量）之类的几个协议进行了比较。我们保留了这些协议，因为它们以不同的方式获取路由信息，OLSR 是主动式，AODV 是反应式。为了对协议进行排序，我们考虑了两个指标。第一个是数据包传送率（PDR），它表示成功传送到目的地的数据包数。第二个是关于将数据包从源传送到目的地所花费时间的端到端延迟携带信息。

9.6.2.1 节点数目影响

我们要观察网络中存在的节点数目对路由性能的影响。为此，节点以恒定的比特率 UDP 数据报进行传输。在仿真期间，我们分析了六个流量模式，这代表总共交换了 2688 个字节。图 9.9 显示了平均 PDR 和平均端到端延迟。

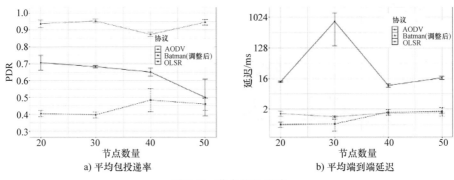

图 9.9　节点数目影响

我们的修改协议显然是最好的，因为与 OLSR 和 AODV 相比，它表现出最好的性能。关于 PDR，节点数目对这两个协议有很大的影响，但其效果相反。当节点数量增加时，OLSR 协议将获得更好的性能，而 AODV 协议将获得较低的性能。对于我们的协议，节点数目对其性能有一定影响。

关于端到端延迟，与被动协议 AODV 相比，预期的主动协议（包括 OLSR 和我们的协议）可获得最小的端到端延迟。由于这两种主动协议会定期探索网络拓扑，因此，一旦需要传输数据，节点便能够找到最佳状态。但是，像 AODV 这样的反应式协议会在必须发送数据后立即触发路由探索。这就是端到端延迟增加的原因，因为此探索阶段引入了延迟。

9.6.2.2　应用吞吐量影响

我们调查了应用吞吐量对路由性能的影响。本章研究了具有 20 个和 50 个节点的方案，并探索了具有不同发送周期——600、300 和 150ms 的应用吞吐量，以便施加不同压力于路由路径。图 9.10 显示了产生的 PDR 和端到端延迟。

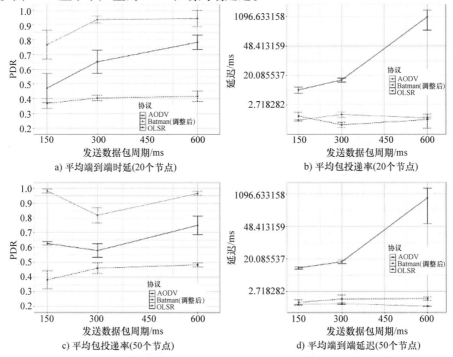

图 9.10　应用吞吐量影响

关于 PDR，在 PDR≥0.8 的情况下 BATMAN 的改进版本获得了最佳比率。即使应用程序的吞吐量影响所有协议，BATMAN 的改进版本仍可保持最佳性能。关于端到端延迟，正如预期的那样，主动协议的延迟比被动协议 AODV 的延迟低。主动协议间获得的端到端延迟相近（<2.7ms）。最终，BATMAN 改进协议似乎是最好的选择，因为它具有最佳的 PDR 和接近 OLSR 延迟的低端到端延迟。

9.7 结论

提出 F-ETX 是为了克服针对 WSN 的 LQE 设计的固有局限性。为了处理车辆网络的动态情况，这种度量标准依赖于动态窗口尺寸。F-ETX 由四个估计器组成，两个估计器专用于短期和长期链路质量评估，另外两个估计器用于确定链路状态是否稳定和单向。我们已开发了一个框架以将每个估计器集成到路由过程中。为此，链路将从质量与状态角度被评估。

通过实际的仿真环境，我们研究了 F-ETX 指标的性能及其对路由协议的影响。与其他当前的多估计器解决方案相比，此度量标准更具反应性和准确性，并且可提供最佳预测。我们已将度量标准实施到主动路由协议（BATMAN）中，并将其性能同另一主动式协议（OLSR）和反应式协议（AODV）进行了比较。无论节点数目和在应用吞吐量如何，BATMAN 改进版本都在数据包传输率方面获得了最佳结果，并且具有与 OLSR 协议类似的延迟。

9.8 参考文献

[BAC 10] BACCOUR N., KOUBÂA A., YOUSSEF H. *et al.*, "F-LQE: a fuzzy link quality estimator for wireless sensor networks", *Proceedings of the 7th European Conference on Wireless Sensor Networks (EWSN'10)*, pp. 240–255, 2010.

[BAC 12] BACCOUR N., KOUBÂA A., MOTTOLA L. *et al.*, "Radio link quality estimation in wireless sensor networks: a survey", *ACM Transactions on Sensor Networks*, vol. 8, no. 4, pp. 34:1–34:33, 2012.

[BAC 15] BACCOUR N., KOUBÂA A., YOUSSEF H. *et al.*, "Reliable link quality estimation in low-power wireless networks and its impact on tree-routing", *Ad Hoc Networks*, vol. 27, no. C, pp. 1–25, 2015.

[BEN 12] BENIN J., NOWATKOWSKI M., OWEN H., "Vehicular Network simulation propagation loss model parameter standardization in ns-3 and beyond", *Southeastcon, 2012 Proceedings of IEEE*, pp. 1–5, March 2012.

[BIN 15a] BINDEL S., CHAUMETTE S., HILT B., "A novel predictive link quality metric for mobile ad-hoc networks in urban contexts", *Ad Hoc Networks: 7th International Conference, AdHocHets 2015*, San Remo, pp. 134–145, September 2015.

[BIN 15b] BINDEL S., CHAUMETTE S., HILT B., "F-ETX: an enhancement of ETX metric for wireless mobile networks", *Communication Technologies for Vehicles: 8th International Workshop, Nets4Cars/Nets4Trains/Nets4Aircraft 2015*, Sousse, pp. 35–46, May 2015.

[BOA 09] BOANO C.A., VOIGT T., DUNKELS A. *et al.*, "Poster abstract: exploiting the LQI variance for rapid channel quality assessment", *International Conference on Information Processing in Sensor Networks, IPSN 2009*, pp. 369–370, April 2009.

[CER 05a] CERPA A., WONG J.L., KUANG L. *et al.*, "Statistical model of lossy links in wireless sensor networks", *IPSN 2005. Fourth International Symposium on Information Processing in Sensor Networks*, pp. 81–88, April 2005.

[CER 05b] CERPA A., WONG J.L., POTKONJAK M. et al., "Temporal properties of low power wireless links: modeling and implications on multi-hop routing", *Proceedings of the 6th ACM International Symposium on Mobile Ad Hoc Networking and Computing*, MobiHoc '05, New York, pp. 414–425, 2005.

[DEC 03a] DE COUTO D.S.J., AGUAYO D., BICKET J. et al., "A high-throughput path metric for multi-hop wireless routing", *Proceedings of the 9th Annual International Conference on Mobile Computing and Networking*, MobiCom '03, New York, pp. 134–146, 2003.

[DEC 03b] DE COUTO D.S.J., AGUAYO D., CHAMBERS B.A. et al., "Performance of multihop wireless networks: shortest path is not enough", *ACM SIGCOMM Computer Communication Review*, vol. 33, no. 1, pp. 83–88, January 2003.

[GAB 14] GABTENI H., HILT B., DROUHIN F. et al., "A novel predictive link state indicator for ad-hoc networks", *2014 IEEE Global Communications Conference*, pp. 149–154, December 2014.

[HEI 12] HEINZER P., LENDERS V., LEGENDRE F., "Fast and accurate packet delivery estimation based on DSSS chip errors", *INFOCOM, 2012 Proceedings IEEE*, pp. 2916–2920, March 2012.

[IEE 16] IEEE, "IEEE Standard for Low-Rate Wireless Personal Area Networks (WPANs)", *IEEE Std 802.15.4-2015 (Revision of IEEE Std 802.15.4-2011)*, pp. 1–709, April 2016.

[LAI 03] LAI D., MANJESHWAR A., HERRMANN F. et al., "Measurement and characterization of link quality metrics in energy constrained wireless sensor networks", *Global Telecommunications Conference, 2003. GLOBECOM '03. IEEE*, vol. 1, pp. 446–452, December 2003.

[LIU 14] LIU T., CERPA A.E., "Data-driven link quality prediction using link features", *ACM Transactions on Sensor Networks*, vol. 10, no. 2, pp. 37:1–37:35, January 2014.

[QUA 11] QUARTULLI A., C.L., "Client announcement and Fast roaming in a Layer-2 mesh network", Technical Report #DISI-11-472, University of Trento, 2011.

[REN 11] RENNER C., ERNST S., WEYER C. et al., "Prediction accuracy of link-quality estimators", *Wireless Sensor Networks: 8th European Conference, EWSN 2011*, Bonn, pp. 1–16, February 2011.

[RIL 10] RILEY G., HENDERSON T., "The ns-3 Network Simulator", in WEHRLE K., GÜNES M., GROSS J. (eds.), *Modeling and Tools for Network Simulation*, Springer, Berlin, 2010.

[SPU 13] SPUHLER M., LENDERS V., GIUSTINIANO D., "BLITZ: wireless link quality estimation in the dark", *Proceedings of the 10th European Conference on Wireless Sensor Networks (EWSN'13)*, pp. 99–114, 2013.

[SRI 06] SRINIVASAN K., DUTTA P., TAVAKOLI A. et al., "Understanding the causes of packet delivery success and failure in dense wireless sensor networks", *Proceedings of the 4th International Conference on Embedded Networked Sensor Systems (SenSys '06)*, New York, pp. 419–420, 2006.

[SRI 10] SRINIVASAN K., DUTTA P., TAVAKOLI A. et al., "An empirical study of low-power wireless", *ACM Transactions on Sensor Networks*, vol. 6, no. 2, pp. 16:1–16:49, March 2010.

[WOO 03] WOO A., CULLER D., Evaluation of efficient link reliability estimators for low-power wireless networks, Report no. UCB/CSD-03-1270, EECS Department, University of California, Berkeley, 2003.

[ZAM 07] ZAMALLOA M.Z.N., KRISHNAMACHARI B., "An analysis of unreliability and asymmetry in low-power wireless links", *ACM Transactions on Sensor Networks*, vol. 3, no. 2, 2007.

第 10 章

自动计算和车联网：基于服务质量的通信模型仿真

10.1 引言

智能交通系统管理的复杂性逐步增强，将自主计算范例应用于智能交通系统，特别是车载自组织网络，来增强在这种不断变化的环境中的通信性能是一项具有挑战性的任务。自主计算可以应用于改善包括广播方式在内的通信协议的性能。广播通信模式已被广泛用于车联网中来发送紧急消息和道路交通信息或帮助路由协议确定路线。这种通信模式难以有效实现，因为它依赖于网络密度。实际上，广播方法设计不当可能导致网络拥塞。本章介绍了自主计算原理在车联网环境中的应用，并通过借助自我管理概念来提高基于服务质量的通信性能。在这种环境下，将基于服务质量的广播协议的设计作为使用案例。10.2 节介绍了有关自主计算范式技术的陈述及其在车联网中的应用。然后，10.3 节介绍了无线自组网（尤其是车辆自组织网络）中现有的广播方法和协议。该技术有助于在 10.4 节中介绍在车联网中基于服务质量的自主广播协议的设计，以便根据给定的消息类别和网络密度水平来传递消息。这种方法使每辆车可以根据网络密度和将要发送的消息类别来动态调整其广播策略：紧急消息（高优先级）、道路交通（中等优先级）、舒缓消息（低优先级）。最后，在 10.5 节中，我们介绍了在自主车联网中基于服务的通信模型的仿真细节，以及称为 ADM（自主传播方法）的自管理广播协议的设计和评估，将这作为自主广播方法的示例。

10.2 在车联网中的自主计算

10.2.1 自主计算

传统的网络和系统管理是一个手动控制的过程。因此，为了管理与系统或网络动态演化有关的所有方面，必须由一个或几个操作员进行人工干预。具有有限人工干预的自管理系统的创建，是在信息技术环境中引入自主以应对日益增加的复杂性和过高的维护成本的愿景[GRO 02]。这样的自主系统能够实现自我组织。因此，网络成为相互联系的自治实体的集合，其中人工干预仅限于高级指令，并且系统管理详细信息对管理员是透明的。

处理这种范例的第一个倡议是受到生物系统特别是自主神经系统的启发。实际上,"自主计算"这一术语部分归因于自主神经系统[HOR 01]。该管理概念基于整体方法,其中所有的研究领域都与促成在网络中的全球化自主性的演变有牵连。

虽然自管理概念的目标列表在2001年之后得到了扩展,但自主系统的主要目标是自我配置、自我修复、自我优化和自我保护[GAN 03]。为了实现这些目标,自主系统使用连续监控方法来检测可能影响其组件的最终变化,从而详细地了解其内部状态及其环境[STE 03]。检测到变化会诱发自主系统调整其资源,并且监控将继续确定新措施是否能满足期望的性能。那就是自管理系统的封闭控制回路。由于从其资源中收集了测量数据,它使自主系统能够在没有人工干预的时作出适当的决策,同时符合全球目标。这个封闭的控制环由自主管理器执行,自主管理器使用传感器和效应器的可管理性界面来控制受管资源[IBM 05]。

10.2.2 自主车辆通信

为了在这种变化的环境中增强通信性能,将自主计算范式应用于运输系统,特别是车联网中,这是一项艰巨的任务。在Hsu等人[HSU 10]和Li等人[LI 12]中,他们描述了在智能交通系统中相应的挑战、方法和解决方案。实际上,他们在车辆网络中介绍了合作通信的概念。这些网络应该借助使用决策元素和控制回路的自我配置功能来进行自我管理。监测和监控信息将在协作车联网通信中使用,符合为了加强车辆安全性的"自主计算"概念。

在Wodczak[WOD 12]中提出的研究工作描述了车辆的自我管理能力,以便在车联网中执行自主协作通信和路由选择。他基于通用自主网络架构(GANA)提出了一种自主协作节点(即车辆)的架构。该节点包括控制受管理的实体(ME)的不同决策元素(DE),以增强V2V通信的性能。

Dressler[DRE 11]研究了有关车辆间通信(IVC)挑战的四个方面。尤其在处理车辆间通信原理和模式的方面,研究者讨论了新兴的车辆间通信的应用程序,例如安全通信方面描述了如何将车辆到车辆通信用于自组织通信量控制。Insaurralde[INS 12]介绍了自动水下航行器(AUV)的自主管理,以便为这些航行器在执行任务期间提供自我维护,提出了一种自主的自动水下航行器控制架构。该体系结构的目标是实现自主计算范式所描述的自我管理功能。

10.3 车联网下的广播协议

广播由网络中从一个节点向其他节点发送的消息组成。在无线网络中,每个节点的覆盖区域极限也限制了将无线电信号向发射机覆盖区域内的节点的传播。在车联网中,只有某些节点中继了它们接收的数据包,才能确保消息的广泛传播。此外,节点共享信道这一事实要求设计使干扰风险最小化的广播策略。这可以通过减少高密度网络中的中继器数量来实现。这种减少不应导致消息传播的中断。在车联网中(通常在无线自组网中),找到一个良好的广播策略是很困难的,因为它是以分散的方式决定是否转播每个消息。这意味着没有一个节点能获得有关整个网络拓扑的信息。每个决定都是根据当地信息作出的。

在文献中,用于无线自组织网络的广播方法的已有几种分类[WIL 02, WU 03, STO 04]。Williams和Camp[WIL 02]根据决策所使用的信息(概率、冗余副本数、邻居列表)将广播方法进行分类。Wu和Lou[WU 03]提出了两种分类法。第一种分类是基于使用的算法类型:概率算法或确定性算法。第二种分类基于算法中使用的状态信息量：全局、准全局、准局部和局部。根据 Stojmenovic 和 Wu[STO 04]，广播方案可以被由五个类别所组成的分类法来分类：确定性、网络信息、可靠性、Hello 消息内容和广播消息内容。本章使用 Williams 和 Camp 提出的分类。广播方法分为两类：确定性方法和随机性方法（图 10.1）。

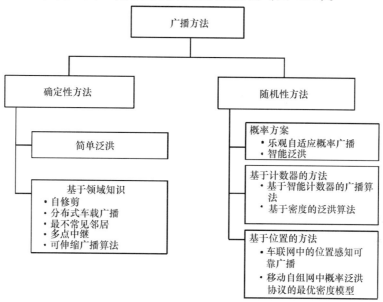

图 10.1 广播方法的分类

10.3.1 确定性方法

在过程是可预测的情况下，广播方法是确定性的。该组包括简单的泛洪和基于邻域知识的方法。

10.3.1.1 简单泛洪

简单泛洪是最简单的广播方法。每个数据包仅由每个节点中继一次。之后接收到的数据包的任何冗余副本都将被忽略。因此，在由 n 个节点组成的网络中，将发送该数据包的 n 个副本。这种方法的缺点是它没有考虑到网络密度。在高密度网络中，简单泛洪算法将生成广播数据包的许多冗余副本，导致无线电资源的过度使用。

10.3.1.2 基于邻域知识的方法

基于邻域知识的方法在中继数据包之前先比较邻居列表。节点交换 Hello 数据包以发现本地网络拓扑结构并建立它们的邻域列表。

自修剪的泛洪[LIM 00]使用一跳邻居列表。这个列表被插入到广播包中。这允许每个接收者将自己的列表与广播包中包含的列表进行比较。如果列表是相同的，这个数据包就会被丢弃，否则数据包就会被转播。分布式车载广播（DV – CAST）[TON 10]和最不常见邻居（LCN）[YU 06]等方法也依赖于一跳邻居列表。

多点中继（MPR）技术[NGU 07]是一种基于邻域知识的广播方法。为了减少网络中冗余包的数量，每个节点在它的邻居中选择几个节点来中继它的通信。这些被所选的节点称为 MPR。在一跳邻居之间选择这些 MPR，以便它们能够到达所有两跳邻居。目标是在网络中拥有最小的 MPR 列表，这可以优化通信。这种方法需要双向链接。当一个节点发送一个包时，它的所有邻居都会接收它，但是只有源节点的 MPR 会中继消息。因此，每个节点都有一个由所有选择它作为中继节点组成的列表（MPR 选择器列表）。

可伸缩广播算法（SBA）[PEN 00]在两个节点内使用拓扑信息。当运行 SBA 的节点接收广播包时，它使用源标识符（产生数据包的节点或最后一个中继节点的节点）和它的邻居列表来确定它的邻居中所有其他的节点（N），这些节点将在中继数据包时接收数据包。如果 N 是空的，数据包就会被丢弃，否则节点设置一个称为 RAD（随机访问延迟）的超时。如果它收到另一个相同数据包的副本，那么将重新计算 N。RAD 计时器到期时，如果 N 不为空，则该数据包被中继。为了优化这个算法，作者建议计算等待时间（t），以便对具有多个邻居的节点进行优先级排序：

$$t = \frac{N_{\max}}{n} \tag{10.1}$$

式中，n 是接收者的邻居数量；$N_{\max}$ 是接收者的邻居数量 n 的最大值。

对于静态或低移动性网络，基于邻域知识的方法可以实现良好的性能。但是，在高移动性网络（如车联网）中，有关邻域的信息会很快变得不准确。因此，这一系列方法几乎不适用于车辆网络。

10.3.2 随机性方法

随机性方法可以统计地评估如果数据包在被给定得节点中继时可以获得的增益。它们包括概率方法、基于计数器的方法和基于位置的方法。

10.3.2.1 概率方法

为了避免广播风暴问题[NI 99]并依据网络密度调整广播策略，概率方法主要使用一个参数来服务中继（或不中继）每个已接收到的数据包。实际上，对于一个给定的网络密度，存在 p_s，即一个概率阈值（$0 \leqslant p_s \leqslant 1$），其将允许所有节点来接收数据包，从而减少不必要的重复次数并且造成较少的冲突。任何其他值 $p > p_s$ 时都不会导致更好的覆盖范围，但是可能会降低通信的质量。由于 p_s 在网络中局部变化，概率方法的主要挑战就是确定其正确值。在文献中提出了一些为 p_s 进行动态赋值的方法。他们将概率方法与其他一些评估网络密度的技术相结合，例如基于计数器的方法或基于距离的方法。

乐观自适应概率广播（OAPB）[ALS 05]根据两跳内邻居的数量来调整每辆车的概率。这允许协议将广播策略适应为本地密度。由于 Hello 数据包，每辆车的邻居得以被发现。智能泛洪[ABD 12a]还旨在使广播概率能适应本地密度。除了概率之外，该协议还引入了其他几个参数，例如每个数据包的重新传播次数和连续重新传播之间的延迟。为了在各种密度水平上实现这些参数的良好的调整，作者使用了遗传算法。需要重点注意的是，智能泛洪并不是使用 Hello 数据包来评估本地密度。它利用了在节点之间的传统交换来对每个节点的邻居数目进行估计。

10.3.2.2 基于计数器的方法

基于计数器的方法的原理很简单：某个节点收到的相同的数据包的副本越多，中继此数据包有用的可能性就越小。在接收到第一份副本时，节点将计数器 C 初始化为 1 并设置超时 RAD（随机访问延迟）。在等待期间，计数器 C 在接收到数据包的新副本时开始递增。当

RAD 到期时，将计数器 C 与阈值 C_t 进行比较。如果 $C < C_t$，则广播该数据包，否则其被丢弃。就像概率方法一样，挑战之一是找到一个合适的值作为阈值 C_t。Ni 等[NI 99]证明了当冗余副本的数量增加时，广播过程覆盖的额外区域将显著减少。

Bani Yassein 等人[BAN 07]提出了一种基于智能计数器的广播算法，该算法根据网络密度调整阈值 C_t。借助 Hello 数据包，节点建立邻居列表。这些列表的大小允许动态调整阈值 C_t。Karthikeyan 等[KAR 10]引入了一种名为"基于密度的泛洪算法"的方法。该方法根据相对于给定阈值 τ 的邻居数目定义了两类节点。每个节点都依据自己的类别和数据包的上一跳来决定中继的每个数据包。

10.3.2.3 基于位置的方法

在基于位置的方法的情况下，在中继消息之前，节点会评估这次重新传输将导致的额外覆盖范围。这些方法不考虑在该附加区域内是否存在节点。AckPBSM[ROS 09]和 POCA[NAN 10]使用此方法，并将较低的随机访问延迟（RAD）设置到远离源节点（或上一跳的转播节点）的节点。为了评估额外的覆盖区域，该节点可以使用其自身与先前已中继该消息的每个节点（基于距离的方案）或地理坐标（基于位置的方案）之间的距离。在基于距离的方案和基于位置的方案中，都会设置随机访问延误（RAD）超时，并且如果其他覆盖范围高于固定阈值，则该消息被中继。

10.4 在车联网中的自主广播

在描述了自主计算范式及其概念在车联网中的一些应用后，我们详细介绍了在车联网中与使用广播协议有关的新技术。在以下各节中，我们将介绍一项作为将有关自主计算概念应用于在车联网中这些广播协议的示例研究。因此，指定了一种自我管理体系结构以启用基于的服务质量的自主广播，同时证明了这种广播是在车联网环境中的优化问题。

10.4.1 在车联网中广播协议的优化

设计一个有效的广播协议需要满足几个可能具有相对性的目标：例如，在消息传输到最大数量的节点同时需避免无线电信号信道的过度使用并尽可能快地传送数据包，此速度可能会造成无线电信号受干扰。这显然是一个多目标优化问题，每个解决方案都是一组定义广播策略的参数。根据协议进行优化，参数可以是概率、随机访问延迟（RAD）的边界和一些阈值等。

在文献［ABD 12a］中，作者将广播策略定义为一组 4 个参数：

1）中继数据包的概率（P）。它继承自经典的概率方法。当节点收到广播数据包的第一个副本时，它决定是否转播此数据包，这取决于 P。仅当节点决定中继该数据包时，以下 3 个参数才适用。

2）重复次数（N_r）。在低密度网络中，当某个节点广播数据包时，在其覆盖范围内没有邻居可以接收并中继消息的情况很常见。多次发送数据包，尤其是在移动性的情况下，节点会增加接收和中继数据包的概率。当第一个发送的数据包由于冲突或不良的无线电传播质量而丢失时，N_r 也很有用。

3）两个连续重传之间的延迟（D_r）。当节点多次发送同一数据包（$N_r > 1$）时，确定同一数据包副本被发送的频率很重要。一个极短的延迟可能会导致许多冲突，而一个极长的延迟可能会降低广播速度。

4）数据包的生命周期。它允许在网络内或一段长时间内有限地传播数据包。可以在广播协议的情况中使用每个数据包允许的最大跳数 TTL（生存时间）。地理坐标或传输时间可以代替这个参数。

这些参数使作者可以来调整其名为智能泛洪的协议。被这些参数（P，N_r，D_r 和 TTL）定义的广播策略的优化过程使用以下四个标准实施：

1）平均碰撞次数（NC）。
2）传播时间（PT）。这是数据包从发送到被研究区域的所有节点接收之间的时间。
3）在仿真期间的重新传输总数（R）。
4）完整接收率（FR）。这是指保证广播数据包将被所有节点接收（可达性）。所有节点都接收到数据包的仿真被认为是成功的。相反，如果网络条件（传播或拓扑）不允许所有节点都能接收到数据包，则此次仿真视为失败。FR 是成功次数与每个方案执行的重复总数之比。

前三个标准将被最小化，而 FR 将被最大化。NC 和 R 可以测量无线电信道的使用情况：高值表明所评估的策略有可能会干扰网络中的其他通信。NC、PT 和 R 的计算仅考虑成功的仿真。

10.4.2 自我管理体系结构

为了提高效率，在车联网中的广播协议不仅应根据网络密度，还应根据必须传播的消息的优先级来调整其通信策略。这种协议可以通过使用由移动节点（车辆）内的自主管理器执行的封闭控制回路来指定。根据 10.2.1 小节中介绍的自主计算概念，后者被视为托管资源。所产生的架构可根据车载自组网的环境特征和变更情况使得广播策略被优化。

无线电通信的自我管理方法可确保广播协议的稳定性。实际上，由于自主管理器能够根据消息优先级进行广播决策并考虑到就密度级别而言的环境变化，每个节点（即车辆）都被视为自主元素（10.5.1 小节给出了一个示例）。为了实现这些目标，自主管理器执行了 MAPE-K 闭环控制回路（图 10.2），并使用传感器和效用器的可管理接口与受管元素移动节点进行通信。

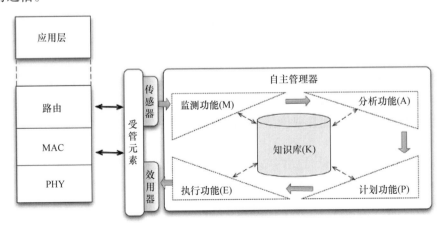

图 10.2 自主管理器闭环控制

在车联网中的每个自治节点都通过侦听无线电信道来连续监测其环境和网络流量，并借助传感器的可管理性界面为带有网络流量信息的自主管理器提供监测功能（M）。如图 10.2 所示，在自我管理体系结构中，知识库应包含有效参数，以便能够与广播策略相适应。

在广播协议的情境下，监控器借助其目标地址来确定已接收到的数据包是否为广播数据包。在广播消息的情况下，它向分析功能（A）提供此信息，进而为后续控制循环过程。

分析功能不仅能根据数据包的包头信息确定消息的优先级水平，还能评估节点环境的现有密度水平（可以像智能泛洪的情况一样，使用 Hello 数据包或数据包对其进行评估）。此信息可以存储在一个自主管理的知识库中（K）。

在评估密度级别之后，借助优化离线阶段创建的策略表，计划功能（P）将通过分析功能提供的密度和优先级的值从知识库（K）中检索适当的广播策略。然后，计划功能将向执行功能（E）提供广播参数（在第 10.5.1 小节中介绍了智能泛洪或 ADM 情况下的参数 P、N_r、D_r 和 TTL），借助效应器可管理性界面，通过执行与广播策略的相应的动作来更改移动节点托管资源的行为。

自我管理体系结构使自主管理器可以基于通过传感器的可管理性界面报告的信息来确定如何调整广播策略。与自主管理器相对应的四个功能（MAPE）均具有特定的角色，但是它们都共享相同的知识库。后者包含一组针对各种情景进行优化广播策略，这些策略针对不同的密度和优先级，我们将在 10.4.3 小节描述基于服务质量的广播。

10.4.3 基于服务质量的广播

在车联网及其应用中的一些最新研究工作表明，可以将消息分为多个类别，并根据多标准来处理它们。分类依据可以是它们的紧急程度，它们对交通管理的影响或者所期望的可达性。

在这种情况下，可以为车联网中的广播操作定义三个消息类（对应于三个优先级）。每类都应当满足一个广播策略。这些类别可以基于单个或双重目标，也可以考虑其他广播特性，如覆盖节点比率随时间的演变。这些策略主要说明了广播协议对消息内容的适应性，且可轻松对其他类别重新定义或扩展。

高水平优先级消息（HL）对应于紧急消息，例如安全消息或事故检测。它们必须尽可能快地传递，因为可能需要驾驶人作出迅速反应。对于这些消息，广播协议试图使所需的传播时间最小化，以便靠近广播源的车辆可能会以非常短的延迟接收消息。安全消息传递是一种近空间应用，其中车辆近距离交换信息以提高安全意识[VEG 13]。这些应用具有严格的延迟限制。除了减少传播之外，自主广播方法还将尝试使最大接收率最大化。

中水平优先级消息（ML）对应于道路交通消息，例如交通拥堵报告。它们针对紧急性较低的信息，驾驶反射不是方程式的一部分，只需引起注意即可。这些消息应覆盖较高比例的节点，而广播操作则需要减少无线电干扰的数量。根据文献［VEG 13］，交通监测应用需要从长途行驶的车辆中收集信息。

低水平优先级消息（LL）对应于舒适消息，例如天气信息、旅游景点或兴趣点。它们是可选消息，其传递不得更改紧急消息和警告消息的发送。对于可接受的节点覆盖率来说，必须通过减少冲突次数以及重新传输次数来优化无线电资源的使用。

表10.1总结了在本次研究中考虑的消息优先级。

表10.1 消息优先级

消息优先级	实例	策略
高水平	事故报告	最小化传播时间 最大化可达性
中水平	交通报告	最大化可达性 减少干扰
低水平	旅游景点	减少碰撞次数 减少重传次数

10.5 基于服务质量的通信模型的仿真

在本节中,我们首先介绍一个受自主计算范式启发的广播协议。而后我们展示该协议的仿真结果。

10.5.1 ADM(自主传播方法)

10.5.1.1 概述

ADM 是智能泛洪协议[ABD 12a]的扩展。ADM 是一种自主性强的广播方法,可以根据网络密度和消息优先级来调整其广播策略。它的体系架构如图10.3所示。

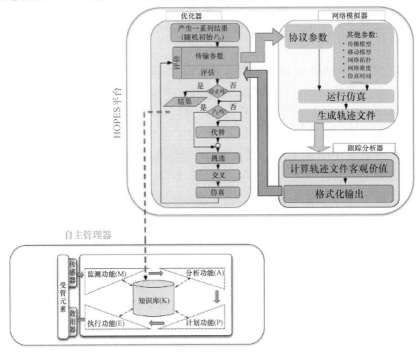

图10.3 ADM 的体系架构(彩图见 www.iste.co.uk/hilt/transportation.zip)

ADM 依赖于一种离线优化过程，该过程旨在为自主管理器的知识库模块提供良好的广播策略。实际上，我们使用结合了优化器、网络仿真器和跟踪分析器的方法来优化参数 P、N_r、D_r 和 TTL。图 10.3 说明了这三个模块的相互作用关系。P、N_r、D_r 和 TTL 使用 HOPES（使用进化算法和仿真的混合优化平台）[ABD 12a] 进行了优化。HOPES 使优化器、网络仿真器和跟踪分析器结合在一起。

该方法中使用的优化器是我们提出的遗传算法 aGAME[ABD 12b]。该问题的决策变量是 P、N_r、D_r 和 TTL。它们是定义解决方案（广播策略）的不同基因。遗传算法用于有效遍历搜索空间。优化过程开始于初始种群（P_0）的随机生成。评估阶段被分为两个步骤：第一步由网络仿真器来执行，第二步由遗传算法来执行。

广播参数（P、N_r、D_r 和 TTL）被传输到网络仿真器，网络仿真器将它们与其他参数集成在一起，以便更好地再现被评估网络的条件。仿真期间生成的跟踪文件随后被传输到分析器模块。它解析文件为了提取评估标准值（NC、PT、R 和 FR），并根据遗传算法的所需格式显示获得的结果。

当遗传算法接收到跟踪分析器模块的结果时，它将继续进行评估的第二步，以便对解决方案进行分类并分配适用性值。为了对不能保证完全接收到的数据包的方案进行惩罚，该问题设立了约束条件：FR 必须大于或等于可达性阈值。

遗传算法的其余操作过程是独立于问题而执行。在每次迭代中，这三个模块都涉及评估任务。优化模块的第二次测试用"是 P_0 吗？"表示检查当前种群是否为初始种群。整个优化过程导致了一组非支配的解决方案，这些解决方案与适合于所考虑的网络密度的传播策略相对应。这项研究通过更改仿真模块中相应的参数可以进行多次不同密度的重复研究。

从这个离线优化阶段的结果可知，诸如 ADM 的广播协议将建立一个知识库，这个知识库建立了密度级别与广播策略之间的对应关系。密度水平用相邻间隔的数量表示。因此每个节点都可以根据其所在网络的密度来选择适当的传播策略。然后，根据与所选策略相关的重新传输的概率，节点来决定是否中继数据包。如果决定转播通信，则会应用其他相应的参数（N_r、D_r 和 TTL）。

10.5.1.2 密度评估

在经典方法中，通常通过对位于 i 的覆盖区域内的节点（N_i）的数量进行计数来计算节点 i 周围的密度。这些方法假设所有节点具有统一且相同的覆盖区域。当无线电传播模型确定时（例如自由空间或两线地面反射）会出现这种情况。但是，对于更贴合现实的模型，根据发送机和接收机之间的距离分配数据包丢失是不切实际的。ADM 基于从中接收数据包的活跃邻居的数量来评估每个自主节点的局部密度。在通信期间，每个节点都会建立其邻域的视图。此视图取决于已发送或已中继数据包的邻居列表。每个自治节点都保留一个历史记录，在该历史记录中，它会将每个已发送或已中继的节点列表与每个接收到的数据包相关联。在接收到数据包的第一份副本时，其标识符和源/中继地址将被记录在自主管理器知识库中叫作本地视图的表中。当收到冗余副本时，新中继的地址将附加到与数据包相对应的本地视图表地址（L）列表中。每个地址对每个数据包仅记录一次，因此接收一个邻居发出的多份副本不会加长有关数据包的地址列表。当表已满时，根据 FIFO（先进先出）原则将最旧的信息替换为新的信息。每个自主节点 i 的当前邻居数（N_i）等于 L 中存储的所有数据包的平均发送器数目：

$$N_i = \frac{\sum_{j=1}^{n} |L(j)|}{n} \tag{10.2}$$

式中，n 是本地视图表中的数据包总数；$|L(j)|$ 是在表中发出/中继的第 j 个数据包的节点数。

10.5.1.3 校准

我们优化运行过程以找到 ADM 用于各种各样网络密度级别的良好广播策略。在本节中，我们展示了四个密度级别的值，将排列 10km 的车队视为拓扑模型。为了说明不同的密度水平，我们改变了车辆之间的车距。表 10.2 表示了用于不同网络密度级别的拓扑参数。

正如大多数的多目标问题，优化问题的返回值是几种可能解决方案，这些解决方案在不同目标函数（NC、PT、R、FR）之间取得了折中。为了完善所获得的结果，我们使用了基于偏好的多准则决策方法。

表 10.2 不同网络密度级别的拓扑参数

密度等级	车辆数量/辆	车距/m	平均邻居数
高（城市）	400	25	26
中（郊区）	134	75	10
低（高速公路）	50	200	5
极低（农村）	10	1000	1

为了发送高优先级消息，我们选择了一种解决方案：在网络中覆盖最大数量的节点的同时，尽可能快地传递数据包。对于中等优先级的信息，要考虑的首要标准是可达性（FR）。然后，在 FR 值几乎等于 1（最大值）时，我们选择引起的冲突最少的解决方案。最后，对于低优先级消息，目标是在尽量少使用无线信道的同时发送数据包。第一个和第二个标准分别是 NC 和 R。对于这三个优先级的广播参数和对应于各种密度级别的目标函数值分别在表 10.3 ～ 表 10.6 中给出，分别是高密度网络、中密度网络、低密度网络和极低密度网络。对于每种情况，我们使用位于车队末端的一个源节点。10.5.3 小节中讨论了具有多个源节点的方案。

表 10.3 ADM 在高密度网络中的参数和性能结果

信息类别	广播参数				绩效结果			
	P	N_r	D_r	TTL	NC	PT	R	FR
高优先级	0.329	1		32	497	0.051	131	99.6%
中优先级	0.258	2	1.721	15	347	0.106	207	100%
低优先级	0.188	1		39	190	0.048	75	86.8%

表 10.4 ADM 在中密度网络中的参数和性能结果

信息类别	广播参数				绩效结果			
	P	N_r	D_r	TTL	NC	PT	R	FR
高优先级	0.776	1		26	166	0.044	104	100%
中优先级	0.519	2	0.951	16	93	0.121	139	100%
低优先级	0.291	2	0.276	27	35	0.209	82	75.8%

在高密度网络中，中继数据包的可能性较低（见表10.3）。当 $N_r = 1$ 时，D_r 信元（连续重复之间的延迟）已被遮蔽，因为此参数仅在 $N_r > 1$ 时适用。对于高优先级消息（在高密度网络中），每个数据包只中继一次，概率约为 0.3，可以使得消息快速中继。但是，此概率会产生大量冲突。这个缺点在中等优先级的消息中得到了修正。为了减少冲突次数并增加可达性（FR），我们选择了概率较低且重复次数等于2的解决方案。此外，由于重复不是突发发送，所以干扰的风险得以降低。

对于低优先级消息，值得注意的是，结果仅涉及所有车辆已接收到的数据包。换句话说，接收到的数据包中有 86.8% 迅速传播（由于访问无线电信道的竞争很低），但其中 13.2% 的数据包没有被完全传送。

遵循相同的推理，我们获得了郊区和高速公路情景下的广播参数（分别见表10.4和表10.5）。

对于农村地区，低密度级别网络的情况意味着需要对每个数据包进行多次重新传递（见表10.6）。实际上，在这种情况下，车联网的行为类似于延迟容忍网络（DTN）[PAR 12]。在这种情况下，由于很少使用无线电信道，即使 ADM 能够根据消息类别区分广播策略，在实际上，这些类别也几乎不会影响通信过程。必须满足的主要约束是：获得接近 1 的概率（P）和大量重复次数（N_r）。

表10.5 ADM 在低密度网络中的参数和性能结果

信息类别	广播参数				绩效结果			
	P	N_r	D_r	TTL	NC	PT	R	FR
高优先级	0.999	4	1.147	40	31	0.092	199	100%
中优先级	0.916	2	0.729	28	24	0.124	90	100%
低优先级	0.649	2	1.933	34	10	1.414	66	82.8%

表10.6 ADM 的参数和性能结果可用于极低密度的网络

信息类别	广播参数				绩效结果			
	P	N_r	D_r	TTL	NC	PT	R	FR
高优先级	0.833	28	0.233	28	58	13.09	1167	99.8%
中优先级	0.896	25	1.468	34	16	28.30	1124	100%
低优先级	0.902	8	1.622	19	4	30.96	362	92.6%

10.5.2 仿真环境

本节描述了用于将 ADM 与文献中的某些广播方法进行比较的仿真参数。

使用 ns-2 网络仿真器（2.34 版）和阴影模式传播模型[DHO 06]来进行仿真。这是一个现实的概率传播模型，它可以产生统计误差的分布，如慢衰落和快衰落，同时很容易执行中型到大型的仿真。

图10.4 显示了仿真的网络拓扑结构，它由三个主要区域组成。第一个区域是平均速度为 130km/h 的主要道路。在第二区域中，平均速度为 90km/h。最后，第三区域与城市网络相符合，平均速度为 50km/h。这些速度分别对应于法国在高速公路、后备道路和市区的最

大速度。我们使用了一种移动模型，该模型在每个交叉路口重新定向车辆，以维持每个区域所需的平均密度（邻域的平均数量）（见图10.4）。除此之外，第三区域内的低速导致了网络中这部分的密度增加。

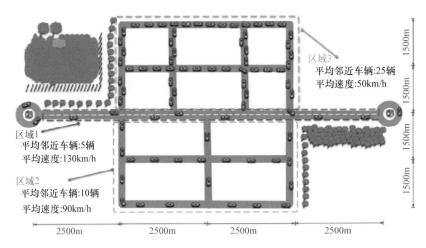

图10.4 仿真的网络拓扑结构（彩图见 www.iste.co.uk/hilt/transportation.zip）

对于这些实验，我们仿真了一个由600辆车组成的网络。仿真持续时间设置为10min。该持续时间允许每辆车在各个区域之间移动，从而改变密度水平。

每5s发送一次数据包，这样可以评估ADM相对于网络流量的稳定性。在每个发送阶段，由于存在多个源车辆（3~30个源之间，视情况而定），因此可能同时访问无线电信道。

10.5.3 性能评估

我们评估密度在根据地理位置变化的网络中的ADM性能。其目的是通过相应的自主管理器的知识库中提供的不同广播策略来评估ADM适应密度变化的能力（图10.5）。

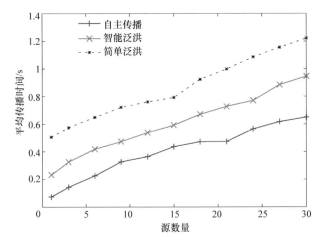

图10.5 平均传播时间（彩图见 www.iste.co.uk/hilt/transportation.zip）

移动和非均匀密度网络中通信协议的性能取决于它们动态适应环境变化的能力。图

10.5~图 10.7 中的结果清楚地表明，缺乏对密度水平的适应机制会导致简单泛洪方法的性能较差。当同时有超过 18 个源节点时，其传播时间至少为 1s（图 10.5）。此延迟可能对紧急消息是不利的。此外，我们可以观察到，在同时访问无线电信道的情况下，简单泛洪正在努力通过网络传递数据包（图 10.6）。可达性如此之低是由于冗余数据包引起的冲突，尤其是在高密度区域（图 10.7）。

关于这两种能够适应密度的协议，我们观察到 ADM 的性能要比智能泛洪（Smart Flooding）更好。这些差异是由于智能泛洪的通过使用理论方法低估了网络密度的事实造成的。ADM 不仅基于此理论，而且还使用了实验结果。

通常情况下，ADM 在相对较大的区域（即使有 30 个源节点）中在不到 700ms 的时间内发送紧急数据包。这样可以符合驾驶人对警告的反应限制。此外，对于应该由最大节点接收的中等优先级消息（例如，道路交通管制），在有 30 个源的场景下，ADM 的可达性比率接近 75%，而智能泛洪（Smart Flooding）占 66%，简单泛洪（Simple Flooding）占 53%。

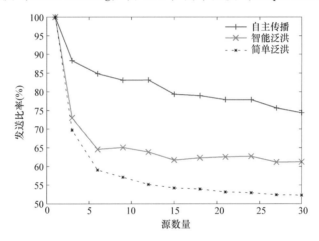

图 10.6　发送比率（彩图见 www.iste.co.uk/hilt/transportation.zip）

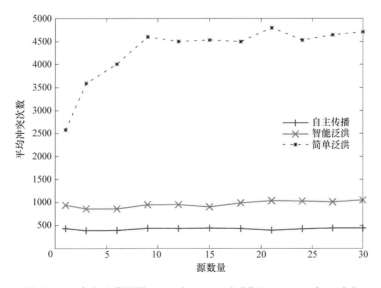

图 10.7　冲突（彩图见 www.iste.co.uk/hilt/transportation.zip）

10.6 结论

本章介绍了自主计算范式在车联网通信中的应用。这种方法允许构建强而稳定的协议。在这种情况下，得益于此方法的改进和基于服务质量的自主广播协议的规范，自主传播方法（ADM）的设计作为了在车联网环境中的自我管理概念的详细案例。

由于采用了遗传算法，ADM使用了获得的预先计算的广播策略。每个节点都可以根据网络密度和相应的优先级消息类别动态调整其自己的广播参数。在同质和异质密度网络上进行的仿真的结果表明，ADM优于其他两种广播方法：智能泛洪协议和简单泛洪方法。这些结果还揭示了当使用不同的消息类别同时传输的数量显著增加时，ADM的可扩展性。尽管只考虑了三种消息类别，但ADM可以轻松地修改为包括其他消息类别。这些新类将启用不同的功能和特性，以考虑其他车载自组网的通信用法以及与基础架构的交互。

10.7 参考文献

[ABD 12a] ABDOU W., BLOCH C., CHARLET D. et al., "Designing smart adaptive flooding in MANET using evolutionary algorithm", *Mobile Wireless Middleware, Operating Systems, and Applications: 4th International ICST Conference*, pp. 71–84, 2012.

[ABD 12b] ABDOU W., BLOCH C., CHARLET D. et al., "Adaptive multi-objective genetic algorithm using multi-paretoranking", *14th International Genetic and Evolutionary Computation Conference*, Philadelphia, PA, pp. 449–456, 2012.

[ALS 05] ALSHAER H., HORLAIT E., "An optimized adaptive broadcast scheme for inter-vehicle communication", *2005 IEEE 61st Vehicular Technology Conference*, vol. 5, pp. 2840–2844, 2005.

[BAN 07] BANI YASSEIN M., AL-HUMOUD S., OULD KHAOUA M. et al., "New Counter Based Broadcast Scheme Using Local Neighborhood Information in MANETs", University of Glasgow, Department of Computing Science, 2007.

[DHO 06] DHOUTAUT D., REGIS A., SPIES F., "Impact of radio propagation models in vehicular ad hoc networks simulations", *VANET '06 Proceedings of the 3rd International Workshop on Vehicular ad hoc Networks*, pp. 40–49, 2006.

[DRE 11] DRESSLER F., KARGL F., OTT J. et al., "Research challenges in intervehicular communication: lessons of the 2010 Dagstuhl seminar", *IEEE Communications Magazine*, vol. 49, no. 5, pp. 158–164, 2011.

[GAN 03] GANEK A.G., CORBI T.A., "The dawning of the autonomic computing era", *IBM System Journal*, vol. 42, no. 1, pp. 5–18, 2003.

[GRO 02] GROUP Y., How Much is an Hour of Downtime Worth to You?, Must-know Business Continuity Strategies, pp. 178–187, 2002.

[HOR 01] HORN P., Autonomic Computing: IBM's Perspective on the State of Information Technology, IBM Corporation, 2001.

[HSU 10] HSU I.Y.-Y., WÓDCZAK M., WHITE R.G. et al., "Challenges, approaches, and solutions in intelligent transportation systems", *2010 Second International Conference on Ubiquitous and Future Networks (ICUFN)*, Jeju island, pp. 366–371, 2010.

[IBM 05] IBM, An architectural blueprint for autonomic computing, Technical report 3rd ed., IBM, Hawthorne, available at: http://www03.ibm.com/autonomic/ pdfs/ACBlueprintWhite PaperV7. Pdf, 2005.

[INS 12] INSAURRALDE C., "Autonomic management for the next generation of autonomous underwater vehicles", *IEEE/OES Autonomous Underwater Vehicles (AUV)*, Southampton, pp. 1–8, 2012.

[JAF 12] JAFFAR S., SUBRAMANYM M.V., "Broadcasting methods in mobile ad hoc networks: taxonomy and current state of the art", *Global Journal of Computer Science and Technology*, vol. 12, no. 1, pp. 59–65, 2012.

[KAM 10] KAMINI R.K., "Vanet parameters and applications: a review", *Global Journal of Computer Science and Technology*, vol. 10, pp. 72–77, 2010.

[KAR 10] KARTHIKEYAN N., PALANISAMY V., DURAISWAMY K., "Optimum density based model for probabilistic flooding protocol in mobile ad hoc network", *European Journal of Scientific Research*, vol. 39, no. 4, pp. 577–588, 2010.

[LI 12] LI J., WÓDCZAK M., WU X. *et al.*, "Vehicular networks and applications: challenges, requirements and service opportunities", *International Conference on Computing, Networking and Communications (ICNC)*, Maui, Hawaii, pp. 660–664, 2012.

[LIM 00] LIM H., KIM, C., "Multicast tree construction and flooding in wireless ad hoc networks", *Proceedings of the 3rd ACM International Workshop on Modeling, analysis and Simulation of Wireless and Mobile Systems*, pp. 61–68, 2000.

[NAN 10] NA NAKORN N., ROJVIBOONCHAI K., "POCA: position-aware reliable broadcasting in VANET", *2nd Asia-Pacific Conference of Information Processing (APCIP)*, pp. 17–18, 2010.

[NGU 07] NGUYEN D., MINET P., "Analysis of MPR selection in the OLSR protocol", *International Conference on Advanced Information Networking and Applications Workshops*, vol. 2, pp. 887–892, 2007.

[NI 99] NI S.-Y., TSENG Y.-C., CHEN Y.-S. *et al.*, "The broadcast storm problem in a mobile ad hoc network", *MobiCom '99: Proceedings of the 5th Annual ACM/IEEE International Conference on Mobile Computing and Networking*, pp. 151–162, 1999.

[PAR 12] PARIDEL K., BALEN J., BERBERS Y. *et al.*, "VVID: a delay tolerant data dissemination architecture for VANETs using V2V and V2I communication", *The Second International Conference on Mobile Services, Resources, and Users, MOBILITY 2012*, pp. 151–156, 2012.

[PEN 00] PENG W., LU X.-C., "On the reduction of broadcast redundancy in mobile *ad hoc* networks", *Proceedings of the 1st ACM International Symposium on Mobile ad hoc Networking & Computing (MobiHoc'00)*, pp. 129–130, 2000.

[ROS 09] ROS F.J., RUIZ P.M., STOJMENOVIC I., "Optimum density based model for probabilistic flooding protocol in mobile ad hoc network", *69th IEEE Vehicular Technology Conference (VTC Spring 2009)*, pp. 1–5, 2009.

[STE 03] STERRITT R., BUSTARD D.W., "Towards an autonomic computing environment", *DEXA Workshops*, Prague, Czech Republic, pp. 699–703, 2003.

[STO 04] STOJMENOVIC T., WU J., "Broadcasting and activity-scheduling in ad hoc networks", in STOJMENOVIC I. (ed.), *Ad Hoc Networking*, IEEE Press, 2004.

[SUT 07] SUTHAPUTCHAKUN C., GANZ A., "Priority Based Intervehicle Communication in Vehicular Ad-hoc Networks Using IEEE 802.11e", *IEEE VTC Spring*, pp. 2595–2599, 2007.

[TON 10] TONGUZ O.K., WISITPONGPHAN N., BAI F., "DV-CAST: a distributed vehicular broadcast protocol for vehicular *ad hoc* networks", *IEEE Wireless Communications*, vol. 17, no. 2, pp. 47–57, 2010.

[VEG 13] VEGNI A.M., BIAGI M., CUSANI R., "Smart vehicles, technologies and main applications in vehicular ad hoc networks", available at: http://www.intechopen.com/books/export/citation/BibTex/vehiculartechnologies-deployment-and-applications/smartvehiclestechnologies - and-main-applications-in-vehicular-ad-hoc-networks, 2013.

[WIL 02] WILLIAMS B., CAMP T., "Comparison of broadcasting techniques for mobile ad hoc networks", *Proceedings of the ACM International Symposium on Mobile Ad Hoc Networking and Computing (MOBIHOC)*, pp. 194–205, 2002.

[WOD 12] WODCZAK M., "Autonomic cooperative networking for vehicular communications", *11th International Conference on Ad-Hoc, Mobile, and Wireless Networks Service, ADHOC-NOW'12*, pp. 112–125, 2012.

[WU 03] WU J., LOU W., "Forward-node-set-based broadcast in clustered mobile *ad hoc* networks", *Wireless Communication and Mobile Computing*, vol. 3, pp. 155–173, 2003.

[YU 06] YU S., CHO G., "A selective flooding method for propagating emergency messages in vehicle safety communications", *2006 International Conference on Hybrid Information Technology*, pp. 556–561, 2006.